Scandales de théâtre
en Orient et en Occident,
de la première modernité à nos jours

François Lecercle, Hirotaka Ogura (dir.)

演劇とスキャンダル
東洋・西洋、初期近代から現代まで

フランソワ・ルセルクル／小倉博孝◆編

上智大学出版
Sophia University Press

Scandales de théâtre

en Orient et en Occident, de la première modernité à nos jours

Textes recueillis et présentés

par

François Lecercle, Hirotaka Ogura

Sophia University Press, Tokyo, 2021

Sophia University Press

One of the fundamental ideals of Sophia University is "to embody the university's special characteristics by offering opportunities to study Christianity and Christian culture. At the same time, recognizing the diversity of thought, the university encourages academic research on a wide variety of world views."

The Sophia University Press was established to provide an independent base for the publication of scholarly research. The publications of our press are a guide to the level of research at Sophia, and one of the factors in the public evaluation of our activities.

Sophia University Press publishes books that (1) meet high academic standards; (2) are related to our university's founding spirit of Christian humanism; (3) are on important issues of interest to a broad general public; and (4) textbooks and introductions to the various academic disciplines. We publish works by individual scholars as well as the results of collaborative research projects that contribute to general cultural development and the advancement of the university.

Scandales de théâtre
en Orient et en Occident, de la première modernité à nos jours
©Eds. François Lecercle and Hirotaka Ogura, 2021
Published by Sophia University Press

Printed and distributed by GYOSEI Corporation, Tokyo
ISBN 978-4-324-10968-7
Inquiries: https://gyosei.jp

Sommaire

Préambule

Ière partie : Études de cas

IIème partie : Études contrastives

IIIème partie : La scène contemporaine

Avant-propos

Hirotaka Ogura

L'idée d'un colloque international à Tokyo est née à Paris en mars 2017 lors d'une des manifestations organisées par le projet de recherches « La Haine du théâtre » (Labex OBVIL, Sorbonne Université). Ce fut d'ailleurs, après un colloque à Bologne, en octobre 2015, le deuxième volet de la série « Théâtre et scandale » que deux autres colloques, celui de Paris en mai 2018 et celui de Tokyo en octobre 2019 allaient compléter. Lors de ces journées d'études à Paris, l'intervention de Hirotaka Ogura tendait à démontrer le caractère scandaleux du théâtre nô qui privilégie outre mesure la fonction poétique et évocatrice de la représentation théâtrale au détriment de l'action dramatique proprement dite[1]. Si scandale il y a dans le théâtre nô, ce n'est pas dans les réactions des spectateurs, dans les répercussions suscitées par le spectacle, c'est la théâtralité même de ce genre dramatique, qui est scandaleuse. Autrement dit, sans que ses spectateurs soient aucunement choqués, le nô transgresse les normes d'un art fondé essentiellement sur la *mimèsis* ; il doit être regardé et compris d'une autre manière que le théâtre occidental. L'idée de confronter le nô avec celui-ci paraissait donc extrêmement prometteuse, à la fois pour mieux cerner la notion de scandale et pour repenser la définition même du théâtre. Pour ces journées de réflexion, l'université Sophia semblait le lieu le plus approprié, car, fidèle en cela à la tradition des collèges jésuites, Sophia a toujours souligné l'efficacité pédagogique du théâtre, du moins, dans les deux départements concernant la langue française : réfléchir sur le théâtre faisait donc partie de sa vocation. Le sujet et le lieu du colloque étant ainsi déterminés, il ne restait plus qu'à donner corps à ce projet.

Or de nombreux collègues de France, d'Italie, d'Amérique et du Japon ont très rapidement répondu à notre appel : ce qui nous a assurés de l'intérêt que le projet suscitait. Nous avons également pu bénéficier de la participation très précieuse du grand acteur de nô Minoru Shibata qui a bien voulu accepter

---

1 Voir Hirotaka Ogura « Évocation ou action : le nô et la tragédie classique française » dans *Théâtre et scandale* (2018) sur le site www.fabula.org/colloques.

de donner des explications précises sur l'action et la gestuelle de ce théâtre en faisant des démonstrations. Enfin, reconnu comme Sophia-symposium international, le projet a pu bénéficier de l'aide de l'Université Sophia et aussi de l'OBVIL (Sorbonne Université), qui nous a permis de le mener à bien. François Lecercle et moi tenons à remercier tout le personnel du département de littérature française à l'Université Sophia, du bureau de Sophia University Press ainsi que du service d'édition de Gyosei Corporation, qui nous a assistés pour donner corps au projet, sans l'aide duquel le présent volume n'aurait jamais pu voir le jour.

Introduction générale

François Lecercle

Ce volume vient clore une série de publications sur les scandales de théâtre qui rassemblent les actes des diverses manifestations organisées par le projet « Haine du Théâtre » du Labex Obvil de Sorbonne Université[1]. Il s'agissait de réfléchir sur la propension du théâtre à susciter des réactions hostiles, voire violentes. Le théâtre, dès l'origine, a suscité une hostilité qui a traversé les siècles, mais avec une intensité très variable. Dans la tradition chrétienne, les spectacles ont été vivement dénoncés par les Pères de l'Eglise mais les accusations se sont faites plus discrètes tout au long du Moyen Age pour se réveiller, à partir du milieu du XVIe siècle, et susciter, pendant près de trois siècles, une foule de traités, libelles et pamphlets réclamant un contrôle étroit, voire une interdiction totale. La propension du théâtre à perturber ou provoquer ne s'est pas manifestée seulement par cette production polémique intense, elle a pris également la forme de crises suscitées par un spectacle particulier. On les désigne généralement sous le nom de « scandale ». Il y a scandale à partir du moment où une représentation – ou une série de représentations – soulève des protestations qui s'amplifient et s'organisent, débordant largement le lieu du spectacle pour envahir l'espace public, amenant parfois les autorités à intervenir[2]. Ces scandales sont aussi anciens que le théâtre lui-même, puisqu'ils ont commencé, en Occident, avec l'interruption et l'interdiction de la *Prise de Milet* de Phrynicos (ca 492-490 avant notre ère). Et ils se sont poursuivis jusqu'à nos jours : c'est dans le monde entier que des spectacles déchaînent des polémiques et des manifestations qui, ces dernières années, tendent à devenir plus fréquentes.

Si, à travers le temps, la capacité du théâtre à susciter des réactions vives

---

1 Voir « Théâtre et scandale » (2018) et « Théâtre et scandale 2 » (2020) sur le site www. fabula.org/colloques.
2 Il serait superflu de revenir ici sur la définition du scandale, sur les différentes formes (les sociologues distinguent le « scandale » de l'« affaire ») sur les enjeux et les mécanismes. On trouvera des indications dans les introductions des deux livraisons mentionnées ci-dessus, ainsi que des éléments de bibliographie.

ne s'est pas démentie, ces diverses crises ne répondent pas aux mêmes enjeux et ne suivent pas des scénarios stables au cours du temps, car les antagonismes que le théâtre suscite sont toujours liés à des configurations historiques particulières et déterminées par des contextes culturels et sociopolitiques précis. En outre, les mécanismes de déclenchement et les modes de diffusion n'ont cessé de se transformer. C'est d'autant plus frappant aujourd'hui où les réseaux sociaux favorisent une réactivité plus grande, une diffusion plus rapide et plus large.

Le colloque d'octobre 2019, à Tokyo, a continué à explorer cette histoire, en se fondant sur des cas concrets. Il s'agit de définir ces crises, de cerner leur ampleur, d'analyser les arguments polémiques utilisés, afin d'identifier les facteurs de déclenchement, les stratégies de défense et d'agression déployées de part et d'autre et les divers enjeux, qui peuvent être moraux ou religieux, aussi bien que politiques, économiques ou sociaux. Il s'agit aussi d'envisager les répercussions : le prolongement des controverses dans des écrits qui élargissent le retentissement de l'événement. Le scandale ne reste pas toujours confiné au niveau local ; il peut se propager, surtout à l'heure actuelle où, avec les tournées internationales, il dépasse souvent les frontières, en s'infléchissant selon les dynamiques culturelles des lieux où il se propage. A une époque où le champ culturel est devenu un terrain privilégié de conflit, il est urgent de réfléchir sur le scandale, ses formes, ses mécanismes et ses enjeux.

Les interventions ici réunies ont pris des formes diverses. Certaines procèdent à des études de cas centrées sur des pièces qui ont suscité des réactions fortes. A propos du *Philotas* (1605) de Samuel Daniel, Line Cottegnies en souligne la dimension politique, tandis qu'Alain Génetiot analyse les attendus moraux et religieux de l'échec de la *Théodore vierge et martyre* (1646) de Corneille. Kana Hatakeyama et Hirotaka Ogura se penchent, eux, sur la façon dont des dramaturges négocient des sujets qui recèlent des ferments de scandale, respectivement l'*Œdipe* (1659) de Corneille et l'*Athalie* (1691) de Racine. Nobuko Akiyama se penche sur une pièce contemporaine inédite de Hibiki Takama, qui n'a pas fait scandale mais qui prend le scandale pour objet en mettant en scène le dramaturge qui a suscité les oppositions les plus virulentes au XVIIe siècle, Molière. Ce n'est pas une pièce qu'étudie Bruna Filippi, mais la carrière d'un homme de théâtre, Carmelo Bene qui, dans les années 1960-1980, a fait du scandale le principe même de son art et le moteur de sa carrière.

D'autres intervenants mènent des études contrastives. Michaël Desprez met en parallèle trois affaires contemporaines déclenchées, au tout début du XVIIe siècle, par les plaintes d'un diplomate, en Espagne, en France et en Angleterre, en les mettant en relation avec le développement du droit diplomatique. Larry Norman analyse le traitement d'un sujet potentiellement choquant, celui de *Phèdre*, d'Euripide à Racine. Katsuya Nagamori reprend la question de la concurrence entre pièces à sujet identique de façon plus globale, dans le cadre de la rivalité entre troupes, au XVIIe siècle. Judith Zeitlin donne une dimension diachronique à son étude de l'opéra chinois en confrontant deux affaires de 1689 et 1874 pour dégager, par-delà des différences flagrantes, quelques traits récurrents du scandale de théâtre sous la dernière dynastie chinoise.

Plusieurs contributions, enfin, sont consacrées à la situation contemporaine. Elisabeth Angel-Perez suit l'évolution de la scène britannique, des années 1960 à nos jours, pour expliquer comment une esthétique du choc s'y est déployée plus qu'ailleurs et y a été théorisée et pour montrer qu'elle n'a rien perdu de sa virulence malgré le passage des années. François Lecercle se penche sur l'apparition, dans les dix dernières années, d'un nouveau type de scandale politique. Florence Naugrette met l'accent sur un trait récurrent et nouveau de ces scandales récents, la revendication identitaire. Silvia Bottiroli, enfin, élargit son enquête à la performance et aux frontières entre spectacle vivant et art plastique pour montrer que le lieu où un spectacle est donné prend souvent une importance cruciale.

Si, depuis un siècle et demi, personne ne met plus en cause l'existence du théâtre, celui-ci n'a assurément rien perdu de sa propension à choquer et les scandales ont encore de beaux jours devant eux. Espérons donc que d'autres reprendront le flambeau pour s'interroger sur les différences entre la tradition occidentale et la tradition orientale.

Préambule

La fonction de la gestuelle et sa signification dans le théâtre nô : Le cas de *Dôjôji* et de quelques autres pièces

Minoru Shibata
Acteur de nô, École Kanzé

Résumé :

Dans le théâtre nô, la gestuelle représente un véritable langage corporel, constitué essentiellement de formes stylisées – *kata* (型) – et de mouvements codés – *mai* (舞). Elle a pour fonction capitale de faire appel à l'imagination des spectateurs en déployant toutes les nuances de lenteur et de rapidité – *kan-kyu* (緩急) – dans la démarche, de tension et de détente – *tume-hiraki* (詰開き) – dans la respiration ; et ce, en vue de transmettre au public les sentiments intenses du personnage. Cette gestuelle propre au nô est analysée et démontrée à travers quelques pièces, notamment, *Dôjôji* (道成寺).

Abstract :

In Noh theater, gesture constitutes a true body language, made of stylized forms – *kata* – and coded movements – *mai*. A subtle variation in the speed of foot movements – *kan-kyu* –, as well as an alternation of tension and relaxation in breathing – *tsume-hiraki* — triggers the imagination of the audience, and enables them to understand the emotions of the character. This body language unique to Noh is analysed and demonstrated with examples from various works, starting with *Dojoji*.

Mesdames et Messieurs, bonjour[1]. Je m'appelle Minoru Shibata, acteur de nô, *shite-kata*, c'est-à-dire, acteur jouant le rôle principal. J'appartiens à l'école Kanze. Mon travail consiste à jouer sur scène et non à parler sans masque comme aujourd'hui ; je demande donc votre indulgence pour ma maladresse parce que je manque d'habitude.

Je vais vous entretenir aujourd'hui, en tant qu'acteur de nô, de la fonction de la gestuelle qui a ses propres codes dans ce théâtre. Je vais parler d'abord du théâtre nô en général, ensuite, montrer le mécanisme des deux formes physiques fondamentales, *hakobi* et *kamae*, et enfin, je vais vous présenter quelques gestes qui combinent ces deux formes et vous en expliquer la signification en faisant des démonstrations et en vous montrant des images.

Le théâtre nô

Le théâtre nô actuel fut créé il y a à peu près 650 ans à l'époque de Muromachi (1336-1573) par Kan'ami (観阿弥清次 Kan'ami Kiyotsugu, 1333-1384) et, surtout, son fils Zeami (世阿弥、観世元清 Kanze Motokiyo, 1363-1443 ?). Pour répondre aux goûts du nouveau public de l'époque, c'est-à-dire les shoguns et la noblesse, Kan'ami et Zeami se mettent à élaborer le *sarugaku* et le *dengaku*, qui étaient deux formes primitives du nô, caractérisées par leur aspect mimique et représentées dans les temples et les sanctuaires pour les fêtes religieuses. Ils introduisent aussi chants et danses dans leur théâtre en apportant de l'élégance et du raffinement à ces deux arts dramatiques destinés

---

1 Cette conférence a été présentée le 19 octobre 2019 à l'Université Sophia. Minoru Shibata (柴田稔), né en 1957 à Osaka, est acteur-danseur *shité* (acteur du rôle principal), artiste titulaire du patrimoine culturel immatériel de l'humanité, co-directeur de l'Association d'intérêt public *Tessen-kai* (銕仙会) de l'école Kanze (観世流), fondateur de la troupe de nô, *Aoba-no-kai* (青葉乃会), membre de l'Association japonaise de nô et chargé de cours du Conservatoire national d'art dramatique à Tokyo. Après ses études supérieures à l'Université du Kansai, il poursuit sa formation d'acteur-danseur de nô dans *Tessen-kai* sous la direction de Tetsunojô Kanze VIII (八世観世銕之亟, trésor national, 1931-2000) et de Hideo Kanze (観世榮夫, 1927-2007). En 1995, il fonde *Aoba-no-kai* et organise 19 représentations dans lesquelles il joue le rôle principal des pièces telles que *Shakkyô* (石橋 Pont en pierre), *Dôjô-ji* (道成寺 Temple Dôjô), *Ataka* (安宅), *Sotoba-komachi* (卒塔婆小町 Dame du stûpa), *Okina* (翁), etc. Il a aussi participé à des représentations à l'étranger (Paris, New-York, Vienne, Russie, Angleterre, Pologne, etc.). Par ailleurs, dans son propre blog, il cherche à contribuer à la vulgarisation de cet art en s'efforçant de l'expliquer à un grand public et de proposer, à l'occasion de chaque représentation, une analyse approfondie de la pièce du point de vue d'un acteur.

essentiellement au peuple. Ils renouvellent ainsi radicalement la pratique théâtrale et finissent par créer un art tout à fait nouveau avec leurs propres textes et des mises en scène totalement différentes. Pour leurs textes, ils se servent bien sûr du langage littéraire de leur époque, c'est-à-dire de l'ère Muromachi, mais aussi ils y intègrent des poèmes de l'époque précédente, Heian (794-1185). Il faut retenir que l'essence de cet art théâtral, perfectionné à cette époque, s'est transmis de génération en génération jusqu'à aujourd'hui, depuis 650 ans donc, avec les mêmes textes, les mêmes mises en scène et les mêmes masques, en subissant néanmoins au cours de la transmission, quelques modifications qui ont apporté encore plus de raffinement à cet art.

Il est bien connu, par ailleurs, que, sous l'influence du Zen, qui était un courant rénovateur de la pensée bouddhiste de l'époque, Zeami invente la nouvelle manière d'exprimer les sentiments en ôtant précisément tout ce qui est concret. C'est pour cette raison que, dans le théâtre Nô, la gestuelle est dépouillée de tout mouvement superflu et que même les décors appelés *tsukurimono* (作り物) sont extrêmement simples. S'il se trouve, par exemple, sur la scène un vase contenant quelques fleurs, ce simple vase a pour fonction d'évoquer une vue magnifique sur la nature[2]. Cette pensée Zen, autrement dit, cet art d'exprimer tout par évocation, est bien présente dans le théâtre nô. Tous les sentiments sont exprimés par un mouvement corporel extrêmement dépouillé et condensé.

Le genre appelé *mugen-nô* (夢幻能 nô de rêverie et d'apparition)[3], inventé par Zeami, peut très bien illustrer cette caractéristique du nô. Ce genre, dont le nom comporte significativement les mots « rêverie » (夢) et « apparition » (幻) est, en effet, propre à ce théâtre et ne peut être réalisé que par lui. Dans une pièce de *mugen-nô*, le personnage principal est un esprit, un dieu ou un fantôme. S'il s'agit d'une personne morte, un fantôme apparaît sur scène, souvent dans un rêve que fait le rôle secondaire *waki* ; ce fantôme évoque un souvenir du passé, un drame qu'il a vécu de son vivant ; il exprime ainsi les sentiments qu'il a ressentis lors de cet événement. C'est justement cette structure onirique qui permet de saisir un être humain placé

---

2 La mise en scène du nô a cette particularité de représenter la nature par un seul arbre ou bien les cerisiers en fleurs par une seule fleur. Cette manière bien particulière de représenter est influencée par le Zen et liée à la pensée qui inspire l'art de l'*Ikebana* (生花).

3 Les pièces de ce genre sont nombreuses : *Izutsu* (井筒), *Nonomiya* (野々宮), *Tadanori* (忠度) etc.

hors du temps et de l'espace et d'exprimer ainsi avec des mouvements réduits à l'extrême et hautement stylisés les sentiments à l'état pur – la souffrance, la rancœur, la tristesse, etc. – et de montrer la vanité du monde réel.

Position et mouvement essentiels : *kamae* et *hakobi*

Fort heureusement pour nous, Zeami a laissé un traité célèbre intitulé *Fûshi-kaden* (風姿花伝 De la transmission de la fleur de l'interprétation) pour transmettre, de manière solide, cet art dramatique aux générations futures. Dans ce traité, il parle notamment des *nikyoku* (二曲). *Ni* (二) signifiant le nombre deux, les *nikyoku* désignent les deux éléments fondamentaux de cet art dramatique, c'est-à-dire, la danse et le chant. Zeami insiste sur la nécessité de les apprendre tant qu'on est jeune.

Aussi important, donc, que le chant, la danse est avant tout un moyen d'expression, un langage corporel qui assure une fonction essentielle pour la représentation scénique du nô. La danse est, du reste, elle-même constituée de deux composantes : *kamae* et *hakobi*. Le *kamae* est la posture la plus fondamentale d'un acteur, à savoir la position dressée tandis que le *hakobi* désigne le mouvement des jambes, c'est-à-dire, la démarche.

Les divers personnages du nô sont exprimés par des combinaisons infinies de *kamae* et de *hakobi*. Autrement dit, par un simple déplacement du centre de gravité du corps ou en présentant un mouvement quelque peu différent des bras et des jambes avec une allure et une vigueur différentes, bref, en combinant et enchaînant principalement *kamae* et *hakobi*, un acteur de nô présente diverses expressions corporelles : cela constitue la gestuelle du nô.

Je vais vous montrer maintenant comment faire ce *kamae*. Le premier point important pour avoir cette posture, c'est de cambrer les hanches. D'abord, vous vous mettez debout sans plier les genoux, puis, vous vous inclinez lentement en avant et juste avant de vous sentir tomber, vous redressez le buste. À ce moment-là, les hanches doivent être cambrées et le vecteur lancé à partir des hanches prend la direction arrière tandis que celui qui part de la poitrine va toujours en avant. Ces deux forces se tirent alors l'une l'autre dans les deux directions opposées, en avant et en arrière, et trouvent ainsi un équilibre en vous pour vous maintenir debout.

Le deuxième point important, c'est de retourner les coudes. Vous positionnez les bras des deux côtés du corps en fermant légèrement les mains et vous tournez les faces intérieures des coudes en arrière. Vous sentez maintenant que vos deux coudes sont tirés vers l'extérieur, vers la droite et vers la gauche. Ainsi, ces deux vecteurs opposés trouvent un point d'équilibre en vous.

Enfin, nous allons voir les vecteurs verticaux. Imaginez-vous portant un seau rempli d'eau à chaque main, mais imaginez aussi une grande force qui vous tire vers le haut. Ces deux forces verticales tirées vers le bas et vers le haut trouvent un point d'équilibre en vous.

Vous êtes ainsi le centre de toutes ces forces vectorielles, et c'est ce qui forme le *kamae* du nô. Votre corps sera certainement trop raide au départ pour obtenir cette posture, mais avec l'entraînement, il apprendra peu à peu à exécuter naturellement le *kamae* et cet équilibre corporel vous permet de concentrer votre *ki*, c'est-à-dire énergie spirituelle et corporelle, à l'endroit du *tanden*, partie située un peu plus bas que le nombril ; et c'est encore ce qui vous permet de dégager de toutes les contraintes votre force corporelle, afin de contrôler librement la conscience, les muscles et la respiration.

Je me permets de citer ici le propos de Hisao Kanze (観世壽夫 1925-1978) considéré comme la réapparition de Zeami, un nouveau Zeami.

> Se dresser sur la scène du nô, c'est être au centre de toutes les forces infinies ; celles-ci vous tirent dans tous les sens, en avant, en arrière, à droite et à gauche. Autrement dit, c'est de vous que partent toutes ces forces infinies. Vous êtes ainsi au centre de l'infini et vous le possédez. C'est précisément cela, le *kamae*.[4]

Nous pourrons y ajouter encore deux directions, en haut et en bas. L'expression est forcément quelque peu abstraite. Mais l'essentiel est que le *kamae* vous maintienne dans un parfait équilibre, c'est-à-dire au point de départ de toutes les forces vectorielles. C'est à partir de vous que se lance le *ki* (気), donc, l'énergie spirituelle et corporelle dans toutes les directions et vous êtes juste au milieu d'un équilibre à peine obtenu de toutes ces forces contrariées. C'est à ce moment-là que vous avez un lien vertical avec le ciel mais aussi avec la terre et un lien horizontal avec les spectateurs. C'est par cette liaison créée entre le ciel, la terre et les spectateurs – l'acteur du nô étant au milieu – que le *ki* peut enfin circuler chez les spectateurs. C'est à travers ce *ki*, dont la tension est portée à son paroxysme, que les émotions sont

---

4   Voir Hisao Kanze, *Collection d'œuvres*, tome II, Tokyo, Heibon-sha, 1981, p. 23.

transmises entre l'acteur et les spectateurs.

Passons maintenant au *hakobi* qui est la démarche la plus fondamentale du nô.

La scène de nô est recouverte de bois de cyprès du Japon et parfaitement plane et lisse. Sur cette scène, l'acteur avance et se déplace en effectuant de petits pas glissés ; les pieds ne quittent pas le sol, sauf la pointe des orteils qui se soulèvent légèrement. L'acteur maintient donc la même position du centre de gravité, quels que soient ses mouvements. On appelle cette démarche *suri-ashi* en japonais, qui veut dire « pas frotté ». On dit que c'est à l'époque de Konparu Zenpô (金春禅鳳 1454-1520 ?), le petit-fils de Zeami, que cette manière de marcher a été adoptée. Zenpô pratiquait les arts martiaux et il a introduit dans le nô la démarche de ces arts.

À présent, je vais vous montrer le mécanisme de ce *hakobi*. Après avoir pris la posture *kamae*, vous avancez d'abord le talon du pied gauche. Naturellement, la pointe du pied gauche est légèrement soulevée et la position du centre de gravité passe alors des hanches à la jambe droite. Quand les hanches sont convenablement cambrées, vous ne pouvez avancer que d'un demi-pas, mais si vous essayez quand même d'avancer davantage, la pointe du pied se soulève naturellement. Puis, vous reposez cet orteil gauche sur le plancher et vous faites la même chose pour la jambe droite. Vous remarquerez que le centre de gravité de votre corps tracera une ligne droite. Vous répéterez ce mouvement et c'est ce qui donne le *hakobi*. Grâce à cette manière de se déplacer, la position du corps au-dessus des hanches reste constante, sans aucun mouvement vertical. Vous maintenez ainsi l'équilibre de votre corps, tout en marchant ou en dansant.

Comme je vous l'ai déjà indiqué, le *hakobi* et le *kamae* sont les bases de la gestuelle dans le théâtre nô. Toujours partant du *kamae*, position d'attente et de préparation concentrée, le *hakobi* peut avoir toutes les nuances de lenteur et de vitesse – *kan-kyu* – de tension et de détente, selon les sentiments et les émotions que l'acteur éprouve et représente. C'est ainsi que se crée un rythme particulier de danse, et, c'est précisément ce rythme qui constitue l'essence d'un mouvement corporel. Le *hakobi* même, donc la démarche, devient alors un geste hautement expressif. Par exemple, dans la pièce *Sumida gawa* (*Fleuve Sumida*), l'héroïne s'avance d'abord en biais, de trois pas de *suri-ashi*, puis elle revient sur ses pas et, de nouveau, s'avance de trois pas. Ce geste très concentré et symbolique évoque une mère errante à la recherche de son enfant disparu et il évoque également la longueur d'un trajet, le temps passé et la forte douleur qu'elle éprouve dans son errance. C'est la combinaison de ce rythme nuancé du *hakobi* et de celui de la musique – chants et mélodie instrumentale – qui rend ce théâtre plein d'intérêt et de charme.

Mouvements stylisés : *kata* (型)

Maintenant, on peut ajouter à ces bases *kamae* et *hakobi* des mouvements des mains et des genoux, et l'on obtient ainsi les *kata* – mouvements stylisés. Les *kata* sont très nombreux et l'enchaînement successif de plusieurs *kata* forme des figures de danse appelées, *mai*. La plupart des *kata* sont des expressions abstraites. Les deux *kata* les plus représentatifs et les plus typiques sont le *sashikomi* et le *hiraki*. Je vais vous expliquer comment faire le *sashikomi* et le *hiraki*.

Commençons par le *sashikomi*. Vous exécutez le *hakobi* tout en tendant le bras droit en avant, en vous arrêtant du pied droit. Vous concentrez uniquement dans la direction frontale toute l'énergie vectorielle qui partait dans tous les sens ; et vous focalisez en même temps tout votre esprit dans la même direction. Voilà le *sashikomi*.

Ensuite, en reculant de trois pas – dans l'ordre, pied gauche, droit et encore gauche – vous écartez en même temps les deux bras ; vous finissez ainsi par replacer les pieds et les bras dans la même position qu'au point de départ, c'est-à-dire la position du *kamae*. Voilà justement le *hiraki*. Je vais vous expliquer un peu plus en détail : dans la pratique du *hiraki*, au premier pas en arrière du pied gauche, les deux vecteurs des hanches qui étaient concentrés en avant se séparent chacun dans les deux sens opposés, en avant et en arrière, parce que le mouvement de recul produit une force tirant votre corps en arrière. C'est à ce moment précis que se crée la tension des deux forces diamétralement opposées à l'intérieur d'un acteur. Mais, puisqu'on ne bouge pas les bras, les deux vecteurs partant des bras, concentrés en avant, restent encore dans la même direction. Or, au deuxième pas de recul, vous écartez enfin les deux bras ; les deux vecteurs des bras focalisés en avant sont brusquement renversés. Et, au troisième pas de recul, vous reprenez la posture du commencement. On pratique cette combinaison *sashikomi-hiraki* dans presque toutes les pièces, et on la pratique même plusieurs fois dans une seule pièce.

Alors, quelle est l'utilité des *kata* ? On peut, en principe, en énumérer deux. La première est de désigner quelque chose de concret. Par exemple, quand l'acteur danse avec un *sashikomi* en chantant : « Et encore tout seul, dans cette île... », c'est cette île qu'il désigne du bout de l'éventail. La deuxième utilité est d'exprimer les sentiments. Par exemple, quand l'acteur danse en chantant : « Hélas ! lamentable et éphémère que je suis comme une goutte de rosée... », il exprime un sentiment de tristesse et, en même temps, la précarité du monde. C'est une lamentation exprimée par la concentration ou la détente du *ki* – énergie spirituelle et corporelle – accompagnée d'une respiration particulière. Dans le cas où la danse seule exprime tout sans chant, l'expression est particulièrement abstraite. Mais, avec de la musique instrumentale, la voix et la respiration, un mouvement peut, tout en restant abstrait, exprimer toutes les nuances. C'est avec l'intégralité de son corps, si l'on peut dire, que l'acteur exprime les sentiments et les émotions d'un personnage.

Les mouvements corporels occupent ainsi une place essentielle dans l'expressivité du nô, mais la manière de respirer n'en a pas moins d'importance. La manière de respirer est appelée *tsume-hiraki*. *Tsume* veut dire « retenir sa respiration » et *hiraki*, « libérer sa respiration ». L'acteur emploie cette manière de respirer selon les différentes circonstances. Avec une respiration, faible ou forte, ou bien sans respiration, il produit, dans la salle et chez les spectateurs, tantôt une tension d'esprit, tantôt une détente. Avec ces mouvements corporels et respiratoires, l'acteur fait appel à l'imagination des spectateurs. L'acteur représente devant les spectateurs le monde de la pièce qu'il interprète, il fait partager ainsi la joie, la tristesse, la vanité, la scène entière qu'il joue. Une représentation de nô ne peut être achevée sans cette collaboration de la scène et de la salle, ce partage entre elles. Ceci est une caractéristique majeure et essentielle du nô.

Or les *kata* peuvent désigner aussi des gestes plus réalistes. Je vais vous donner quelques exemples.

1. *Shiori*

C'est un geste servant à exprimer la tristesse ou à retenir les larmes, lors de la mort ou de la séparation d'un proche ou encore quand on se souvient d'un événement douloureux du passé. Vous relâchez un peu la tension des muscles, penchez le buste en avant, la tête un peu baissée. Le *omote* (面), – le masque de nô – est légèrement incliné vers le bas ; cela évoque une

Fig. 1 *Shiori* dans *Sumida-gawa*

atmosphère sombre, pesante. Vous levez la main droite ou gauche à la hauteur des yeux pour indiquer les larmes. On pratique ce *kata* debout ou bien assis en mettant un genou sur le plancher de la scène. **(Fig. 1)**

2. *Morojiori*

Le mot est composé de *moro* et de *shiori*. *Moro* veut dire « deux ». Dans ce mot, le nombre « deux » signifie « les deux mains ». Ce *kata* est employé quand on se lamente sur une fatalité inévitable et pour exprimer une tristesse extrême et insupportable, celle

Fig. 2 *Morojiori* dans *Sumida-gawa*

de la mère qui a perdu son enfant, par exemple. On retient ses larmes des deux mains, assis en tailleur (posture appelée *anza*), car la tristesse est si grande qu'il est impossible de se tenir debout. **(Fig. 2)**

3. *Iroe*

C'est un *kata* consistant à faire lentement le tour de la scène. Il exprime une émotion intense de l'acteur et a pour fonction de transformer la scène en un monde différent, d'une autre dimension.

4. *Kakeri*

L'acteur fait le tour de la scène avec des mouvements vifs et rapides, contrairement à *Iroe*. Ce geste exprime une intense douleur, par exemple, l'affliction de la mère ayant perdu son enfant ou la souffrance qu'on subit en enfer, etc.

5. *Ashi-byôshi*

Ce geste consiste à donner successivement un ou plusieurs coups de talon sur le plancher de la scène pour produire un son. On dit : *hyôshi wo fumu*. L'expression veut dire « produire un rythme avec les pieds ». Sous la scène dédiée au nô, appelée *nô butai*, sont placées de nombreuses jarres afin que la scène ait une bonne résonance. Les sons produits par des coups de talon peuvent exprimer des sentiments différents selon les manières de frapper le plancher : fortement, doucement ou violemment, etc.

6. *Uchiawase*

Quand on veut exprimer de la joie, on a recours à un *kata* appelé *uchiawase*. En levant le buste et en soulevant un instant légèrement le masque, on écarte vivement les bras, puis, on les remet devant le buste pour savourer la joie venant du fond du cœur.

Masque et transmission émotionnelle dans le théâtre nô

J'ai apporté aujourd'hui un masque, appelé *ko-omote* **(Fig. 3)**. Je vais me servir de ce masque pour mes explications. Il a la physionomie d'une jeune fille de l'âge de seize ou dix-sept ans. Il y a un angle spécifique pour mettre un masque. Pour celui-ci, l'acteur doit le maintenir d'ordinaire droit en face. Cependant, si l'acteur veut exprimer un visage épanoui et exprimer sa joie,

Fig. 3 *Ko-omote* dans *Hajitomi*

il le lève un peu. Au contraire, s'il veut exprimer sa tristesse ou bien quand il exécute le *shiori*, il le baisse légèrement. L'acteur peut ainsi exprimer des sentiments divers avec une différence subtile de positionnement du masque. Bien entendu, une émotion ne peut être explicitée uniquement par l'angle d'un masque, mais je voulais vous montrer surtout que, dans le théâtre nô, des changements subtils comme une position différente du masque, peuvent exprimer diverses nuances de sentiment. Une émotion que l'acteur essaie sans cesse d'exprimer avec tout son corps se transmet au masque par le *ki* de l'acteur ; et cette émotion représentée sur le masque se transmet, à son tour, aux spectateurs. Pour résumer, on peut dire que l'acteur et le masque ne font qu'un.

La gestuelle particulière de la pièce *Dôjô-ji* (道成寺 Temple Dôjô)

Nous allons considérer maintenant la gestuelle de la grande pièce, *Dôjô-ji* (Temple Dôjô) pour vous montrer les mouvements bien particuliers que peut avoir le théâtre nô.

Une jeune fille, débordante de rancune envers un jeune moine qui n'avait pas tenu sa promesse de l'épouser, s'est métamorphosée en un gros serpent et poursuit le jeune homme jusqu'au temple. C'est dans ce lieu qu'elle commet un crime horrible : elle brûle vif ce moine qui s'était caché dans une cloche ; elle assouvit ainsi pleinement sa vengeance. C'est cette histoire qui constitue l'origine de la pièce de nô. Le protagoniste qui apparaît sur scène est l'esprit de cette jeune fille.

Pour interpréter cette pièce, l'acteur met en pratique une suite de mouvements bien particuliers, à savoir *ran-byoushi*, *kane-iri* – se jeter dans la cloche –, *kane kara no syutsugen* – sortir de la cloche – et *inori-no-kata* – la prière.

1. *Ran-byôshi*

C'est un mouvement des pieds propre à *Dôjô-ji* **(Fig. 4)**. Il exprime symboliquement la démarche d'une jeune fille, qui monte les marches de pierre en lançant à la cloche un regard plein de rancune. Cette scène est créée dans une harmonie parfaite constituée de la démarche du protagoniste, de la sonorité du *kotsuzumi* (le petit tambour porté sur l'épaule) et des cris émis par l'interprète de cet instrument. Le protagoniste fait un tour de la scène en décrivant avec ses pieds des triangles, qui explicitent symboliquement les écailles d'un serpent **(Fig. 5)**. Dans le théâtre nô, le triangle étant le symbole du serpent, le costume du protagoniste transformé en serpent est aussi fait d'un tissu à motif d'écailles triangulaires.

2. *Kane-iri* – se jeter dans la cloche – et *kane kara no syutsugen* – sortir de la cloche –

C'est le point culminant de cette pièce. Dans cette scène, la jeune fille se jette dans la cloche et disparaît. Le mouvement corporel, *kane-iri* doit expliciter cette action **(Fig. 6)**. Dans la cloche, la jeune fille se métamorphose en serpent ; cette métamorphose est présentée symboliquement par un changement de costumes et de masque. L'acteur change, donc, ses costumes et met un masque d'ogresse à l'intérieur de la cloche. Après quoi, le protagoniste transformé en serpent sort de la cloche ; c'est un autre mouvement particulier qu'on nomme le *kane kara no syutsugen* – sortir de la cloche.

Fig. 4 *Ran-byôshi* dans *Dôjô-ji*

Fig. 5 *Ran-byôshi* dans *Dôjô-ji*

Fig. 6 *Kane-iri* dans *Dôjô-ji*

3. *Inori-no-kata*

C'est une suite de mouvements qui exprime la lutte entre le serpent et un groupe de bonzes essayant de calmer avec des prières le reptile furieux **(Fig. 7)**. Celui-ci affronte les bonzes avec *uchi-zue*, arme en forme de bâton **(Fig. 8)**. Mais le serpent finit par être battu et disparaît en regardant la cloche d'un regard rancunier. Ainsi se termine la pièce.

En partant de la posture fondamentale, *kamae*, et de la démarche, *hakobi*, je vous ai expliqué la gestuelle du théâtre nô avec quelques démonstrations. Vous aurez compris que, dans ce théâtre, la gestuelle constitue un véritable langage corporel ayant pour fonction essentielle de faire appel à l'imagination des spectateurs. Tous les mouvements sont codés et abstraits ; mais cette abstraction tend à transmettre aux spectateurs les sentiments à l'état pur avec toutes les nuances qu'ils peuvent avoir selon les circonstances. C'est ce que je voulais montrer dans cette conférence. Je serais ravi si cet exposé vous avait donné l'envie de mieux connaître le théâtre nô.

(Texte japonais traduit en français par Emi Shibata)

Fig. 7 *Inori-no-kata* dans *Dôjô-ji*

Fig. 8 *Uchi-zue* dans *Dôjô-ji*

Iᵉʳᵉ partie : Études de cas

Scandale et théâtre en Angleterre au XVIIe siècle : Philotas de Samuel Daniel (1605) au prisme de l'affaire Essex

Line Cottegnies
Sorbonne Université

Résumé :

Cette étude porte sur le scandale causé par *Philotas*, tragédie néoclassique de Samuel Daniel représentée en 1605 devant Jacques Ier. Les documents qui subsistent montrent que Daniel, sans doute par excès de confiance, a indisposé l'entourage du roi par de trop transparentes allusions à la récente affaire Essex. Le scandale, politique, procède en partie du hiatus entre une conception humaniste d'un théâtre à lire et la scène publique vue comme le lieu d'une réception problématique.

Abstract :

This chapter bears on the scandal caused by the performance of Samuel Daniel's neoclassical tragedy *Philotas* in front of James I in 1605. The extant documents suggest that a trustful Daniel irritated the king and his counsellors by making transparent allusions to the recent Essex affair. This political scandal partly stems from the hiatus between a humanist conception of closet drama and the public stage seen as generating problematic forms of reception.

Au printemps 1605, le poète et dramaturge Samuel Daniel (1562-1619) est convoqué par le Conseil privé (*Privy Council*) pour y être interrogé sur sa tragédie *Philotas*, qu'il a fait jouer par la troupe des Enfants des Plaisirs de la Reine (*Children of the Queen's Revels*) au théâtre des Blackfriars, en présence du roi, le 3 janvier 1604/1605. Cette décision, d'une extrême sévérité, est à la mesure du scandale (au sens d'indignation collective et publique) que suscite la pièce dans les milieux proches du pouvoir. Mais pourquoi un tel traitement pour un auteur chevronné, qui n'est pourtant pas réputé pour son insolence ? Poète reconnu, Daniel a été nommé en février 1603/1604 « Maître des plaisirs de la reine » et en cette capacité, il écrit pour elle plusieurs masques de cour et tragi-comédies pastorales[1]. Avec pour sources principales Plutarque et Quinte Curce[2], *Philotas* est d'abord une pièce néoclassique sur une affaire scandaleuse tirée de l'histoire antique, celle du silence de Philotas, orgueilleux général d'Alexandre le Grand, qui néglige de rendre compte d'une rumeur de complot contre son roi, ce qui cause sa chute. La pièce déplaît fortement au roi et aux membres du Conseil Privé, qui lui reprochent de contenir des allusions transparentes à l'un des événements politiques les plus marquants de la période, l'Affaire Essex. En 1601/1602, l'ombrageux comte d'Essex, favori d'Élisabeth Ière, s'était rebellé contre l'autorité de sa souveraine. Les événements sont connus : Essex quitte Londres au printemps 1599 à la tête d'une puissante armée pour écraser la rébellion irlandaise. En septembre 1599, ayant échoué dans sa mission et estimant qu'il a été privé de l'assistance nécessaire, il rentre à Londres pour s'en expliquer avec la reine, sans son autorisation. Celle-ci refuse de le recevoir. Convoqué devant le Conseil privé, il est jugé et dessaisi de son commandement pour désobéissance et désertion. Alors que la reine lui refuse toujours une entrevue, il marche à travers Londres à la tête d'une troupe de partisans, le 8 février 1601/1602, pour exiger une audience, ce qui est perçu comme une tentative de coup d'état. Essex et ses partisans clameront que leur action était légitime et qu'elle visait à délivrer la reine des factions qui l'entouraient. Si ces arguments sont balayés par la propagande d'état, Jacques Ier en reconnaîtra néanmoins suffisamment la validité pour promouvoir les membres du cercle d'Essex après son accession au trône en 1603[3]. Pour Samuel Daniel, l'audience devant le Conseil privé se solde par un simple avertissement.

Les ressemblances entre la pièce de Daniel et les faits réels sont

---

1 Par exemple *The Vision of the Twelve Goddesses* (jouée en janvier 1604) et *The Queen's Arcadia* (jouée en août 1605).

2 Plutarque dans la version de T. North, *Plutarch's Lives* (Londres, 1579) et Quinte Curce, dont le *De rebus gestis Alexandri magni regis Macedonum* (1er siècle ap. JC) est probablement connu dans la traduction de J. Brende, *The historie of Quintus Curtius, conteyning the actes of the greate Alexander* (Londres, 1561).

3 Parmi les nombreux ouvrages dédiés à l'affaire, voir notamment A. Gajda, *The Earl of Essex and Late Elizabethan Political Culture*, Oxford, Oxford University Press, 2012.

évidentes : Philotas, favori ambitieux, est aimé du peuple qu'il courtise, tout comme Essex, grand favori des Londoniens. Se rendant coupable par association d'un complot visant à renverser le roi, Philotas perd peu à peu la confiance d'Alexandre, qui finit par le faire arrêter, sommairement juger, puis torturer et exécuter. C'est à peu près la trame de la destitution d'Essex, bien qu'il n'ait pas subi la torture physique. Coupable d'une tentative de rébellion, Essex est arrêté et soumis à d'intenses pressions psychologiques. Avec *Philotas*, on aurait donc à faire à un scandale double, voire au carré : si la pièce de Daniel cause scandale, c'est parce qu'à travers la représentation d'un scandale politique issu de l'histoire antique, elle renverrait directement à un second scandale – survenu trois ans plus tôt – qu'elle menace de réactiver en en ravivant le souvenir.

Il s'agit ici d'aborder à nouveaux frais la question du scandale au théâtre en Angleterre à l'époque moderne par l'étude de « l'affaire *Philotas* ». Nous ne disposons pas des minutes détaillant l'accusation, mais de plusieurs documents, manuscrits et imprimés, où l'auteur répond aux accusations portées contre lui. À travers eux, on peut mettre en évidence ce qui fait précisément scandale dans la pièce et quels mécanismes de régulation du politique et du littéraire cette crise révèle. En croisant la défense de Daniel et le texte de la pièce, on montrera que le scandale causé par la pièce est bien politique. Les conseillers de Jacques Ier ont perçu dans la représentation du procès politique infligé à Philotas, malgré la prudence du détour historique, une critique acerbe de leur propre comportement lors de la récente affaire Essex – puisqu'il semble acquis qu'Essex doit sa chute autant à son imprudence qu'à l'action conjuguée de ses pairs et rivaux qui profitèrent de son faux pas. Mais le complot des ennemis de Philotas (comme de ceux d'Essex) n'aurait pas pu aboutir sans la complicité active du monarque, et une autre charge subversive de la pièce, plus indirecte, pourrait bien être l'argument anti-tyrannique suggéré en filigrane – qui semble, par ricochet, pouvoir viser la couronne d'Angleterre elle-même, à travers Alexandre. Dans *Philotas* le roi de Macédoine lâche la bride aux ennemis du général et se rend ainsi complice de leur acharnement à l'abattre, finissant par ordonner sa mise à la question. Daniel montre ainsi comment le pouvoir royal instrumentalise les divisions entre les grands pour asseoir son autorité par l'arbitraire. Au passage, l'auteur humaniste met en question le scandale moral que constituent le procès politique monté de toutes pièces contre Philotas comme l'emploi de la torture.

* * *

On peut s'étonner que soit représentée, devant le roi, une pièce qui puisse même faire scandale : le théâtre anglais est en principe doublement sous contrôle. Une proclamation d'Élisabeth Ière de 1559 interdit formellement aux comédiens de représenter des pièces qui fassent allusion à des situations politiques ou des questions religieuses en rapport avec l'actualité. Par ailleurs, chaque pièce est en principe soumise avant représentation et publication à l'approbation d'un censeur, le Maître des plaisirs (*Master of the Revels*), qui peut exiger des corrections, voire l'interdire. Aux représentants de l'autorité il est demandé :

> qu'ils ne permettent la représentation d'aucune pièce dans laquelle des questions de religion ou de gouvernement de l'état seraient abordées ou traitées, car ce ne sont pas sujets sur lesquels on peut écrire ou qu'on peut traiter sans recourir aux autorités, avec savoir et sagesse, elles ne doivent être évoquées devant aucun autre public que des personnes sérieuses et avisées. Sa Majesté exige que tous les points de cette proclamation soient observés sans exception. Et si quiconque tentait d'aller contre, sa Majesté donne tout pouvoir aux officiers qui ont autorité pour préserver la paix commune, arrêter et emprisonner ceux qui auront commis l'offense, pendant quatorze jours ou davantage, selon ce qui sera nécessaire.[4]

Une autre proclamation royale concerne le contrôle de l'impression des livres, et, en particulier, des pièces de théâtre : « Étant donné le nombre de pamphlets, de pièces et de ballades imprimés, il convient de veiller à ce que ces écrits ne comportent rien d'hérétique, de séditieux, ou d'inconvenant pour des oreilles chrétiennes[5] ». Jacques Ier, qui aime le théâtre, s'inscrit

---

4   « *that they permyt none to be played wherin either matters of religion or of the governaunce of the estate of the common weale shalbe handled or treated, beyng no meete matters to be wrytten or treated upon, but by meene of aucthoritie, learning and wisedome, nor to be handled before any audience, but of grave and discreete persones : All which partes of this proclamation, her majestie chargeth to be inviolably kepte. And if any shal attempt to the contrary : her majestie giveth all maner of officers that have authoritie to see common peace kepte in commaundement, to arrest and enprison the parties so offendinge, for the space of fourtene dayes or more, as cause shal nede* ». Édit du 16 mai 1559, publié dans Edmund K. Chambers, *The Elizabethan Stage*, Oxford, Clarendon Press, 1923, t. 4, p. 263-264. Toutes les traductions françaises sont miennes.

dans cette continuité à partir de 1603, en se montrant plutôt tolérant pour la satire, bien qu'il n'hésite pas intervenir directement pour faire interdire les pièces lorsqu'il estime que les sujets qui lui tiennent à cœur, comme l'union de l'Ecosse et de l'Angleterre ou la question de la prérogative royale, sont brocardés[6]. Il existe toutefois pour les auteurs de nombreuses stratégies de contournement de ces décrets : pour parler de la situation contemporaine, les auteurs dramatiques empruntent le biais de la fiction, le déport vers un autre pays ou la transposition vers des sujets non-contemporains, ce qui n'atténue pas toujours les enjeux politiques d'un texte. Pour les drames historiques, a priori plus sensibles et plus susceptibles d'être scrutés par les autorités, ils sont nombreux à porter sur les périodes antérieures, comme l'histoire antique – grecque, romaine, bretonne ou écossaise – ou médiévale ; ou sur le passé d'une autre nation, lorsqu'elles abordent des périodes plus récentes. Ainsi C. Marlowe écrit une pièce sur la Saint-Barthélemy, à peine vingt ans après les événements (*The Massacre at Paris*, 1593), tandis que Chapman choisit pour ses tragédies de traiter d'événements datant du règne d'Henri III et d'Henri IV de France, qui lui étaient quasi-contemporains. Il serait naïf de penser que toutes ces pièces, qui traitent de monarques à la légitimité contestée, de l'ambition des grands, de rébellions ou de disgrâces, sont autre chose que des pièces politiques qui tentent de penser la période contemporaine.

Toutes ces stratégies de détour expliquent la vigilance des autorités : le système de contrôle vise à prévenir l'avènement du scandale et se combine à un arsenal répressif dissuasif. Les châtiments possibles vont des menaces de condamnation à la prison ferme et de mise à l'amende aux châtiments corporels – exposition en place publique, marquage au fer rouge, mutilations (du nez ou des oreilles) –, voire à l'exécution capitale, pour les cas de sédition plus graves. La peine de mort, à l'instar de la torture, reste néanmoins à l'état de menace pour les cas de censure[7]. Ce système semble avoir joué son

---

5 « *And because many pamphlets, playes and ballads, bee oftentimes printed, wherein regarde would bee had, that nothing therein should be either heretical, seditious or unseemly for Christian eares* […] » (« Injunction given by the Queen's Majesty », 13 juin 1559, *ibid.*, p. 264-265).

6 J. Clare, "*Art made tongue-tied by authority*". *Elizabethan and Jacobean Dramatic Censorship*, Manchester, Manchester University Press, 1990, p. 99-100.

7 La torture est principalement utilisée à la période élisabéthaine pour les prêtres catholiques, dont les sanglantes exécutions publiques sont mises en scène pour frapper les esprits. Voir T. A. Turner, « Torture and Summary Justice in *The Spanish Tragedy* »,

rôle de régulation, car les poursuites sont peu nombreuses[8]. Quelques rares manuscrits dramatiques de censeurs nous permettent de voir ce qui sollicite particulièrement leur attention. Les parallèles possibles avec la situation du monarque sont scrutés de très près, ainsi que les références trop évidentes à des personnalités politiques. Ainsi, en novembre 1632, le « Master of the Revels » Sir H. Herbert censure lourdement la pièce de J. Shirley, *The Ball* avant représentation, car elle inclut des références transparentes à des courtisans en vue[9].

Plusieurs procédures après coup indiquent que le système de contrôle et de dissuasion n'est pas toujours efficace : certaines pièces « font scandale » parmi tel ou tel groupe d'individus et nécessitent l'intervention des autorités, soit pour punir un délit, soit pour empêcher une ou plusieurs représentations ou la publication. Les cas de scandale théâtraux avérés en Angleterre concernent le plus souvent la satire d'un individu ou d'une communauté (nationale, religieuse ou politique), qui se sent offensé(e) et demande réparation : ainsi la satire des Écossais dans *Eastward Ho* de B. Jonson, G. Chapman et J. Marston en 1605 irrite profondément le roi et son entourage écossais, causant l'emprisonnement des auteurs. De même, la satire des Espagnols dans *A Game at Chess* de T. Middleton (1624) provoque un incident diplomatique avec l'ambassadeur espagnol et sa suite[10]. Mais le « scandale » naît aussi de parallèles évidents avec des événements politiques. Un ensemble de plusieurs pièces qui incluent, comme *Philotas*, des allusions sensibles à l'affaire Essex en traitant des thèmes de l'ambition des grands et des dérives tyranniques du pouvoir monarchique suscite ainsi l'intervention

---

Studies in English Literature, n° 53.2, 2013, p. 277-292 (p. 278-279).

8   Voir les ouvrages de J. Clare, *"Art made tongue-tied by authority"*, *op. cit.*, R. Dutton, *Mastering the Revels. The Regulation and Censorship of English Renaissance Drama*, Londres, Macmillan, 1991. Voir aussi C. Sukic, « Le héros baroque anglais : comment avoir été et être ? », *XVII-XVIII. Bulletin de la société d'études anglo-américaines des XVIIe et XVIIIe siècles*, n°54, 2002. p. 15-25. C. Alt, « Directed Reading : Paratext in *A Game at Chess* and *The Tragedie of Philotas* », *Philological Quarterly*, n° 83.2, 2004, p. 127-146 et D. Cadman, « 'Th'accession of these mighty States' : Daniel's *Philotas* and the Union of Crowns », *Renaissance Studies*, n° 26.3, 2012, p. 365-384.

9   N. W. Bawcutt (éd.), *The Control and Censorship of Caroline Drama. The Records of Sir Henry Herbert, Master of the Revels 1623-73*, Oxford, Clarendon Press, 1996, p. 52.

10 Voir Dutton, *Mastering the Revels*, *op. cit.*, p. 171-179 et 237-246 et Clare, *"Art made tongue-tied by authority"*, *op. cit.*, p. 118-124 et 190-199.

des autorités[11] : *Sejanus* (1603) vaut à son auteur, B. Jonson, d'être interrogé par le Conseil privé, sans que cette audience soit suivie de poursuites ; de son côté, la pièce en deux parties de G. Chapman, *The Conspiracy and Tragedy of Charles, Duke of Byron* (1608), qui avait irrité l'ambassadeur de France, est interdite[12].

Pour *Philotas*, si on ne connaît pas tous les détails de l'accusation, on peut en reconstruire la logique par ce qu'en dit l'auteur pour sa défense. Entrée au Registre des Libraires le 29 novembre 1604, la pièce est publiée en 1605, quelques mois après la représentation[13]. Daniel inclut une épître dédicatoire au prince Henry, l'héritier de la couronne, alors âgé de onze ans et grand espoir de toute une génération d'intellectuels. Il en appelle à la compréhension du prince pour attester sa bonne foi, faisant le souhait rétrospectif que ses vers :

> [...] n'aient jamais vu la lumière.
> Ainsi je n'aurais pas été puni pour mes bonnes intentions
> Ni mécompris par le théâtre censeur,
> Et n'aurais pas ainsi perdu ma renommée et mon honneur,
> Que j'estime plus que tout ce que notre âge
> Ou cette terre peut offrir. Mais les ans m'ont fait ce tort
> De me faire trop écrire et vivre trop longtemps.[14]

Bien que la pièce ait été autorisée à la publication, Daniel insiste sur le fait que son œuvre n'a pas été « comprise » par son public. Il reconnaît toutefois qu'il a, du fait d'une méprise, perdu la protection de son mécène historique, le comte de Devonshire (Lord Mountjoy). Protégé de Devonshire, proche de plusieurs autres partisans d'Essex, Daniel avait écrit des vers très favorables au comte avant sa chute. Il avait été désigné par la reine Anne censeur (*Licenser*) pour

---

11   Voir Dutton, *Mastering the Revels, op. cit.*, p. 117-163.
12   Voir G. Bertheau, « George Chapman's French Tragedies, or Machiavelli beyond the Mirror », dans J.-C. Mayer (éd.), *Representing France and the French in Early Modern English Drama*, Newark, University of Delaware Press, 2008, p. 110-124 (p. 116-117).
13   S. Daniel, *Certaine Small Poems Lately Printed: with the Tragedie of Philotas*, Londres, 1605. Les citations de la pièce sont tirées de l'édition de référence : S. Daniel, *The Tragedy of Philotas*, éd. L. Michel, Hamden, Archon Books, 1970 (simplement *Philotas* par la suite).
14   [...] *had never come to light. / So had I not beene tax'd for wishing well, / Nor now mistaken by the censuring Stage / Nor, in my fame and reputation fell, / Which I esteeme more then what all the age / Or th'earth can give. But yeeres hath don this wrong, / To make me write too much, and live too long.* » (« To the Prince », *Philotas, op. cit.*, p. 99).

la troupe des *Children of the Queen's Revels* en février 1603/1604, fonction qui lui vaut d'être mêlé indirectement à trois scandales successifs, dont celui d'*Eastward Ho*[15]. Toutefois, il rappelle dans sa défense que *Philotas* a bien été autorisée par le « Maître des Plaisirs », bien qu'elle ait été jouée par cette même troupe. On ne sait si le prince Henry lui vient en aide, mais la reine Anne lui confirmera sa confiance en le nommant « Gentilhomme de la chambre privée de la reine » (*Groome of the Queenes Maiesties Priuie Chamber*) en 1607, fonction largement honorifique, et il écrira encore pour elle plusieurs divertissements.

Les documents dont nous disposons pour instruire l'affaire sont au nombre de six[16]. Du côté de l'accusation, les minutes des séances du Conseil privé sont manquantes pour les années 1601-1613[17], mais une brève note non-datée, insérée dans le *Calendar of State Papers*, précise que Samuel Daniel a offensé le comte de Devonshire, en arguant devant le Conseil privé que son protecteur avait lu de larges sections de la pièce incriminée avant la représentation sans trouver à y redire. Les termes de cette note reprennent presque *verbatim* un passage d'une lettre de Daniel à Devonshire, qui semble avoir été rendue publique. Du côté de la défense, on compte cinq documents : à l'épître imprimée déjà mentionnée et à la pièce elle-même, il faut ajouter deux lettres manuscrites autographes datant du printemps 1605[18]. La première est adressée à Robert Cecil, vicomte Cramborne (« Secrétaire principal » du Conseil privé), et la seconde est celle que Daniel écrit au comte de Devonshire, où il lui présente ses excuses pour « la grande erreur » qu'il a commise. Enfin, dernier document, une « apologie » paraît de manière posthume dans l'édition de 1623 de ses œuvres, en annexe d'une nouvelle impression de *Philotas*[19]. L'apologie semble néanmoins avoir été écrite peu après la représentation incriminée. Ce texte fait explicitement référence aux accusations qui valent à Daniel sa convocation devant le Conseil :

> Quant à une quelconque ressemblance que, par ignorance de l'histoire, on

---

15 Les autres pièces sont *Philotas* et *The Dutch Courtesan* de J. Marston (1605).

16 Pour une analyse de l'affaire *Philotas*, Voir Michel, « Introduction », dans Daniel, *Philotas, op.cit.,* p. 36-66, Clare, *"Art made tongue-tied by authority",* op. cit., p. 127-131 et Dutton, *Mastering the Revels, op. cit.,* p. 165-171.

17 Michel, « Introduction », dans *Philotas, op. cit.,* p. 37.

18 *Ibid.,* p. 27-38.

19 *The Whole Workes of Samuel Daniel Esquire in Poetrie,* Londres, 1623.

pourrait trouver [ici] avec le feu comte d'Essex, elle ne tient qu'à proportion de ses faiblesses, dont je souhaite que tous ceux qui aiment sa mémoire ne les ravivent pas. Pour ma part, lui étant particulièrement redevable de sa générosité, j'en appelle à Dieu pour que ses erreurs et sa désobéissance à l'égard de sa souveraine soient enfouies sous la terre bien profondément, bien plus profondément que sa dépouille, pour qu'il ne reste pas dans les mémoires comme un des exemples de déloyauté en ce royaume ou à l'égal de certains conspirateurs étrangers.[20]

Il est peu courant qu'un auteur incriminé rende ainsi publiques les charges qui pèsent contre lui : Daniel est donc bien accusé d'avoir eu l'intention de représenter l'affaire Essex à travers le portrait complexe d'un homme valeureux et estimable (Philotas) que ses « faiblesses » conduisent à sa perte. Un général ambitieux, un complot, un procès et une exécution arbitraires : sa pièce aurait eu le tort de prêter le flanc à une lecture allégorico-politique renvoyant à Essex. La stratégie de Daniel, dans les deux lettres comme dans l'Apologie, est la même : il se dit innocent de toute *intention* critique, que ce soit à l'encontre de la reine ou des conseillers du prince. Il a été mal lu, mal compris et ses spectateurs, dont il n'ose dire qu'ils sont malveillants, préférant accuser l'ignorance et l'envie en général, font fausse route en procédant ainsi à une « application erronée et à un contresens sur cette Tragédie de Philotas[21] ».

Dans l'apologie en particulier, Daniel commence par rappeler que les trois premiers actes de la pièce étaient déjà écrits avant « l'affaire » – ce qui laisse toutefois peser le doute sur deux derniers –, et que le « Maître des Plaisirs » avait contrôlé la pièce ; mais sa stratégie consiste surtout à présenter ses intentions comme étant d'abord morales et esthétiques. Avec *Philotas,* il prétend poursuivre son entreprise de réforme du théâtre, dans le sillage de la comtesse de Pembroke, qui avait publié *Antonius* en 1592, et de sa propre pièce, *Cleopatra* (1594), inspirée de Jodelle. *Philotas* doit en effet contribuer

---

20 « *And for any ressemblance, that thorough the ignorance of the History may be applied to the late Earle of Essex, it can hold in no proportion but only in his weaknesses, which I would wish all that love his memory not to revive. And for mine owne part, having been particularly beholding to his bounty, I would to God his errors and disobedience to his Sovereigne, might be so deepe buried underneath the earth, and in so low a tombe from his other parts, that he might never be remembered among the examples of disloyalty in this kingdome, or paraleld with Forreine Conspirators.* » (« The Apology », *Philotas, op. cit.,* p. 157)

21 « *wrong application and misconceiving of this Tragedy of Philotas* » (*ibid.*, p. 155).

à corriger le théâtre public de sa superficialité, « vues les vaines fictions et les sottises vulgaires avec lesquelles le théâtre profane les récréations des hommes[22] », par la promotion d'une forme de théâtre néoclassique – il est vrai peu goûtée des foules londoniennes alors plutôt friandes de formes plus spectaculaires. Daniel met en scène son indignation ; dans la lettre à Cecil, il se déclare même blessé, offusqué qu'on puisse remettre en cause, en l'attaquant ainsi, le principe de lire les classiques : en s'attaquant à sa tragédie, c'est toute la culture humaniste qu'on vise, puisqu'« il n'y a rien de nouveau sous le soleil » et « il n'y a rien dans le présent qui ne soit dans les livres, et rien dans les livres qui ne soit dans notre présent[23] ». Comme l'histoire se répète, il est impossible de parler du passé sans qu'émergent des correspondances avec le présent, même à l'insu de l'auteur, se défend Daniel. L'ambition (incarnée par Philotas) et l'envie (des autres courtisans) sont donc des « notions universelles », qui constituent « les arguments perpétuels des livres et des tragédies[24] ». Cette plaidoirie pour une lecture morale de la pièce paraît toutefois quelque peu partiale, à une période où l'on pratique couramment la lecture analogique et allégorico-politique des textes.

* * *

Un examen attentif de la pièce révèle bien un traitement politique de l'affaire Essex. Dès l'ouverture, le général Philotas incarne une voix critique à l'égard du gouvernement d'Alexandre : au fil du texte, le roi est comparé plusieurs fois aux Perses pour son orgueil et son ambition, puis pour ses tendances tyranniques. Philotas est ainsi clairement le porte-voix d'une parole anti-tyrannique. Bien qu'il ne soit pas mêlé au complot dont on ne fait que lui rapporter la rumeur, son silence fait problème, puisqu'il omet de courir mettre le roi en garde. Dénoncé, il parvient d'abord à rassurer le roi sur son innocence, mais ce dernier, influencé par une cabale orchestrée par les autres

---

22 « *seeing with what idel fictions, and grosse follies, the Stage at this day abused mens recreations* » (*ibid.*, p. 156).

23 « *there is nothing new under the Sunne, nothing in theas tymes yt is not in bookes, nor in bookes that is not in theas tymes* » (*Lettre à Cecil*, cité par Michel, « Introduction », dans *Philotas, op. cit.*, p. 38).

24 « *the universall notions of ambition and envie the [perpe]tuall argum[ents] of bookes and tragedies* » (*Lettre à Devonshire, ibid.*, p. 38).

généraux et ses courtisans, se ravise. Philotas est arrêté, des aveux sont obtenus sous la torture et il est exécuté. Dans sa lettre à Devonshire, Daniel reconnaît deux fautes. Tout d'abord, il s'est rendu coupable d'une terrible « indiscrétion » en mêlant son protecteur à cette affaire. Or, si Daniel cite le nom de Devonshire pendant son audition, c'est qu'il est alors certain que ce dernier va le soutenir ; mais Devonshire n'assiste pas à l'audience devant le Conseil privé et un autre des mécènes historiques du dramaturge, Egerton, restera quant à lui silencieux, tant son embarras est grand. L'autre faute reconnue par Daniel, c'est une « mauvaise compréhension de la situation[25] ». Beaucoup des partisans d'Essex avaient salué l'avènement du roi Jacques Ier, dont ils avaient soutenu la cause. L'heure était à l'optimisme : Essex avait été réhabilité et ses partisans distingués. Daniel reconnaît donc son erreur, avoir estimé qu'il était désormais possible de représenter Essex sur scène sans risquer d'indisposer le pouvoir.

Or la pièce est pour le moins imprudente et elle ne pouvait manquer d'irriter certains des plus influents conseillers du roi, en leur rappelant leur rôle dans une affaire embarrassante qui s'était soldée trois ans plus tôt par la mort d'un redoutable courtisan. Le puissant Robert Cecil, Secrétaire d'État de 1596 à 1612, s'est ainsi reconnu dans le personnage de Craterus, conseiller en chef d'Alexandre et principal artisan de la chute de Philotas dans la tragédie. Or c'est Cecil, secondé par Cobham et Ralegh, qui avait été à la manœuvre contre Essex ; il avait ainsi organisé son procès, comme Craterus celui de Philotas. Il est clair que Cecil apprécie peu de voir mis en exergue le cynisme et l'habileté politique de Craterus qui, dans la pièce, sait se débarrasser de son rival en exploitant son faux pas. Vu sous cet angle, Daniel prenait un gros risque. Le Chœur de l'acte III offre ainsi une critique explicite des ambitions des grands, prêts à invoquer l'État pour satisfaire leurs intérêts privés :

> Voyez comme ces grands hommes habillent leur haine privée
> Des atours chamarrés du bien public ;
> Et pour arriver à leurs fins, invoquent l'État,
> Comme si l'État entrait dans leurs affections[.][26]

---

25 « *misunderstanding of the time* » (*Lettre à Devonshire, ibid.*, p. 39).

26 « Se [sic] how these great men cloath their private hate / In those faire colours of the publike good ; / And to effect their ends, pretend the State, / As if the State by their affections stood[.] » (*Philotas, op. cit.,* p. 131).

Dans l'apologie de 1623, Daniel concède d'ailleurs que c'est la représentation de Craterus qui a posé problème et procède à une volte-face radicale : revenant sur le personnage, il le décrit, dans un portrait diamétralement opposé à celui qu'il en a donné dans la pièce, comme « l'un des hommes les plus honnêtes qui aient servi Alexandre », qui « se comporta avec sagesse dans cette affaire[27] », en tuant dans l'œuf une ambition dangereuse pour l'État. La manœuvre est grossière car l'apologie contredit ouvertement la pièce, dont le texte, lui, n'est pas modifié.

Avec sa tragédie, Daniel irrite donc les deux camps, celui des anciens ennemis d'Essex, les grands conseillers qui s'étaient débarrassés d'un rival encombrant, mais aussi celui des anciens partisans d'Essex. Néanmoins, la critique anti-tyrannique, pourtant formulée de manière très explicite à la fin de la pièce, ne semble pas avoir attiré l'attention : Daniel ne paraît pas voir eu à se défendre sur ce point et l'attention du Conseil privé se focalise sur le traitement négatif des conseillers. Pourtant, la tragédie se conclut sur des vers où le chœur renvoie dos à dos l'ambition d'un grand et la tyrannie du roi – ce monarque qui sait si bien exploiter les abus de pouvoir de ses conseillers. Dénonçant finalement les dangers de l'ambition, le chœur prône une forme de stoïcisme prudentiel : le sage est l'homme prudent, celui qui évite d'approcher les puissants de trop près et se garde de l'ambition, parce qu'elle est susceptible d'attiser la colère des rois[28].

Cette morale, sous forme de topos, s'intègre dans la pièce dans un discours anti-tyrannique très construit. Philotas est soumis à un procès expéditif – qui, selon Gazzard, reprendrait des éléments précis du procès d'Essex[29] ; la pièce se clôt sur une longue description des tortures infligées à Philotas pour le faire plier, décrites à elles seules comme un scandale moral témoignant de la dérive de l'autorité royale vers la tyrannie. La torture bénéficie d'un statut ambivalent dans la période : bien que certains théoriciens, comme T. Smith ou E. Coke, considèrent qu'elle n'a pas sa place dans le droit anglais, elle est *de facto* pratiquée, plus souvent que ne veulent l'admettre

---

27 « *Craterus, who so wisely pursued this businesse is deemed to have beene one of the most honest men that ever followed Alexander in all his actions* » (« The Apology », *Philotas, op cit.*, p. 157).

28 *Philotas, op cit.*, p. 155.

29 H. Gazzard, « "Those Grave Presentments of Antiquitie" : Samuel Daniel's *Philotas* and the Earl of Essex », *The Review of English Studies*, n° 51. 203, 2000, p. 423-450.

les autorités. Quant à F. Bacon, il autorise son utilisation lorsqu'elle permet d'obtenir des informations nécessaires à une enquête, mais ne lui accorde pas le statut de preuve : un aveu obtenu sous la torture ne saurait suffire pour condamner un suspect[30]. Or l'emploi de la torture dans la pièce, inutile puisque Philotas est déjà condamné, suscite l'indignation horrifiée du Chœur, qui écoute, accablé, le récit des souffrance endurées par le héros. La mise en cause de la torture nous rappelle ici que Daniel avait un temps été proche du cercle pro-monarchomaque et anti-tyrannique constitué autour des Sidney dans les années 1580. Ici il s'agit avant tout de casser la superbe de Philotas et de le faire plier. Les châtiments – l'application de fers rouges au feu, le supplice de la roue, les coups de fouet – visent à lui faire perdre son statut de héros en l'amenant à se comporter bassement et à confesser ses fautes, et même tout ce qu'on voudra lui faire admettre. Le Chœur accablé lamente cette transformation déshonorante du héros. Le roi Alexandre lui-même commente : « Je n'aurais jamais pensé qu'un homme à l'esprit / Si ambitieux pût avoir le cœur si faible[31]. » Mais Philotas confesse aussi ses convictions anti-tyranniques. Le roi, accuse-t-il, en se voulant l'égal d'un Dieu, s'est comporté non en Grec mais comme un Perse tyrannique ; mais Philotas accuse ses sujets de s'être rendus complices de cette transformation du roi en tyran, car ce sont eux qui ont permis qu'il se prît pour Dieu :

> Nous avons perdu Alexandre, perdu (dit-il)
> Le Roi ; et l'orgueil et la vanité ont causé notre chute :
> Nous avons fait un Dieu d'un homme de notre sang,
> Qui se glorifie et néglige notre bien ;
> Intolérable est cet acte impie.[32]

Avant de rendre son dernier souffle, il se déshonore et dénonce ses partisans, qu'il accuse de toutes sortes de fautes. Cette mort, déplorée comme ignominieuse, voit Philotas s'éteindre « privé de la pitié de ses amis[33] »,

---

30   E. Hanson, « Torture and Truth in Renaissance England », *Representations*, n° 34, 1991, p. 53-84 (p. 58).

31   « *I never thought a man that had a mind / T'attempt so much, had had a heart so weake* ! » (*Philotas, op. cit.*, p. 153)

32   « *We haue lost Alexander, lost (said he) / The King; and fall'n on pride and vanity ; / And we have made a god of our owne blood, / That glorifies himselfe, neglects our good. / Intolerable is this impious deed* » (*ibid.*, p. 154).

33   « *unpitied of his friends* » (*ibid.*).

désavoué par ses propres partisans ; car par sa faute, d'autres sont à leur tour livrés à la torture. Tandis le Chœur souligne encore la cruauté du châtiment qu'il subit, la pitié le partage au blâme devant cette faiblesse ultime, « qui souille tous ses exploits antérieurs[34] ». Là encore, le parallèle avec Essex, pour ténu qu'il soit, est évident pour qui sait lire, car, si Essex n'a pas été torturé physiquement, il a été soumis à d'intenses pressions qui l'amenèrent à confesser tout ce qu'on voulut lui faire dire. Comme Philotas, il connut une fin assez peu glorieuse, allant lui aussi jusqu'à livrer les noms de ses partisans et complices[35].

Il y aurait donc bien un double scandale *Philotas* : la tragédie met d'abord sur la place publique un scandale qui sans cela serait peut-être demeuré caché aux yeux du public – le rôle de la faction de Cecil et des autres pairs dans la chute d'Essex et, plus généralement, le pouvoir des conseillers sur le prince. En réparation, Daniel doit faire des excuses publiques à Cecil, ce qu'il fait comme en témoigne la lettre qu'il lui écrit. Un second scandale, en revanche, semble être passé au second plan, peut-être parce qu'elle concerne le régime précédent, une critique voilée de la dérive tyrannique de la monarchie elle-même, à travers l'interrogation sur la légitimité de la torture. Or, le nouveau roi, grand théoricien de l'absolutisme en Écosse et en Angleterre, qui n'hésite pas lui-même à utiliser la torture, ne pouvait manquer de percevoir la mise en garde.

*   *   *

Mais pourquoi Daniel aurait-il ainsi pris le risque d'offenser ? Au début de 1605, Daniel est confiant, fort de la protection de la reine et de celle de Devonshire ; ses protecteurs historiques sont bien en cour. Le début du règne de Jacques Ier avait suscité de grands espoirs chez les humanistes : Jacques se présente comme un roi savant, féru de théologie et soutien du savoir. Daniel a-t-il fait preuve d'optimisme politique, en pensant le roi (et son entourage) capables d'appliquer à sa tragédie une grille de lecture humaniste ? Cet espoir d'un roi philosophe allait quoi qu'il en soit s'évanouir avec la répression qui suit le « Complot des Poudres » dès la fin de l'année 1605.

---

34 « *This all his former straines of worth doth marre* » (*ibid.*)
35 Michel, « Introduction », dans *Philotas*, *op. cit.*, p. 60.

Mais l'optimisme de Daniel reflète la conception humaniste et sérieuse de la littérature qui traverse son œuvre. Dans cette perspective, le poète doit s'adresser aux princes, car la littérature possède une fonction didactique de conseil. Le prince, le roi et ses conseillers auraient pu trouver dans une pièce comme *Philotas* matière à réflexion, non pour l'appliquer à une situation politique particulière, mais pour en tirer un enseignement moral et politique plus général. Ainsi la représentation du complot des conseillers d'Alexandre pouvait faire réfléchir aux dangers inhérents à l'exercice du pouvoir et celle de la cruauté de la torture inviter à limiter son usage.

Un théâtre humaniste engagé court cependant le risque, assumé, de déplaire, voire de causer le scandale. Pour Daniel, engagé dans les cercles intellectuels protestants et pro-monarchomaques, ce scandale revêt ici une fonction éthique, car il permet de tester les valeurs du nouveau régime et de marquer les limites de ce qui est autorisé. Écrire et mettre en scène les dérives tyranniques du pouvoir monarchique, c'est en effet tester les limites de la liberté d'expression dans ce règne de Jacques encore en devenir en 1605. C'est donc bien remplir la fonction du poète humaniste et conseiller le prince jusqu'à risquer l'insolence. Si trois des pièces représentées aux Blackfriars sont inquiétées par les autorités, ce n'est peut-être pas totalement en raison de l'incurie de Daniel en tant que censeur, comme on l'a parfois écrit ; peut-être faut-il y lire, comme Gazzard, le désir de promouvoir une forme de théâtre plus critique et donc plus dangereux[36]. Paradoxalement, les spectacles joués par les troupes d'enfants sont à cette période parfois plus audacieux formellement, mais aussi plus subversifs que ceux des troupes d'adultes[37]. Peut-être cela tient-il au fait que les enfants sont moins surveillés car en apparence plus inoffensifs, ou, peut-être sont-ils plus dociles. Mais surtout ces jeunes acteurs étaient pénalement irresponsables : dans ces conditions, ils ne sont peut-être pas soumis à la même prudence que les acteurs adultes, quant à eux plus conscients des dangers encourus.

Mais comme l'apprend Daniel à ses dépens, le vrai scandale est au fond le théâtre lui-même, en tant que forme artistique subversive. Montrer la corruption des grands et la tyrannie royale sur la scène d'un théâtre,

---

36   Voir Gazzard, « "Those Grave Presentments of Antiquitie" », art. cit., p. 428.
37   Voir l'étude majeure de L. Munro sur le répertoire et l'esthétique privilégiés par les « Enfants des plaisirs de la reine », *Children of the Queen's Revels : A Jacobean Theatre Repertory*, Cambridge, Cambridge University Press, 2005.

c'est prendre le risque d'exposer ce qui, selon certains, ne devait pas être montré à la foule. Le théâtre, pour un intellectuel humaniste de la période moderne, est par définition une forme scandaleuse, parce qu'elle ne permet pas de discriminer ses destinataires, tous réunis dans la foule indistincte des spectateurs. Daniel mesure ainsi après coup les dangers du passage de la lecture privée à la scène publique : dans son épître au prince Henry, il rappelle que la pièce n'était pas destinée à être représentée à l'origine, puis qu'elle a manqué de servir pour une représentation domestique privée, qui n'a finalement pas eu lieu. L'ironie ultime, qui peut expliquer l'indignation de Daniel, est qu'il n'est pas prioritairement un dramaturge : il est très critique de la scène publique, qu'il juge vulgaire, ce qui lui vaut une réputation de poète élitiste. Dans la polémique théâtrale initiée par Philip et Mary Sidney, et qui oppose les tenants d'un théâtre néoclassique, destiné à être lu (ou récité) en privé, et ceux d'un théâtre spectaculaire pour les foules, Daniel prend résolument parti pour le premier. Sa première pièce, *Cleopatra*, est un hommage à Mary Sidney, à qui elle est dédiée. Là encore, il s'agit d'une pièce néoclassique, non-spectaculaire, qui n'est pas jouée en public, bien qu'elle l'ait peut-être été en privé dans une grande maison aristocratique[38]. Désormais conscient des dangers du passage de l'imprimé à la scène commerciale, Daniel s'en tire par une pirouette : s'il a fait représenter sa pièce sur la scène des Blackfriars, écrit-il dans sa lettre à Cecil, c'est que, « poussé par la nécessité », il a été obligé de « tirer profit de sa plume et faire du théâtre la bouche de ses vers[39] », et ainsi de prendre le risque de s'exposer à l'ignorance et à l'envie de spectateurs dépourvus de discernement.

Pour l'auteur humaniste, plus familier de la culture de l'écrit, pratiquer le théâtre public, c'est risquer d'être compris (ou mécompris) par le mauvais spectateur ; c'est exposer au grand jour les fautes des grands et les ressorts secrets de l'état, y compris le machiavélisme du roi et des conseillers, devant un public indéfini, incapable de la discrimination nécessaire – or ces questions sensibles ne devaient pas être exposées sans précaution. Ce qui eût pu être toléré par les autorités, si la pièce avait simplement été imprimée sans connaître de représentation publique, devient alors scandaleux, car, selon

---

38 Voir Y. Arshad, *Imagining Cleopatra: Performing Gender and Power in Early Modern England,* Londres, Bloomsbury, 2019, en particulier p. 105-144.

39 « *make use of my pen, and the Stage to bee the mouth of my lines* » (« The Apology », *Philotas, op. cit.*, p. 156).

les termes du décret ancien de 1559, « la représentation d'aucune pièce dans laquelle des questions de religion ou de gouvernement de l'état » n'est tolérée que si elle se destine à des « personnes sérieuses et avisées[40] ». Dans son épître au prince, Daniel rappelle la différence très importante entre l'imprimé et le théâtre vivant : ce qui se joue dans le *passage* de l'écrit au théâtre vivant, c'est le jeu, au sens de représentation d'un drame politique par le corps de l'acteur – celui qui est la véritable « bouche » ou « voix » relayant la parole du poète[41]. Alors que l'écrit (l'imprimé) s'offre à la raison, qui saura « raisonner » les passions, la scène, le spectacle vivant, en appelle aux affects et aux passions et se présente sans médiation, sans le filtre de la tradition livresque ou du dispositif de l'imprimé. Le théâtre vivant comme art de l'incarnation est donc bien, de ce point de vue, l'art du scandale par excellence à l'époque moderne.

---

40 « *grave and discreete persone* », voir note 4.
41 « *the Stage to be the mouth of my lines* », voir note 37.

Théodore vierge et martyre de Corneille, un scandale paradoxal

Alain Génetiot
Université de Lorraine

Résumé :

La tragédie dévote de Corneille a servi aux augustiniens pour faire le procès du théâtre, objet de scandale théologique. Un second scandale, dramaturgique, condamne la tragédie religieuse en dénonçant le mélange des genres au profit d'un aristotélisme rigoureux. Mais la véritable cause de l'échec de la pièce réside dans le scandale éthique procédant d'une réception manquée par le public mondain et galant, suite au changement rapide du goût.

Abstract :

Augustinians used Corneille's devout tragedy as an argument in their case against the stage, which they denounced as an object of theological scandal. A second scandal, dramatic, condemned religious tragedy for mixing genres, thereby transgressing the rigorous Aristotelianism which was gaining prominence. But the real cause of the play's failure is an ethical scandal: the play failed to please its polite and gallant audience, due to a rapid change in taste.

Le scandale est une notion religieuse, c'est une « action, ou exemple qui donne aux autres occasion de pécher[1] ». Or, pour toute une tradition chrétienne qui remonte à Tertullien et saint Augustin, le théâtre, en représentant les passions sur scène, est un scandale *en soi*, une provocation au péché, pierre d'achoppement qui « choque les mœurs, ou la commune opinion d'une

---

1 P. Richelet, *Dictionnaire françois*, Genève, J. H. Widerhold, 1680, art. « Scandale ».

nation² ». En particulier il offense la pudeur et fait se récrier les dames³, *a fortiori* quand on considère l'origine par excellence sexuelle du scandale – l'adultère et la prostitution : « Les lieux de prostitution sont appelés des *maisons de scandale*⁴ ». Or, dans la saison 1645-1646, profitant du récent succès de *Polyeucte martyr* publié en 1643, Pierre Corneille propose avec *Théodore vierge et martyre* une nouvelle « Tragédie chrétienne⁵ » où le supplice de la future sainte consiste justement en une condamnation à la prostitution. N'était-ce pas jouer avec le scandale ? Pourtant le dramaturge au faîte de sa gloire avait pris toutes ses précautions pour purifier son sujet et il s'inscrivait dans une dynamique européenne qui, dans le contexte de la Contre-Réforme, promouvait le théâtre religieux sorti des collèges pour édifier le grand public. Rien qu'en France, Nicolas Soret avait donné une *Céciliade* en 1606 et Pierre Troterel avait publié à Rouen en 1615 une *Sainte Agnès* qui a pu inspirer la *Théodore* de Corneille, mais c'est le milieu des années 1630 qui voit un regain du genre avec la *Mariane* de Tristan L'Hermite en 1636, le *Saint Eustache* de Baro en 1638 et celui de Desfontaines en 1643, ou *Le Martyre de sainte Catherine* de Puget de La Serre et l'*Herménigilde* de La Calprenède en 1642⁶. Quant au sujet même de *Théodore*, il triomphait à la cour pontificale avec les pièces de Faustini (1613), Bartolommei (1632), Gottardi (1640) et surtout celle du cardinal Rospigliosi (1635), futur pape Clément IX, comme l'a montré Marc Fumaroli qui relève également la parenté avec la *comedia de santos* de Calderón, *Los dos amantes del Cielo, Crisanto y Daria*, rédigée autour de 1636⁷. En choisissant un genre et un sujet à la mode, Corneille avait

---

2 A. Furetière, *Dictionnaire universel*, La Haye et Rotterdam, A. et R. Leers, 1690, art. « Scandale ».

3 « Ces ordures ont fort scandalisé les Dames » (Richelet, *op. cit.*)

4 Furetière, *op. cit.*

5 Sous-titre de la pièce imprimée en 1646. Voir *Tragédies et récits de martyres en France (fin XVIᵉ-début XVIIᵉ siècle)*, éd. C. Biet et M.-M. Fragonard, Paris, Classiques Garnier, 2009 ; C. Biet, « La sainte, la prostituée, l'actrice. L'impossible modèle religieux dans *Théodore vierge et martyre* de Corneille », *Littératures classiques*, n° 39, 2000, p. 81-103.

6 Voir K. Loukovitch, *L'Évolution de la tragédie religieuse classique en France*, Paris, Droz, 1933 et la notice de *Théodore* (version de 1660) dans P. Corneille, *Œuvres complètes* (désormais OC), éd. G. Couton, Paris, Gallimard, « Bibl. de la Pléiade », 1980-1987, t. II, p. 1624-1628.

7 M. Fumaroli, « *Théodore, vierge et martyre* : ses sources italiennes et les raisons de son échec à Paris », *Héros et orateurs. Rhétorique et dramaturgie cornéliennes* [1990], Paris, Albin Michel, 2000, p. 223-259 ; *id.*, « Critique et création littéraire : J.-L. Guez

mis toutes les chances de son côté pour plaire à la fois aux mondains et aux dévots tout en évitant le scandale de l'*Herodes infanticida* de Daniel Heinsius (1632) qui, selon Guez de Balzac, « scandalise les plus dévots[8] » en mêlant la mythologie païenne à la tragédie sacrée. Dans les années 1636-1639, de *La Mariane* de Tristan L'Hermite au poème de Godeau « La Vierge d'Antioche », se déploie ainsi une intense réflexion sur les conditions de l'avènement en France de la tragédie de saints et de martyrs dont témoignent encore les lettres à Conrart du P. Hercule, hôte de Godeau en 1637-1638, qui s'interrogent sur le « tempérament qu'il faut apporter pour joindre le Paradis et les champs Élysées[9] ». Dès lors en quoi consiste le scandale et cet échec inattendu de *Théodore* alors que le grand Corneille avait tout fait pour obtenir un nouveau succès ?

Un scandale théologique

Car *Théodore* est la pièce par qui le scandale arrive. Elle a régulièrement servi d'exemple aux traités d'inspiration augustinienne condamnant le théâtre après la publication du « Sonnet sur la comédie » de Godeau dans l'édition de 1654 de ses *Poésies chrétiennes*[10]. La polémique théologique, même si elle a pu se mettre en place dès les années 1640[11], ne prend en effet véritablement son essor qu'avec ce sonnet qui attaque le théâtre en son principe dès lors que

de Balzac et P. Corneille (1637-1645) », dans *Mélanges de littérature française offerts à M. René Pintard*, Strasbourg, 1975, p. 73-89. Pour une comparaison avec la *comedia de santos*, voir L. Picciola, *Corneille et la dramaturgie espagnole*, Tübingen, Narr, 2002, « Biblio 17 », n° 128, p. 383-428.

8   J.-L. Guez de Balzac, *Dissertation sur une tragédie intitulée « Herodes infanticida »* (1636), *Œuvres diverses (1644)*, éd. R. Zuber, Paris, Champion, 1995, p. 185.

9   *Lettres à Philandre*, éd. G. Couton et Y. Giraud, Fribourg, 1975, p. 79 (cité par G. Couton, OC I, p. 1630).

10   Voir L. Thirouin, *L'Aveuglement salutaire*, Paris, Champion, 1997 et P. Nicole, *Traité de la Comédie et autres pièces d'un procès du théâtre*, éd. L. Thirouin, Paris, Champion, 1998, où le sonnet de Godeau est édité aux p. 121-124 ; L. Thirouin, « Les dévots contre le théâtre, ou de quelques simplifications fâcheuses », *Littératures classiques*, n° 39, 2000, p. 105-121 ; *id.*, « La vierge d'Antioche : Muse malheureuse du théâtre chrétien (ou, le temple et le lupanar) », dans D. Cecchetti et D. Della Valle (éd.), *Il tragico e il sacro dal Cinquecento a Racine*, Florence, Leo S. Olschki, 2001, p. 149-174 ; C. Mazouer, « Nicole et les adversaires du théâtre lecteurs de Corneille », dans M. Dufour-Maître (éd.), *Pratiques de Corneille*, Presses Universitaires de Rouen et du Havre, 2012, p. 663-675.

11   M. Fumaroli évoque le rôle de *La fréquente communion* d'Arnaud (1643) dans ce changement d'*ethos* (*Héros et orateurs, op. cit.*, p. 248).

même la comédie la plus chrétienne est par nature incapable de réformer les mœurs :

> Elle peut réformer un esprit idolâtre,
> Mais pour changer leurs mœurs, et régler leur raison,
> Les Chrétiens ont l'Église, et non pas le théâtre.[12]

C'est, de la part de l'évêque de Vence, un revirement d'autant plus important qu'il avait écrit en 1639 un poème dédié à la marquise de Rambouillet, « La Vierge d'Antioche »[13], qui a pu servir, entre autres, de source à Corneille et qu'il avait ajouté à partir de l'édition de 1641 de ses *Œuvres chrétiennes* un paragraphe dans son *Discours* préfaciel appelant, comme bien d'autres poètes avant lui, à la christianisation de la Muse, mais en se référant au théâtre et plus spécifiquement à la tragédie de martyrs en vogue à Rome et à Madrid :

> Les Muses françaises ne furent jamais si modestes, et je crois qu'elles seront bientôt toutes chrétiennes. Déjà le théâtre où elles oubliaient si souvent leur qualité de Vierges se purifie, et il y a sujet d'espérer que la scène se pourra prendre bientôt sur les bords du Jourdain, de même que sur les bords du Tibre et du Tage ; que le sang des Martyrs la rougira, et que la Virginité y fera éclater ses triomphes. Ce sera la ramener à son institution ancienne, et instruire les spectateurs en les divertisssant.[14]

Témoignage de la conversion de Godeau – ancien protégé de Richelieu et membre de la Compagnie du Saint Sacrement – à un augustinisme rigoureux[15] sans doute déjà repérable dans *La Grande Chartreuse* de 1650 et *Les Tableaux de la Pénitence* de 1654, le sonnet sur la comédie, élément déclencheur de la querelle du théâtre, a dû paraître injuste à Corneille, au vu des précautions qu'il avait prises pour offrir à son public un théâtre purifié. Aussi en 1656, dans la dédicace au pape Alexandre VII de sa paraphrase de *L'Imitation de Jésus-Christ*, il s'enorgueillit d'avoir exaucé le vœu de Richelieu d'une réforme du théâtre et proteste avoir créé un théâtre édifiant :

---

12   A. Godeau, « Sonnet sur la comédie », v. 12-14, cité dans Nicole, *op. cit.*, p. 124.

13   Publié entre « Sainte Magdelaine » et « Saint Eustache » dans les *Poésies chrestiennes et morales*, Paris, Pierre Le Petit, 1663, t. II, p. 17-33. Voir M. Fumaroli, *Mélanges Pintard, op. cit.*, p. 85-89.

14   Cité dans Nicole, *op. cit.*, p. 122.

15   Voir la distinction opérée parmi les dévots par L. Thirouin, « Les dévots contre le théâtre », *op. cit.*

Je considérai ensuite que ce n'était pas assez de l'avoir si heureusement réduit à purger notre théâtre des ordures que les premiers siècles y avaient comme incorporées, et des licences que les derniers y avaient souffertes ; qu'il ne me devait pas suffire d'y avoir fait régner en leur place les vertus morales et politiques, et quelques-unes mêmes des chrétiennes (...).[16]

Le pari tenté par Corneille consistait à montrer que le théâtre était par nature un lieu d'édification morale et chrétienne en choisissant l'exemple extrême et le plus scandaleux d'une vierge condamnée au lupanar. Comme l'a montré Laurent Thirouin[17], Théodore travestie en revêtant les habits masculins de Didyme pour s'échapper, devenait ainsi l'emblème de la tragédie chrétienne qui convertit le mauvais lieu en lieu de grâce. À rebours, les augustiniens choisiront précisément cet exemple pour montrer que, puisque même cette pièce est immorale, *a fortiori* toute comédie empoisonne les âmes des fidèles comme le dit Nicole dans son *Traité de la comédie* (1667) :

> Et par conséquent y ayant encore tant de corruptions et de passions vicieuses dans les *Comédies les plus innocentes*, c'est une marque qu'on ne hait pas ces dérèglements, puisqu'on prend plaisir à les voir représenter.[18]

Deux arguments retiennent particulièrement l'attention, d'abord l'orgueil de la princesse d'Antioche qui parle le langage de la gloire héroïque et contrevient à l'humble douceur des martyrs chrétiens – ainsi dans sa confession de foi devant le gouverneur Valens :

> Je fais gloire du crime, et j'aspire au supplice,
> Et d'un crime si beau le supplice est si doux,
> Que qui peut le connaître, en doit être jaloux.[19]

Pour Nicole

> Toutes les pièces de M. de Corneille, qui est sans doute le plus honnête de tous les Poètes de théâtre, ne sont que de vives représentations de passions d'orgueil, d'ambition, de jalousie, de vengeance, et principalement de cette vertu Romaine, qui n'est autre chose qu'un furieux amour de soi-même.[20]

---

16   OC II, p. 789.
17   L. Thirouin, « La vierge d'Antioche », *op. cit.*
18   Nicole, *op. cit.*, p. 61.
19   II, 5, v. 599-601 (éd. 1646) ; v. 596-598 (éd. 1660).
20   *Ibid.*, p. 62.

Et il ajoute que les vertus chrétiennes ne sont, par leur nature humble et discrète, pas propres à paraître sur le théâtre :

> Ce serait un étrange personnage de Comédie qu'un Religieux modeste et silencieux. Il faut quelque chose de grand et d'élevé selon les hommes (...). Et c'est pourquoi ceux qui ont voulu introduire des Saints et des Saintes sur le théâtre ont été contraints de les faire paraître orgueilleux, et de leur mettre dans la bouche des discours plus propres à ces héros de l'ancienne Rome, qu'à des Saints et à des Martyrs.[21]

Mais surtout c'est le mélange du profane et du sacré qui scandalise les augustiniens. Conscient de devoir diversifier une action linéaire qui programme le martyre comme sa seule issue, Corneille a greffé sur son sujet hagiographique un intérêt amoureux profane qui va permettre à l'action de rebondir : non seulement l'amour – d'abord profane puis converti – de Didyme, l'autre martyr de la pièce, mais surtout celui – jusqu'au bout tout profane et passionnel – du païen Placide. Au XVIIIe siècle ce mélange des genres sera insupportable à Voltaire, premier théoricien d'un « classicisme » normatif, qui dénonce une intrigue de comédie, issue de la pastorale :

> Il n'y a rien de tragique dans cette intrigue ; c'est un jeune homme qui ne veut point de la femme qu'on lui offre, et qui en aime une autre qui ne veut point de lui ; vrai sujet de comédie, et même sujet trivial.[22]

S'il réussit à maintenir le suspense jusqu'au bout, notamment par la péripétie de la fuite de Théodore déguisée, Corneille échoue en escamotant la mort glorieuse des deux martyrs dès lors que l'intérêt du dernier acte se déplace vers l'intrigue politique, affaiblissant la leçon dévote de la pièce puisqu'on s'intéresse au sort de Placide qui a attenté à sa vie pour punir son père et dont on ne sait s'il va vivre. Bien plus, le martyre annoncé ne prend pas la forme d'une exécution exemplaire mais d'un assassinat passionnel perpétré par Marcelle, mère furieuse, pour venger la mort de sa fille, dans un dénouement entièrement inventé. En escamotant ainsi le martyre et en déplaçant l'intérêt vers l'amoureux païen, Corneille reste fidèle au schéma pastoral de la tragi-comédie qui repose sur une chaîne d'amours non réciproques[23], et déplaît aux

---

21 Nicole, *op. cit.*, p. 64.
22 Voltaire, *Commentaires sur Corneille, Œuvres complètes*, éd. Bersterman, t. 54, Oxford, The Voltaire Foundation, 1975, p. 465-466.
23 Voir G. Forestier, *Essai de génétique théâtrale,* Paris, Klincksieck, 1996, p. 235-241.

dévots dès lors que le martyre semble recouvert par l'intrigue profane politico-passionnelle. Ainsi Varet, dans *De l'éducation chrétienne des enfants* (1666), critique ce dénouement purement profane :

> Et quoique le saint déclare lui-même ensuite qu'il n'a agi dans cette occasion que par un motif de générosité chrétienne, cela paraît mêlé de tant de paroles tendres et passionnées, et de tant de circonstances qui tendent à détourner l'esprit de cet égard, et à le porter vers l'amour profane, que tout ce qui reste dans l'esprit des spectateurs est une haute idée pour la forte passion que cet amant a eue pour la personne qu'il aimait.[24]

C'est qu'il est devenu impropre de mêler l'amour profane à un sujet chrétien, comme le fait remarquer en 1657 l'abbé d'Aubignac dans sa *Pratique du théâtre* à propos de *Polyeucte* :

> Mais qu'il prenne garde de n'y pas mêler les galanteries du siècle, et de faire paraître des passions humaines qui donnent de mauvaises Idées aux spectateurs et qui les portent à des pensées vicieuses ; Car ce mélange fait qu'elles deviennent odieuses par la sainteté du sujet ou que la sainteté du sujet est méprisée par la complaisance que plusieurs ont à cette coquetterie.[25]

Et l'abbé ajoutera en 1664 :

> (...) je ne puis souffrir que l'on prenne dans les Écritures saintes le sujet d'un Poème Épique ou Dramatique, car les fictions de l'Ouvrier venant à se confondre avec les mystères qui nous sont révélés de la part de Dieu, donnent au mensonge l'apparence de la vérité, ou bien à la vérité le caractère du mensonge.[26]

On touche là au fondement même de la future querelle du merveilleux chrétien et à la rigoureuse distinction que recommandera Boileau entre Vérité d'Évangile et ornements profanes :

> De la foi d'un chrétien les mystères terribles
> D'ornements égayés ne sont point susceptibles.[27]

---

24 A. Varet, dans Nicole, *op. cit.*, p. 173-174.

25 Abbé d'Aubignac, *La Pratique du théâtre*, éd. H. Baby, Paris, Champion, 2001, IV, VI, p. 455.

26 « Observations » en préface de *Macarise* (1664), p. 141, dans *Pratique du théâtre*, *op. cit.*, p. 452, n. 151.

27 Boileau, *L'Art poétique*, III, v. 199-200, éd. J.-P. Collinet, Paris, « Poésie/Gallimard », 1985.

Un scandale dramaturgique

On le voit, l'échec de *Théodore* est celui du compromis, romain et baroque, de la dramaturgie jésuite reposant sur la *concordia discors* de la pastorale et de la tragédie sainte, sous l'effet du progrès d'une poétique aristotélicienne et horatienne qui conduit en France à une distinction rigoureuse des genres. C'est d'autant plus paradoxal que Corneille, selon Marc Fumaroli, avait modifié sa formule de « pastorale enchâssée dans une tragédie sénéquienne » et, pour satisfaire les dévots, « sévèrement "christianisé" la pastorale, et "augustinisé" la tragédie sénéquienne[28] ». Et l'on peut ajouter que Godeau lui-même avait fait reposer son œuvre poétique sur une christianisation de la pastorale typique de l'humanisme dévot dans une perspective qui inspirera encore le *Poème de la Captivité de Saint Malc* de La Fontaine en 1673[29]. On assiste là à un moment de bascule de l'esthétique et de l'anthropologie par où la France s'achemine vers son exception « classique » en se dissociant du « baroque » européen. La tragédie héroïque et sublime de Corneille, pourvoyeuse d'admiration, se heurte aux revendications des poétiques aristotéliciennes qui proscrivent le héros extraordinaire au profit du héros faillible et par là susceptible d'inspirer la compassion. En 1660, reconsidérant son rapport à Aristote dans ses trois *Discours* et les *Examens* de ses pièces, Corneille reviendra sur la définition du héros moyen pour conclure que *Polyeucte* est l'exception qui confirme la règle, laquelle rend par principe impossible la tragédie de saints, contradiction dans les termes :

> L'exclusion des personnes tout à fait vertueuses qui tombent dans le malheur, bannit les martyrs de notre théâtre : Polyeucte y a réussi contre cette maxime (...).[30]

De même l'*Examen* de *Théodore*, prenant acte de l'insuccès de la pièce

---

28 *Héros et orateurs, op. cit.*, p. 246. Sur la permanence du modèle pastoral dans la tragédie dévote, voir A. Teulade, « Du *Pastor Fido* au saint constant : la transposition des codes de la pastorale dramatique dans le théâtre hagiographique français du XVIIe siècle », *Études Epistémè*, n° 4, automne 2003, p. 77-94.

29 Voir A. Génetiot, « Les versions poétiques du *Cantique* au XVIIe siècle : une pastorale mystique », dans M. Barsi et A. Preda (éd.), *Le Cantique des cantiques dans les lettres françaises*, Milan, LED, 2016, p. 123-146 ; *id.*, « Saint-Malc ou le poème converti », dans D. Amstutz *et alii* (éd.), *Études de littérature française du XVIIe siècle offertes à Patrick Dandrey*, Paris, Hermann, 2018, p. 253-263.

30 *Discours de la tragédie*, OC III, p. 147.

à Paris, doit constater que le caractère parfait et vertueux de l'héroïne est inadapté à la tragédie puisque impropre à une action pathétique :

> Celui de Théodore est entièrement froid. Elle n'a aucune passion qui l'agite, et là même où son zèle pour Dieu qui occupe toute son âme devrait éclater le plus, c'est-à-dire dans sa contestation avec Didyme pour le martyre, je lui ai donné si peu de chaleur, que cette scène bien que très courte ne laisse pas d'ennuyer. Aussi, pour en parler sainement, une vierge et martyre sur un théâtre, n'est autre chose qu'un terme qui n'a ni jambes ni bras, et par conséquent point d'action.[31]

Car la tragédie se meut dans l'impur et l'indécis de l'humain, là où le personnage de la vierge en chemin vers la sainteté est d'emblée surhumain. Si le caractère sublime de Théodore ne peut susciter que l'admiration, c'est au personnage de Placide que l'on demande de produire le pathétique constitutif de la tragédie. Tout se passe donc comme si la conjonction d'un sujet vrai et d'un héros parfait jouait contre les tragédies religieuses, ce que La Mesnardière affirmait dès 1639 :

> Mais je ne compterai jamais parmi les spectacles parfaits ces sujets cruels et injustes comme ceux où l'on expose le martyre de quelques saints, où l'on nous fait voir la vertu traitée si effroyablement qu'au lieu de nous fondre en larmes à l'aspect de ces cruautés nous avons le cœur serré par l'horreur que nous concevons d'une si étrange injustice.[32]

Aussi bien, aux justes innocents et persécutés que sont Théodore et Didyme, faut-il à l'inverse opposer le personnage intégralement mauvais de leur persécutrice Marcelle – que Georges Couton qualifie de « sadique[33] » – dans une schématisation allégorique efficace pour l'édification mais contraire à l'exigence aristotélicienne du héros moyen, si bien que c'est sur le très humain Placide que la pièce fait reposer toute la compassion. Car la dramaturgie du vrai extraordinaire accomplie dans la poétique du sublime héroïque que suppose le sujet hagiographique s'accommode mal du vraisemblable exemplaire, et c'est tout le compromis de la dramaturgie jésuite[34] qui s'effondre, désormais intenable. D'un point de vue poétique, la

---

31 *Examen* de *Théodore*, OC II, p. 271-272.
32 La Mesnardière, *La Poétique*, éd. J.-M. Civardi, Paris, Champion, 2015, ch. VIII, p. 244.
33 OC II, p. 1330.

dramaturgie aristotélicienne et la séparation des genres, caractéristiques du classicisme, condamnent désormais en France la tragédie de martyrs comme une contradiction dans les termes et la dernière réussite du genre, *Le Véritable Saint Genest* de Rotrou, créé à la même période que *Théodore*, a réussi justement en faisant l'impasse sur l'épisode amoureux profane, dans un retour à la pureté du genre de la tragédie sainte issu du théâtre des collèges, où elle est amenée à retourner.

Un scandale éthique

Mais les attaques des augustiniens et les remises en question poétiques opérées par Corneille sont postérieures et rétroactives et ne suffisent pas à justifier l'échec de la pièce à sa création. Il semble plutôt que le scandale procède d'une réception manquée, d'une disconvenance avec le public visé en raison d'une évolution du goût et de la sensibilité des spectateurs. Dès lors que ce théâtre conçu pour les collèges ou la cour pontificale entrait, en passant dans le grand monde, en concurrence avec les intrigues politiques et amoureuses de la tragédie profane, il se trouvait, par sa nature même, en porte-à-faux avec le public mondain et galant en formation dans les années 1640. On décèle le signe d'un rapide changement de goût dans le fait que ce soit justement le public parisien qui ait boudé la pièce après seulement cinq représentation au Théâtre du Marais, alors qu'elle a connu le succès dans les provinces où survivait la tradition des mystères et dont l'inertie du goût ralentissait les effets de la mode. Évoquant dans l'*Examen* de *La Suite du Menteur* l'insuccès de cette pièce en province, Corneille ajoute :

> Le contraire est arrivé de *Théodore*, que les Troupes de Paris n'y [au théâtre] ont point rétablie depuis sa disgrâce, mais que celles des provinces y ont fait assez passablement réussir.[35]

À propos de *Théodore*, Corneille parle de « disgrâce », de défaveur et se réfère à la logique moderne du succès dans laquelle il s'est inscrit depuis *Le Cid*[36] et qui se retourne ici contre lui dès qu'il n'est plus à l'unisson du public des

---

34 Voir, après M. Fumaroli, *Héros et orateurs*, A.-É. Spica, « Corneille et les poétiques jésuites : une dramaturgie comparée », dans *Pratiques de Corneille, op. cit.*, p. 371-385.
35 *Examen* de *La Suite du Menteur*, OC II, p. 100.
36 Voir son « Excuse à Ariste », v. 36 : « Je sais ce que je vaux, et crois ce qu'on m'en dit », OC I, p. 780.

honnêtes gens. Ce qu'il reconnaît aussitôt dans l'épître dédicatoire de la pièce imprimée en 1646 :

> (...) sa représentation n'a pas eu grand éclat, et quoique beaucoup en attribuent la cause à diverses conjonctures qui pourraient me justifier aucunement, pour moi je ne m'en veux prendre qu'à ses défauts, et la tiens mal faite, puisqu'elle a été mal suivie. J'aurais tort de m'opposer au jugement du public, il m'a été trop avantageux en mes autres ouvrages pour le désavouer en celui-ci (...).[37]

Dès lors ne faudrait-il pas, en se reposant la question du point de vue du public mondain et galant qui fête Voiture à l'Hôtel de Rambouillet, faire l'hypothèse inverse de la position des dévots rigoristes pour qui la galanterie polluait la sainteté de la pièce et estimer que c'est au contraire la situation trop cruelle de l'héroïne qui était insupportable à un public raffiné ? Peut-être qu'en voulant surpasser *Polyeucte* dans l'héroïsme sublime, Corneille avait brisé le fragile équilibre qui avait fait approuver cette pièce des mondains, lesquels s'étaient attachés, dans leur réception galante, à l'histoire d'amour de Pauline ? Bref, loin d'être trop galante, la tragédie de *Théodore* était, pour son public premier, trop cruelle. Une anecdote peut-être controuvée car elle n'est rapportée que par Fontenelle, le neveu de Corneille, fait état de réticences à l'hôtel de Rambouillet devant la lecture que Corneille était venu faire de *Polyeucte* :

> La pièce y fut applaudie autant que le demandaient la bienséance et la grande réputation que l'auteur avait déjà. Mais, quelques jours après, Voiture vint trouver Corneille et prit des tours fort délicats pour lui dire que *Polyeucte* n'avait pas réussi comme il pensait, que surtout le christianisme avait extrêmement déplu.[38]

Au-delà du zèle iconoclaste de Polyeucte, c'était sans doute la représentation exaltée de la violence qui passait de mode[39]. Et Fontenelle d'ajouter :

> On ne put souffrir dans *Théodore* la seule idée du péril de la prostitution ; et si le public était devenu si délicat, à qui Corneille devait-il s'en prendre qu'à

---

37 Épître dédicatoire de *Théodore*, OC II, p. 269. En 1660 l'*Examen* de *Théodore* reprendra les mêmes termes (OC II, p. 270-271).

38 Fontenelle, *Vie de Corneille*, dans P. Corneille, *Œuvres complètes*, éd. A. Stegmann, Paris, Seuil, 1963, p. 23.

39 Voir le commentaire de M. Magendie, *La Politesse mondaine*, Paris, Alcan, 1925, t. I, p. 146-147.

lui-même ? Avant lui, le viol réussissait dans les pièces de Hardy.[40]

Si l'on admet l'idée que *Polyeucte* avait plu aux mondains du fait de l'histoire d'amour galante, *Théodore* ne pouvait que leur déplaire. Le public parisien n'a sans doute « pas pu souffrir » le sénéquisme et la cruauté de la pièce, dont la prostitution est l'élément le plus choquant, comme le reconnaît Corneille dans son *Examen*[41]. Et ce scandale moral a dû d'autant plus surprendre Corneille qu'il avait pris, en vain, toutes ses précautions pour le prévenir par souci des bienséances :

> Je l'ai dérobé à la vue, et autant que je l'ai pu, à l'imagination de mes auditeurs, et après y avoir consumé toute mon industrie, la modestie de notre théâtre a désavoué ce peu que la nécessité de mon sujet m'a forcé d'en faire connaître.[42]

Or la dissimulation du pire laisse l'imagination du spectateur battre la campagne[43] même si Corneille rappelle, en vain, que sa source – saint Ambroise, le propre maître de saint Augustin – était bien plus explicite[44]. C'est paradoxalement pour éviter le scandale et respecter les bienséances que Corneille s'est privé des ressources pathétiques de son sujet qui auraient transformé Théodore en une véritable héroïne tragique digne de compassion. Ce faisant il prend acte que la politesse des mœurs rend impossible tout sénéquisme en raison de la rapide évolution du goût. Paradoxalement c'est parce que la scène française s'est purifiée que le public de 1646 ne souffre plus la moindre entorse aux bienséances, alors que vingt ou trente ans auparavant Hardy pouvait représenter le viol dans *Scédase* et dans *La Force du sang* et que seulement dix ans plus tôt *La Mariane* de Tristan L'Hermite

---

40   Fontenelle, *op. cit.*, p. 23.

41   *Examen* de *Théodore*, OC II, p. 271 : « Ce n'est pas toutefois sans quelque satisfaction, que je vois la meilleure et la plus saine partie de mes juges imputer ce mauvais succès à l'idée de la prostitution qu'on n'a pu souffrir, bien qu'on sût assez qu'elle n'aurait point d'effet, et que pour en exténuer l'horreur j'aie employé tout ce que l'art et l'expérience m'ont pu fournir de lumières. »

42   *Ibid.*

43   Voir C. Biet, « La sainte, la prostituée, l'actrice », *op. cit.*, p. 89.

44   *Examen* de *Théodore*, OC II, p. 271 : « Qu'eût-on dit, si, comme ce grand docteur de l'Église, j'eusse fait voir Théodore dans le lieu infâme ? si j'eusse décrit les diverses agitations de son âme durant qu'elle y fut ? si j'eusse peint les troubles qu'elle y ressentit au premier moment qu'elle y vit entrer Didyme ? »

avait pu concurrencer *Le Cid* alors qu'elle mettait en scène la revendication orgueilleuse du martyre par Mariane et le forcènement d'Hérode tourmenté par un songe épouvantable où lui apparaît le fantôme d'Aristobule noyé. C'est très exactement ce que dit Voltaire dans son *Commentaire*, dont la réaction scandalisée mesure l'évolution rapide des bienséances dans les années 1640 :

> Il ne paraît pas qu'il ait mis de voile sur ce sujet révoltant, puisqu'il emploie dans la pièce les mots de *prostitution*, d'*impudicité*, de *fille abandonnée aux soldats*. (...) Il était impossible que cette pièce eût du succès en 1746 [*sic* : 1646] ; elle en aurait eu vingt ans auparavant.[45]

Il est d'ailleurs significatif que *La Mariane*, inspirée de *La Cour sainte* du P. Caussin, – tragédie si mélancolique, tourmentée et violente – ait été appréciée comme une pièce d'amour par le même abbé d'Aubignac qui condamnait le sujet de *Théodore*. Dans son chapitre « Du Sujet » qui fait l'éloge des pièces fondées « sur une belle Passion, comme ont été *la Mariane* et *le Cid*[46] », il affirme que tout sujet n'est pas propre au théâtre :

> *La Théodore* de [Monsieur] Corneille par cette même raison n'a pas eu tout le succès ni toute l'approbation [qu'elle méritait] <qu'il s'en promettait>. C'est une Pièce [dont la constitution est très ingénieuse, où l'Intrigue est bien conduite et bien variée, où ce que l'Histoire donne, est fort bien manié, où les changements sont fort judicieux, où les mouvements et les vers sont dignes du nom de l'Auteur. Mais] <où> parce que tout le Théâtre tourne sur la prostitution de Théodore, le Sujet n'en a pu plaire. Ce n'est pas que les choses ne soient expliquées par des manières de parler fort modestes, et des adresses fort délicates ; mais il faut avoir tant de fois dans l'imagination cette fâcheuse aventure, et surtout dans les récits du quatrième Acte, qu'enfin les idées n'y peuvent être sans dégoût.[47]

Certes Corneille reconnaît la violence radicale de sa pièce et la fin sanglante imposée par le sujet édifiant : « J'avais peint des haines trop envenimées pour finir autrement[48] ». Et sans doute, pour le public mondain, à la prostitution s'ajoutait la dégradation sociale de Théodore que Corneille avait fait princesse

---

45 Voltaire, *op. cit.*, p. 458.

46 D'Aubignac, *Pratique, op. cit.*, II, I, p. 111.

47 *Ibid.*, p. 110. L'éd. Baby signale par [ ] les suppressions de l'éd. corrigée et par < > les ajouts : D'Aubignac a donc corrigé dans sa nouvelle version toutes les appréciations favorables initialement faites à Corneille.

48 *Examen* de *Théodore*, OC II, p. 272.

d'Antioche avant de la livrer aux soldats.

En s'appuyant sur l'hagiographie, Corneille est contraint par son sujet et fait éclater la contradiction qu'il y a non seulement entre l'exigence de vraisemblance envers un sujet historique mais plus encore celle de bienséance portée par la civilisation des mœurs en rupture avec la violence inhérente au sujet. D'où ce paradoxe : le moderne Corneille a fait là une pièce archaïque dans sa sensibilité qui heurte le goût moderne en représentant « l'aveugle fureur » de Marcelle, figure archétypale de la Furie infernale (I, 3). C'est à elle que l'on doit ce trait de sénéquisme propre à susciter l'horreur : « Et l'amour rarement passe dans un tombeau / Qui ne laisse aucun charme à l'objet le plus beau[49] ». Et Valens, en condamnant Théodore, ne retient le mot choquant que pour mieux le prononcer par la suite, ce qui redouble son expressivité : « Dis-lui qu'à tout le peuple on va l'abandonner / Tranche le mot enfin, que je la prostitue[50] ». En l'absence de témoignages contemporains, on peut citer Voltaire qui a tant fait pour figer la première image du classicisme dans son *Siècle de Louis XIV* et qui a définitivement condamné *Théodore* pour la postérité. Le chaste Voltaire a des dégoûts de précieuse sur la saleté des vers de Corneille :

> Ce vers, et le mot *prostitue*, présentent l'image la plus dégoûtante, la plus odieuse et la plus sale. Cela ne serait pas souffert à la foire. Voilà pourtant le nœud de la pièce. On ne sort point d'étonnement que le même homme qui a imaginé le cinquième acte de *Rodogune*, ait fait un pareil ouvrage.[51]

Et d'ironiser en commentant la phrase de l'*Examen* selon laquelle « La représentation de cette tragédie n'a pas eu grand éclat » :

> Elle devrait avoir fait beaucoup de bruit ; la prostitution avait dû révolter tout le monde. Les comédiens aujourd'hui n'oseraient représenter une pareille pièce, fût-elle parfaitement écrite.[52]

Comme en témoigne le terme récurrent de « dégoût », régulièrement employé de l'abbé d'Aubignac à Voltaire, le scandale éthique procède avant tout d'une faute de goût, celle de ne pas avoir perçu la disconvenance rhétorique de son sujet et de son public en pleine évolution, ce qui a provoqué le rejet de la

---

49   I, 3, v. 264-265 (éd. 1646). *Cf.* éd. 1660, v. 261-262 : « L'amour va rarement jusque dans un tombeau / S'unir au reste affreux de l'objet le plus beau ».
50   II, 7, v. 709-710 (éd. 1646) et v. 706-707 (éd. 1660).
51   Voltaire, *op. cit.*, p. 470.
52   *Ibid.*, p. 475.

pièce. Cette caractérisation par le dégoût de la réception moderne et mondaine témoigne d'un changement de goût et d'un changement d'*ethos*, à rebours de l'âge humaniste, plus savant et moins prude.

Revenant au théâtre en 1659 devant le public galant autour du surintendant Fouquet qui lui avait commandé un *Œdipe*, Corneille tirera les leçons de l'échec de *Théodore* en adoucissant son sujet et en prenant mieux en compte le goût des dames face au sujet le plus tragique des anciens :

> Je reconnus que ce qui avait passé pour merveilleux en leurs siècles pourrait sembler horrible au nôtre ; que cette éloquente et curieuse description de la manière dont ce malheureux prince se crève les yeux, qui occupe tout leur cinquième acte, ferait soulever la délicatesse de nos dames, dont le dégoût attire aisément celui du reste de l'auditoire ; et qu'enfin l'amour n'ayant point de part en cette tragédie, elle était dénuée des principaux agréments qui sont en possession de gagner la voix publique.
>
> Ces considérations m'ont fait cacher aux yeux un si dangereux spectacle, et introduire l'heureux épisode de Thésée et de Dircé.[53]

Dans *Œdipe* en effet Corneille peut rejouer la recette de *Théodore* : introduire un épisode amoureux pour plaire aux dames et dérober aux yeux l'irreprésentable pour ne pas susciter le dégoût. Mais ce qui réussit dans la tragédie profane imitée de l'antiquité païenne est désormais impossible dans la tragédie dévote qui retourne au public des collèges[54].

Conclusion

On a donc précisé les cercles concentriques du scandale de *Théodore* : si le scandale théologique condamne toute pièce de théâtre en soi, le scandale dramaturgique rejette la seule tragédie religieuse en dénonçant le compromis jésuite alliant tragédie sénéquienne et pastorale au profit d'une distinction rigoureuse des genres, tandis que le scandale éthique s'en prend au sujet même de la pièce, tenu pour obscène et seul responsable de son échec après le succès de *Polyeucte*. Mais à l'époque la démarche a dû être inverse : d'abord perçu par les mondains comme une faute de goût contre les bienséances, ce dégoût

---

53   *Examen* d'*Œdipe*, OC III, p. 20.
54   *Esther* et *Athalie*, conçues par Racine par rapport au modèle de l'opéra, seront écrites pour la maison religieuse de Saint-Cyr et c'est leur succès devant la cour qui constituera un nouveau scandale, allant jusqu'à priver *Athalie* de toute création du vivant de son auteur.

initial a pu autoriser les dévots jansénistes, qui tenaient ici une revanche sur les jésuites, à faire de la pièce la preuve même de l'impossibilité du théâtre religieux, preuve factuelle justifiée ensuite en droit par la contravention aux règles d'Aristote qui légitime à rebours toutes les critiques. Mais le mouvement initial a bien été celui de la sensibilité mondaine et galante qui se soulève à l'idée de la prostitution et plus généralement contre la violence sénéquiste de la pièce. Pire, la postérité a suivi, influencée en cela par l'autorité souveraine de Voltaire qui concluait ainsi son commentaire sans appel :

> il serait à souhaiter que Corneille eût purgé le recueil de ses œuvres de cette infâme pièce si indigne de se trouver avec *Le Cid* et *Cinna*.[55]

Alors que même un ennemi comme l'abbé d'Aubignac reconnaissait en *Théodore* le chef-d'œuvre de Corneille, le plus grand scandale ne consiste-t-il pas finalement en l'étouffement de la pièce, à bas bruit, sans réhabilitation ultérieure, contrairement à ce qui se passera pour le *Dom Juan* de Molière ? Paradoxe ultime, le plus grand scandale c'est l'absence de scandale franc qui tue plus sûrement la pièce dans la durée puisque, comme effacée du panthéon de l'histoire littéraire, on ne sait plus grand-chose des circonstances de sa création. Un étouffement sans scandale, au sens judiciaire du mot : « On appelle en Justice *Un amené sans scandale,* Un ordre du Juge pour faire amener quelqu'un devant lui secrètement, et sans éclat[56]. » Ce déni de justice n'est-il justement pas le plus grand scandale ?

---

55 Voltaire, *op. cit.*, p. 475.
56 *Dictionnaire de l'Académie française*, Paris, J.-B. Coignard, 1694, art. « Scandale ».

Scandale modernisé ? L'*Œdipe* de Pierre Corneille

Kana Hatakeyama
Université Shirayuri (Tokyo)

Résumé :

Après l'échec de *Pertharite,* Corneille revient au théâtre en 1659, avec une figure emblématique de la tragédie, Œdipe. Toutefois, le personnage a suscité maintes fois la controverse au cours du XVIIe siècle : les dieux antiques qui condamnent Œdipe malgré son innocence créent un scandale pour le public de l'époque. Pour résoudre les problèmes, Corneille modernise le mythe d'Œdipe tout en restant fidèle aux œuvres antiques dont il s'inspire. L'invention de Dircé, sœur d'Œdipe, est décisive de ce point de vue. Au moment où l'oracle réclame le « sang » de Laïus, Dircé se croyant désignée, s'offre spontanément comme victime expiatoire. Œdipe suivra à son tour les pas de sa sœur, lorsque son identité est mise en lumière. Face à la puissance supérieure qui l'écrase, Œdipe se condamne à la cécité pour le bonheur du public. Parce que Dircé a fait preuve d'héroïsme par son sacrifice, l'ultime acte d'Œdipe apparaît également doté d'une dimension héroïque. En outre, le terme « sang » révèle un autre point capital de la pièce. La légitimité royale ayant pour fondement le « sang », le roi reste toujours Laïus aux yeux de Dircé. Toutefois, l'enquête sur l'assassinat de Laïus aboutissant à Œdipe, ce dernier en tant que fils de Laïus, acquiert pleinement la légitimité dynastique. Œdipe devient roi, et à ce titre, il se sacrifie en tant que victime expiatoire. Corneille a ainsi modernisé une histoire scandaleuse, tout en gardant la violence première.

Abstract :

After the failure of *Pertharite*, Corneille publishes *Œdipe* in 1659. Œdipus is an emblematic tragic character but he caused many controversies throughout the 17th century. Cannot Œdipus, who is condemned in spite of being innocent, be said to be scandalous for the audience in the 17th century? Corneille modernises the myth of Œdipus, but he still pays attention to his antique source. Dirce, who is Œdipus's sister, is extremely important in this respect. When an oracle, in order to save Thebes from the plague, demands Laius's blood to be shed, Dirce is willing to become an expiatory victim. When Œdipus finds out that he is Laius's son, he gouges out his eyes. By sacrificing himself to save Thebes, Œdipus, like Dirce, embodies Cornelian heroism. "Blood" is a keyword in this play. Œdipus, who saved Thebes, takes the throne, but he is not a legitimate king. For Dirce, the basis of dynastic legitimacy is blood; the king, therefore, is still Laius. But when it is found out that he has murdered Laius, his father, Œdipus becomes the legitimate heir to the throne. Since he is king in the full sense of the word, he sacrifices himself in order to save his country. Corneille modernised a scandalous story while preserving its original violence.

Après l'échec de *Pertharite,* Corneille revient au théâtre en 1659, avec une figure emblématique de la tragédie, Œdipe. Choisir les Labdacides comme sujet de tragédie à la suite des auteurs de l'Antiquité, était un défi pour les dramaturges de l'époque, mais cela ne va pas sans problèmes : Œdipe, coupable avant même de naître, ne prouve-t-il pas que la liberté est refusée aux humains ? Une telle image de la Providence n'était-elle pas scandaleuse aux yeux du public du XVIIe siècle[1] ?

Face aux contraintes idéologiques de l'époque, la modernisation du sujet s'impose, et le choix de Corneille porte sur « l'heureux épisode de Thésée et de Dircé[2] ». L'invention de Dircé a fait l'objet de critique – c'est par exemple le cas de l'abbé d'Aubignac ou celui de Voltaire – parce qu'elle introduit une deuxième action. Toutefois, l'apport de Dircé est loin d'être ornemental. Lorsque l'ombre de Laïus exige le « sang » (II, 3, v. 606 et v. 610) de sa lignée, Dircé se croyant la seule héritière de ce dernier, s'applique l'oracle, et accepte

---

1   Voir l'introduction de l'édition suivante : P. Corneille, *Œdipe,* éd. B. Louvat, Toulouse, Société de littératures classiques, 1995, p. 15-47.

2   « Examen » d'*Œdipe,* dans P. Corneille, *Œuvres complètes,* éd. G. Couton, Paris, Gallimard, « la Bibliothèque de la Pléiade », t. III, 1987, p. 20. Toutes nos références sont à cette édition.

de « Mourir pour sa Patrie » (II, 3, v. 625) en tant que victime expiatoire. La fausse application de l'oracle qui sert de ressort dans la pièce de Corneille, repose donc entièrement sur le statut de Dircé. De plus, cette dernière joue un rôle primordial du point de vue de l'ambiguïté du terme « sang[3] ». D'emblée, Dircé, en invoquant sa filiation, s'oppose à Œdipe dont elle conteste le pouvoir. Mais à partir du moment où l'identité d'Œdipe est mise en lumière, le rapport entre Œdipe et Dircé change de nature : l'un et l'autre ne formant qu'un « sang », Œdipe se substitue à Dircé qui est son double[4]. Parce que Dircé avait manifesté son intention de se conformer au devoir que lui impose son ascendance royale, Œdipe dans le sillage de Dircé, veut se donner « un trépas glorieux » (V, 5, v. 1840) au service de Thèbes[5]. Loin de se laisser écraser par la colère divine, Œdipe sous la plume de Corneille s'affirme donc comme « maître de tout son sort » (V, 9, v. 1975) au moyen du refus de la vie.

Est-ce à dire que Corneille modernise la figure d'Œdipe au détriment de la fidélité par rapport aux textes d'origine ? La réponse nous semble négative, et là réside tout le problème : Dircé tout en acceptant le droit de conquête d'Œdipe, revendique sa souveraineté à l'appui du « sang » (I, 4, v. 295) dont elle est issue. En effet, le seul « Roi » (II, 3, v. 638) reste Laïus aux yeux de Dircé. Cependant, il en va tout autrement à partir du moment où l'on découvre qu'Œdipe est le fils de Laïus : auparavant « usurpateur » (II, 1, v. 460), Œdipe acquiert la légitimité royale par le « sang », et il devient ainsi « Roi » (V, 8, v. 1948). Si Corneille réussit à moderniser le mythe d'Œdipe dans le respect des textes d'origine, la clé de sa réécriture ne repose-t-elle pas sur la polysémie du terme « sang » ?

Afin d'examiner cette question, nous étudierons le mythe d'Œdipe en trois temps : nous commencerons d'abord par rappeler les enjeux du mythe d'Œdipe afin de savoir en quoi consiste le scandale. Nous porterons ensuite notre attention sur les deux éléments qui illustrent la modernisation du mythe, l'oracle et le suicide. Enfin, nous nous intéresserons à la polysémie du terme « sang » qui permet de combiner, à notre sens, la modernité et la fidélité par

3   Ch. Delmas, « Corneille et le mythe : le cas d'*Œdipe* », *Mythologie et mythe dans le théâtre français : 1650-1676*, Genève, Droz, 1985, p. 157-179 ; J. Scherer *Dramaturgies d'Œdipe*, Paris, PUF, 1987, p. 166-168.

4   S. Doubrovsky, *Corneille et la dialectique du héros*, Paris, Gallimard, 1963, p. 339.

5   B. Louvat, M. Escola, « Le statut de l'épisode dans la tragédie classique : *Œdipe* de Corneille ou le complexe de Dircé », *XVIIᵉ siècle*, n° 200, 1998, p. 453-470.

rapport aux textes antiques.

I. Œdipe, figure éminemment tragique

Commençons par rappeler de quoi il s'agit. Dès l'ouverture de la pièce, Thésée et Dircé déplorent la situation où se trouve la cité de Thèbes. De fait, la peste sévit depuis quelque temps. En outre, Dircé rencontre un autre obstacle : au moment où le Sphinx ravageait Thèbes, Œdipe, prince de Corinthe, arrive, déchiffre l'énigme du monstre et sauve la cité. En récompense, il devient roi de Thèbes. À Dircé qui veut se marier avec Thésée, prince d'Athènes, Œdipe s'oppose parce qu'une telle union peut créer un danger politique pour Thèbes. Dircé, tout en admettant qu'Œdipe exercice le pouvoir, refuse d'être commandée par lui : fille de Laïus, elle est souveraine. Œdipe pour sa part se défend, en faisant appel à la Raison d'État[6]. Pendant ce temps-là, l'ombre de Laïus évoquée par Tirésie explique la cause de la malédiction :

> Un grand crime impuni cause votre [les Thébains] misère ;
> Par le sang de ma Race il se doit effacer,
> > Mais à moins que de le verser,
> > Le Ciel ne se peut satisfaire,
> Et la fin de vos maux ne se fera point voir,
> > Que mon sang n'ait fait son devoir. (II, 3, v. 605-610)

À l'écoute de ces paroles, Dircé n'hésite pas à se conformer à son devoir, mais Œdipe pense à une autre possibilité : le fils de Laïus dont on croyait qu'il avait été tué à la naissance est, dit-on, encore en vie. À propos de l'assassinat de Laïus, Œdipe s'interroge également sur lui-même, d'autant plus qu'avant d'arriver à Thèbes, il s'en est pris à un groupe de brigands et qu'il les a tous tués. À ce moment-là, un messager de Corinthe arrive pour lui annoncer la mort de Polybe, roi de Corinthe, et Œdipe finit par savoir qu'il n'était pas son fils. Par ailleurs, le messager se réjouit de retrouver Phorbas, le serviteur de Laïus, qui lui avait autrefois confié un enfant sur le mont Cithéron, et là se révèle l'identité d'Œdipe : Jocaste, lorsqu'elle voit qu'elle est à la fois la mère et la femme de son propre fils, se suicide, et Œdipe quant à lui se condamne à la cécité. Le mythe œdipien repose ainsi sur le surgissement de la violence au

---

6 « Vous voulez ignorer cette juste maxime / Que le dernier besoin peut faire un Roi sans crime / Qu'un Peuple sans défense, et réduit aux abois... » (II, 1, v. 461-463).

sein des alliances les plus proches, autrement dit sur un scandale[7].

Et le scandale intra-familial pose également un problème du point de vue de la liberté : coupable sans le vouloir, Œdipe est-il responsable des fautes qu'il a commises ? Depuis les tragédies du XVIe siècle, la part de volonté constitue en effet un des enjeux essentiels du mythe œdipien[8]. C'est sur ce point que Corneille dit son incompréhension, lorsqu'il glose la *Poétique* d'Aristote. Le Stagirite prône Œdipe comme une figure éminemment tragique, mais à ce propos, Corneille dit :

> Le premier [Œdipe] me semble ne faire aucune faute, bien qu'il tue son père, parce qu'il ne le connaît pas, et qu'il ne fait que disputer le chemin en homme de cœur contre un inconnu qui l'attaque avec avantage.[9]

Et l'opinion que Corneille affirme en tant que théoricien ne se démentira pas dans sa création dramatique. Au moment où Œdipe se révèle coupable d'un parricide et d'un inceste, Dircé voulant le disculper, souligne l'absence de la volonté de son frère. Et elle dit : « Quel crime avez-vous fait, que d'être malheureux ? » (V, 5, v. 1819). Là où la part de volonté se réduit à zéro, la faute devient « excusable » (IV, 1, v. 1254).

L'interprétation de Corneille porte précisément sur ce point. En effet, il adapte le sujet en dissociant le régicide, de deux autres fautes dont Œdipe s'est rendu coupable sans le savoir, inceste et parricide. Partant du principe monarchique selon lequel « Mais jamais sans forfait on ne se prend aux Rois » (IV, 2, v. 1348), la dignité royale, fût-ce « sous un habit champêtre » (IV, 2, v. 1349), ne devra pas échapper aux yeux de tous. Parce qu'il est impossible que l'on porte atteinte aux rois sans prendre en considération leur rang – « Leur propre Majesté les doit faire connaître » (IV, 2, v. 1350) comme le dit Thésée –, il a commis un régicide de son propre chef, lorsque le héros éponyme s'est querellé avec Laïus et ses serviteurs. Si bien que l'Œdipe cornélien n'est pas entièrement innocent : Corneille souligne sa culpabilité politique, et il mérite ainsi d'être puni[10].

---

7   Aristote, *Poétique*, éd. R. Dupont-Roc et J. Lallot, Paris, Seuil, 1980, p. 254-255. Dans *Le Dictionnaire universel*, A. Furetière définit pour sa part le mot « scandale » en rapport avec l'opinion publique : il s'agit d'une « action ou doctrine qui choque les mœurs ou la commune opinion d'une nation ».

8   Dans *Antigone ou la Piété* de R. Garnier, l'héroïne éponyme cherche à disculper son père, Œdipe, en disant : « Personne n'est mechant qu'avecques volonté. » (I, v. 136)

9   P. Corneille, *Discours de la tragédie*, dans *Œuvres complètes*, éd. cit., p. 145.

L'enjeu est différent pour l'inceste et le parricide. Croyant bien faire – il est fier d'« une action si belle » (IV, 4, v. 1445) –, Œdipe s'est légitimement défendu contre les brigands. Mais ce faisant, Œdipe se rend coupable d'un parricide et d'un inceste sans le vouloir. Derrière la malédiction qui s'est accomplie, Œdipe discerne la mainmise de la puissance supérieure, lorsqu'il déclare :

> Mon souvenir n'est plein que d'exploits généreux ;
> Cependant je me trouve inceste, et parricide,
> Sans avoir fait un pas que sur les pas d'Alcide,
> Ni recherché partout que lois à maintenir,
> Que Monstres à détruire, et méchants à punir.
> Aux crimes malgré moi l'ordre du Ciel m'attache,
> Pour m'y faire tomber, à moi-même il me cache,
> Il offre, en m'aveuglant sur ce qu'il a prédit,
> Mon père à mon épée, et ma mère à mon lit. (V, 5, v. 1820-1828)

Sa volonté de bien faire aboutit au résultat qui lui est impossible de prévoir : voué à être criminel, Œdipe le devient malgré lui. À travers le désaccord entre l'intention et le résultat, c'est l'hostilité des puissances transcendantes qui apparaît de manière sous-jacente. Sous leur emprise, la liberté des humains s'avère donc limitée.

Est-ce à dire qu'il n'y a aucune place accordée à la liberté humaine dans l'*Œdipe* de Corneille ? La réponse sera négative, car Œdipe choisissant « un trépas glorieux » (V, 5, v. 1840), refuse de succomber à l'hostilité des dieux qui l'écrasent. En effet, « sa constance » (V, 7, v. 1881) face au désastre suscite l'admiration de son entourage. Examinons maintenant le geste final d'Œdipe, en nous intéressant particulièrement à l'oracle et au suicide qui s'inscrivent dans la tradition théâtrale.

II. Modernisation du mythe d'Œdipe : oracle et suicide

Particulièrement apprécié durant la période préclassique, l'épisode est surtout jugé par rapport à l'action principale[11]. À cet égard, « l'heureux épisode de Thésée et de Dircé » trouve une parfaite justification, dans le sens

---

10   Y. Giraud, « L'*Œdipe* de Corneille ou le criminel innocent », dans *Crime et criminels dans la littérature française*, Paris, Honoré Champion, 1991, p. 33-43.

11   Abbé d'Aubignac, *La Pratique du théâtre*, éd. H. Baby, Paris, Honoré Champion, 2001, Liv. II, chap. 5, p. 150.

où le personnage de Dircé est inextricablement lié au déroulement de la pièce : jusqu'à la première scène de l'acte V, Dircé est l'unique héritière de Laïus et c'est grâce à elle que se réalise la fausse application de l'oracle.

Procédé dramaturgique usuel, l'oracle a pour fonction de préparer l'action par son ambiguïté[12]. À ce propos, Dircé dit :

> Souvent on l'[oracle] entend mal, quand on le croit entendre
> L'Oracle le plus clair se fait le moins comprendre. (III, 2, v. 917-918)

Lors de la perception du message divin, le malentendu est récurrent, ce qui est également le cas d'*Œdipe*. En l'occurrence, l'ambiguïté de l'énoncé oraculaire repose sur l'emploi du terme « sang »[13]. Selon Furetière, le sang désigne, outre ce qui circule dans les veines, ce qui « se prend quelquefois pour la vie qui s'entretient par le sang », et le sang « se dit aussi de la parenté, de la race, de la communication qui se fait du sang par la génération ». Pour l'oracle de Laïus, le terme « sang » implique ces deux sens : « le sang de ma Race » (II, 3, v. 606) associé au verbe « verser » signifie le sang au sens propre du terme. Quant au deuxième emploi, il s'agit du « sang » (II, 3, v. 610) au sens de descendant. Évoqué dans deux sens différents, le « sang » ne semble pas avoir d'ambiguïté, puisque Dircé puis son entourage le comprennent au sens de la mort (II, 3, v. 643). C'est ainsi qu'elle accepte de s'offrir un « trépas » (II, 3, v. 626) comme victime expiatoire.

Mais à ce propos, nous pouvons nous poser une question, car nous savons qu'Œdipe ne meurt pas à la fin de l'*Œdipe Roi* de Sophocle : il se condamne à la cécité. C'est ainsi qu'Œdipe accompagné de sa fille Antigone, erre aveugle mais clairvoyant dans l'*Œdipe à Colone*. Fidèle aux textes dont il s'inspire, Corneille n'oublie pas la scène où Œdipe se crève les yeux, mais il n'y consacre que quelques vers (V, 9, v. 1985-1996). Entre la cécité et le suicide s'établit donc un rapprochement significatif, puisque le suicide, ultime recours pour sortir d'une situation inextricable, est un moyen d'affirmer la liberté par excellence depuis les tragédies de la Renaissance[14]. Dans *Saül le*

---

12   B. Louvat-Molozay, « De l'oracle de tragédie comme procédé dramaturgique : l'exemple de Corneille », dans *Mythe et histoire dans le théâtre classique*, Paris, Honoré Champion, 2002, p. 395-416.

13   Ch. Delmas, « Du mythe au XVIIᵉ siècle » dans *Mythe et histoire dans le théâtre classique, op. cit.*, p. 26.

14   C. Liénard, « Le suicide dans les tragédies de Robert Garnier : les influences néo-stoïciennes », *Seizième Siècle*, n° 6, 2010, p. 51-61.

furieux de Jean de La Taille par exemple, le roi faisant face à la cruauté de Dieu, se donne la mort pour aller « au devant du Destin[15] ». Prenons un autre exemple qui illustre l'héroïsme féminin, *Lucrèce* de Pierre Du Ryer : l'héroïne éponyme recourt au suicide lorsqu'elle subit le viol, car le suicide est pour elle un « soulagement[16] ». S'inscrivant dans la tradition néo-stoïcienne, le suicide, malgré la condamnation de l'Église, a une place privilégiée dans le contexte théâtral[17].

La position de Dircé ne sera pas différente, lorsque l'oracle revendique le « sang » de Laïus. Puisque « Mourir pour sa Patrie, est un sort plein d'appas » (II, 3, v. 625), Dircé, se donnant un « brillant trépas » (III, 1, v. 800) accepte d'être « un remède à tous si salutaire » (III, 3, v. 938). C'est à ce moment-là que Dircé, voulant se conformer au devoir royal, se considère comme la « Reine » (II, 3, v. 630). Et Œdipe, lorsqu'il se voit « inceste, et parricide» (V, 5, v. 1821), discerne la volonté divine qui le condamne, et il se crève les yeux. Mais l'acte d'Œdipe n'implique pas uniquement la maîtrise de soi[18] :

> Mais si les Dieux m'ont fait la vie abominable,
> Ils m'en font par pitié la sortie honorable,
> Puisqu'enfin leur faveur mêlée à leur courroux
> Me condamne à mourir pour le salut de tous,
> Et qu'en ce même temps qu'il faudrait que ma vie
> Des crimes qu'ils m'ont faits traînât l'ignominie,
> L'éclat de ces vertus, que je ne tiens pas d'eux
> Reçoit, pour récompense, un trépas glorieux. (V, 5, v. 1833-1840)

Loin de refuser la responsabilité des fautes dont il s'est rendu coupable sans le vouloir, il cherche « la sortie honorable », et il se sacrifie « pour le salut de tous ». L'ultime réaction du héros accablé relève ainsi d'une dimension sacrificielle, voire christique[19]. En rapprochant la cécité du suicide, Corneille

---

15   J. de La Taille, *Saül le furieux*, éd. E. Forsyth, Paris, Marcel Didier, « S.T.F.M. », 1968, IV, v. 1106.

16   P. Du Ryer, *Lucrèce*, éd. J. F. Gaines et P. Gethner, Genève, Droz, 1994, IV, 6, v. 1285. Voir également, Ph. Bousquet, « Le suicide féminin au XVIIe siècle : un acte héroïque ? », *Biblio 17*, n° 138, 2002, p. 183-200.

17   J. Truchet, *La Tragédie classique en France*, Paris, PUF, « littératures modernes », 1975, p. 42.

18   D. Dalla Valle, « Le mythe d'Œdipe dans le théâtre français jusqu'à l'*Œdipe* de Corneille », *XVIIe siècle*, n° 190, 1996, p. 99.

19   Ch. Mazouer, *Le Théâtre français de l'âge classique*, t. II, Paris, Honoré Champion,

présente Œdipe comme innocent et coupable, conformément au mythe d'origine, mais aussi comme un héros libre qui cherche à aller au-delà du désespoir.

III. Fidélité aux sources : le sang et la royauté

Œdipe concilie donc deux titres contradictoires : criminel et héros. Mais la particularité de la pièce ne se résume pas là. Corneille modernise le mythe d'Œdipe tout en se montrant fidèle aux textes d'origine, et ce grâce au terme « sang ».

Comme nous l'avons précédemment évoqué, le terme « sang » est employé à plusieurs reprises, au sens propre et au sens figuré. Désignant un lien de parenté, le terme « sang » est parfois pourvu d'une connotation de fierté. De fait, Dircé est fière du « sang royal » (I, 4, v. 295) – il s'agit d'« un sang si précieux» (III, 3, v. 951) – dont elle est née. Ou encore, le « sang » peut signifier l'affection familiale (IV, 1, v. 1229-1230). Afin d'éviter la mort de Dircé, Thésée prétend être le fils de Laïus, mais Jocaste lui avoue : « Je ne sens point pour vous l'émotion du sang » (III, 5, v. 1103).

L'intérêt d'examiner le terme « sang » porte précisément sur le plan politique[20]. Dans *Œdipe,* Corneille se servant du procédé du retour du roi cru mort, reprend le même thème que *Pertharite* qui illustre le triomphe de la légitimité[21], mais de manière différente, car en l'occurrence, la légitimité dynastique implique l'accomplissement de la malédiction.

Chez Sénèque par exemple, Créon accuse l'abus de pouvoir d'Œdipe – en effet, Créon va jusqu'à affirmer que « la terreur est gardienne des trônes[22] » –, mais Créon ne conteste en aucune manière la légitimité d'Œdipe. Chez Corneille en revanche, c'est le problème de la légitimité dynastique qui provoque le conflit pour Dircé et Œdipe. Au sujet du mariage avec Hémon, Dircé manifeste son refus péremptoire à Œdipe, et leur conflit a pour cause le « sang » qui légitime le pouvoir royal. Néanmoins, la prise de pouvoir d'Œdipe ayant pour fondement la nécessité politique n'est pas pour autant

---

2010, p. 283.

20   M. Prigent, *Le Héros et l'État dans la tragédie de Pierre Corneille,* Paris, PUF, 1988, p. 365-385.

21   A. Stegmann, *L'Héroïsme cornélien : genèse et signification,* t. II, Paris, Armand Colin, 1968, p. 370.

22   Sénèque, *Œdipe, Tragédies,* éd. L. Herrmann, t. II, Paris, Les Belles Lettres, 1967, v. 704.

dépourvue de légitimité[23]. En effet, Œdipe s'est emparé du trône thébain avec le consentement du peuple, confirmé par le mariage avec Jocaste[24]. D'ailleurs, Dircé accorde elle aussi son acquiescement à ce point[25]. C'est pourquoi, si Œdipe se conduit en tyran aux yeux de Dircé, ce n'est pas qu'il exerce la tyrannie d'usurpation ou la tyrannie d'exercice à Thèbes (II, 2, v. 554-556)[26], mais qu'il porte atteinte à la souveraineté de Dircé.

D'où l'intérêt d'examiner les occurrences du terme « sang ». Dans la mesure où la légitimité dynastique a pour fondement non seulement le droit de conquête, mais aussi le « sang » du détenteur de pouvoir, Laïus reste l'unique roi de Thèbes pour Dircé ainsi que pour le peuple (II, 3, v. 638 et V, 1, v. 1617). Si bien qu'à partir du moment où l'identité d'Œdipe est mise en lumière, ce dernier appartenant à « un sang si malheureux » (V, 8, v. 1944) prend véritablement la place de Laïus et il devient « Roi » (V, 8, v. 1948 et V, 9, v. 1965). C'est à cet égard qu'« un sang si précieux » (II, 3, v. 659 et III, 3, v. 951), expression réservée auparavant à Dircé et à Laïus, se trouve attribué à Œdipe dans la scène finale de l'Acte V (V, 9, v. 1997).

Et notons que le sens propre est inextricablement lié au sens figuré. Durant la dernière scène, on apprend que le « sang » réclamé dans l'oracle désigne le « sang » à deux sens. Dymas rapporte comment « le sang de Laïus a rempli son devoir » (V, 9, v. 2004) en ces termes :

> Là ses [Œdipe] yeux arrachés par ses barbares mains
> Font distiller un sang qui rend l'âme aux Thébains. (V, 9, v. 1995-1996)

---

23 Y. Giraud, art. cit., p. 34-36.

24 L'opinion de Dircé s'accorde avec celle d'Œdipe sur ce point. En effet, Dircé explique à Thésée : « Mais comme enfin le Peuple, et l'hymen de ma mère / Ont mis entre ses mains le Sceptre de mon père » (I, 1, v. 109-110). Et Œdipe pour sa part justifie son droit : « Mais comme aux grands périls le salaire enhardit / Le Peuple offre le Sceptre, et la Reine son lit » (I, 3, v. 243-244).

25 « Vous régnez en ma place et les Dieux l'ont souffert / Je dis plus, ils vous ont saisi de ma couronne / Je n'en murmure point, *comme eux je vous la donne* [Nous soulignons] » (II, 1, v. 468-470).

26 Voir également J. Truchet, « La tyrannie de Garnier à Racine : critères juridiques, psychologiques et dramaturgiques », *Travaux de linguistique et de littérature*, XXII, 1984, p. 258 ; A. Niderst, « La royauté sans roi dans le Corneille de la Régence », dans *L'Image du souverain dans le théâtre de 1600 à 1650*, 1987, p. 49-58.

Associé au verbe « distiller », le « sang » n'a ici aucune ambiguïté. La cité de Thèbes s'est libérée de la malédiction au moyen du « sang » d'Œdipe, et ici deux significations du terme « sang » convergent en un seul emploi. L'écoulement du « sang » d'Œdipe apporte une issue salvatrice – « on ne doit qu'à son [le Roi] sang la publique allégresse » (V, 9, v. 1966) – et il ne s'agit pas de n'importe quel « sang », mais du « sang » d'Œdipe reconnu roi. Le « sang » au sens propre allant de pair avec celui au sens figuré, Corneille réalise donc son Œdipe de manière fidèle aux œuvres antiques.

Au cours du XVIIe siècle, la figure emblématique de la tragédie, Œdipe, a suscité maintes fois la controverse, notamment par rapport aux fautes dont il se rend coupable sans le vouloir. Dans *Œdipe* qu'il crée en 1659, Corneille modernise le mythe par l'insertion de « l'heureux épisode de Thésée et Dircé ». Néanmoins, son choix ne va pas au détriment de la fidélité par rapport aux textes d'origine. L'enquête sur l'assassinat de Laïus aboutissant à Œdipe, ce dernier en tant que fils de Laïus, acquiert la légitimité dynastique. À cet égard, le sujet de l'*Œdipe* de Corneille reste identique à celui d'*Œdipe Roi* de Sophocle. Toutefois, Corneille n'oublie pas de lui apporter une issue salvatrice : la fausse application de l'oracle qui s'opère grâce à Dircé prépare la trajectoire que suivra Œdipe. Au moment où il se voit le meurtrier de son père et le mari de sa mère, il se condamne à la cécité, mais il s'agit d'un sacrifice au profit du bonheur public. Ainsi, l'ultime acte d'Œdipe illustrant un moment tragique, apparaît en même temps doté d'une dimension héroïque. Corneille a donc modernisé le scandale, tout en gardant la violence première.

Énigme d'*Athalie*

Hirotaka Ogura
Université Sophia (Tokyo)

Résumé :

L'enthousiasme des spectateurs de la période révolutionnaire pour le personnage de Joad met en relief l'énigme qui est au cœur d'*Athalie* dès sa création. L'examen de la prophétie de Joad, considérée souvent comme inutile pour l'action, et du songe d'Athalie – les deux morceaux que Racine ajoute de son crû – font ressortir, sous le sens édifiant que propose l'action dramatique, un sens scandaleux qui tient à la réversibilité des points de vue sur les deux protagonistes, Joas et Athalie, respectivement élu et réprouvée par le Dieu d'Israël.

Abstract :

The enthusiasm of theatergoers in Revolutionary France for the character of Joad draws attention to the enigma that has been at the heart of *Athalie* since it was first performed. An examination of the prophecy of Joad, often considered of no interest for the dramatic action, and of Athalie's dream – the two elements added by Racine to the story – reveals that, under the edifying message carried by the dramatic action, there lies a scandalous message that arises from the reversibility of viewers' perception of the two protagonists, Joas and Athalie, respectively as the God of Israel's elect and reprobate.

De toutes les pièces de Racine, celle qui provoqua le plus de scandales au sens courant et moderne du terme est *Athalie*. L'aspect subversif de cette tragédie biblique est confirmé près d'un siècle après la création, par la ferveur qu'elle suscite chez les spectateurs. Dans les *Mémoires de Condorcet*, par exemple, on trouve le rapport d'un inspecteur de police sur une représentation d'*Athalie,* en 1787, où un acteur était interrompu à chaque vers par les applaudissements de spectateurs excités, pris d'un enthousiasme presque séditieux[1]. Paul Mesnard rapporte en outre, dans son édition de Racine, que « dès l'an X la police avait pris ombrage des allusions politiques auxquelles prête *Athalie* » et cite comme témoignage une lettre du ministre de la police, Fouché, dans laquelle on lit :

> On m'assure [...] que cette tragédie devait être représentée une seconde fois, mais qu'ayant été défendue, cette circonstance a produit un tumulte que la présence de la force armée a pu seule faire cesser.[2]

Des vers d'*Athalie* ont donc suscité des réactions politiques marquées par des aspirations pré-révolutionnaires[3]. C'est le personnage de Joad, complotant contre la reine impie, qui excitait l'enthousiasme populaire, poussant ainsi les autorités politiques à la censure.

Cette véhémence provoquée par le personnage rebelle nous amène curieusement à constater que ces incidents, survenus dans une époque tumultueuse de l'histoire de la France, rejoignent la réserve que Voltaire avait exprimée envers cette tragédie qu'il considérait pourtant comme « le chef-d'œuvre de l'esprit humain »[4], à ceci près que la réticence du philosophe émanait d'un point de vue diamétralement opposé. Pour cet admirateur de Racine, le pontife Joad, qui enthousiasmera les spectateurs de 1787, est un exemple de « fanatisme » : « On peut condamner, dit-il, le caractère et l'action du Grand Prêtre Joad ; sa conspiration, son fanatisme peuvent être d'un très

---

1   J. Racine, *Œuvres*, éd. de P. Mesnard, Paris, Hachette, « Les Grands Écrivains de la France », 1885, t. III, p. 576-577, note 6.

2   *Loc. cit.*

3   On peut évoquer encore le témoignage suivant à propos d'une représentation d'*Athalie,* le 23 octobre 1790 (an X) à la Comédie française, où Mademoiselle Joly joua le rôle éponyme : « On fit ce jour-là de nombreuses applications des vers de Racine aux circonstances révolutionnaires. » Voir C.-G. Étienne et A. Martainville, *Histoire du Théâtre-Français, depuis le commencement de la révolution jusqu'à la réunion générale,* Paris, Barba, 1802, t. I, p. 184.

4   Cité par Georges Mongrédien, *Athalie de Racine*, Paris, E. Malfrère, 1929, p. 109. Voltaire qualifie encore la pièce de « chef-d'œuvre de notre théâtre », « chef-d'œuvre de la belle poésie » et de « chef-d'œuvre de versification », *ibid.*, p. 104-105 et p. 115. Son admiration pour la pièce est ainsi quasi-totale.

mauvais exemple[5]. » Du coup, le philosophe veut résolument « prend[re] vigoureusement le parti d'Athalie contre Joad »[6].

Cet aspect « fanatique » de la pièce, qui ressurgit à des moments critiques de l'histoire de la France, est significatif d'une énigme qu'on peut déceler dès sa création. Ce qui doit nous conduire à nous interroger sur la structure et la signification de cette tragédie biblique. Cette enquête nous révélera un aspect scandaleux, au sens premier et religieux du terme, de la pièce, car celle-ci est agencée de manière à exciter chez le spectateur des sentiments de pitié et de piété qu'elle l'incite, en même temps, à remettre en cause.

Intérêt dramatique de la pièce

Retenons comme point de départ que, par les circonstances de sa création, la dernière tragédie de Racine a pour principal objectif d'exalter la piété et la ferveur du spectateur. Autrement dit, elle ne saurait être, par nature, qu'une pièce édifiante, relatant la victoire de l'enfant élu du Dieu d'Israël et la défaite de la reine impie. L'auteur précise clairement dans sa préface qu'« elle [cette tragédie] a pour sujet, Joas reconnu et mis sur le Trône ». Nous ne reviendrons donc pas sur ce fond indiscutable de la pièce. Simplement, nous chercherons à comprendre quels éléments contradictoires se surimposent à ce canevas de base et à mesurer la portée de ces aménagements. Notre examen de la pièce se fera en deux temps : nous nous efforcerons d'abord d'examiner, à travers le personnage d'Athalie, le développement de l'intérêt dramatique ; nous nous demanderons ensuite comment la tragédie est structurée par rapport à la prophétie de Joad qui, placée juste au milieu de la pièce, vient nuancer l'impression d'un déroulement linéaire de l'action.

Commençons donc par le personnage d'Athalie. Comme nous l'avons vu, les critiques réitérées à l'endroit du pontife fanatique amenaient Voltaire à prendre parti pour la reine, sans que la raison de cette sympathie soit expliquée. Cette prise de position, si surprenante soit-elle, témoigne du moins de la possibilité de voir dans la reine autre chose qu'une menace pour l'espoir du peuple juif – le pieux Éliacin *alias* Joas. Pourtant, à première vue, Athalie est un personnage impie, donc, méchant.

Pour ce qui est du déroulement dramatique, on sait comment, à partir d'un

---

5   *Ibid.*, p. 107.
6   *Ibid.*, p. 105.

récit biblique relativement mince, Racine a construit l'action de manière à susciter chez le spectateur les émotions tragiques que sont la pitié et la crainte. Plus librement encore que dans *Esther*, le poète invente plusieurs événements afin d'éveiller progressivement l'intérêt dramatique, en préparant l'ultime rencontre de la grand-mère usurpatrice et du petit-fils roi légitime ; laquelle constitue l'apogée de l'action avec la révélation de la véritable identité du petit Éliacin-Joas. L'action est ainsi agencée de manière que toute la compassion aille à Joas et toute l'horreur à Athalie[7]. Cet affrontement spectaculaire et « sublime » a été unanimement admiré, de Voltaire à la critique actuelle en passant par Victor Hugo[8]. Il est probable par ailleurs que, pour créer sa reine sanguinaire, Racine s'inspire de la reine la plus noire et la plus redoutable que Corneille ait jamais introduite sur la scène française, la Cléopâtre de *Rodogune*[9], dont il reprend la méchanceté et la cruauté.

L'action d'*Athalie* est donc fondée sur un antagonisme biblique, celui des élus et des ennemis du Dieu d'Israël, qui est mis en scène de manière hautement spectaculaire. Notons que voir cette tragédie comme une pièce à la fois édifiante et à grand spectacle ne permet pas de nuancer le personnage de la reine : Athalie est monstrueuse, infanticide et idolâtre, et « ne peut ni ne doit susciter chez le spectateur le moindre sentiment de pitié »[10]. Car la pitié pour la reine impie anéantirait le fondement même de l'intérêt dramatique : tout est fait dès le début pour souligner la fonction dramatique du personnage, qui est d'incarner les ennemis de Dieu dans l'antagonisme avec ses élus.

Dès le premier acte, en effet, la description de la reine « audac[ieuse] » (v. 13), « blasphém[atoire] » (v. 20) et « implacable » avec « un poignard à la main » (v. 244) excite de l'inquiétude chez le spectateur : ce qui, dès le début, prépare le premier affrontement direct entre Athalie et le petit Éliacin, situation

---

7   Pour l'action dramatique concentrée sur l'antagonisme d'Athalie et de Joas, voir l'analyse pénétrante de G. Forestier, *Passions tragiques et règles classiques*, PUF, 2003, p. 182-190 en particulier p. 184.

8   Voir par exemple la préface de *Cromwell*, éd. A. Ubersfeld, Paris, GF, 1968, p. 77 : « *Athalie* si haute et si simplement sublime » ; ou encore G. Foresitier, *loc. cit.*

9   G. Forestier, *ibid.*, p. 183 ; Constant Venesoen, « *Athalie* ou le demi-échec de la théologie tragique », *Racine Mythes et Réalités*, Société d'études du XVIIe siècle, 1976, p. 47.

10   L'expression est de G. Forestier. Voir J. Racine, *Œuvres complètes*, éd. G. Forestier, notice d'*Athalie*, Paris, Gallimard, « Bibliothèque de la Pléiade », 1999, t. I, p. 1723, note 3.

que Racine a inventée et placée dans la scène 7 de l'acte II. L'autre invention ingénieuse de Racine, le songe prémonitoire d'Athalie (II, 5), situé juste avant cet entretien, contribue naturellement à accentuer la tension dramatique. La vision qu'elle a eue pendant la nuit d'« un jeune Enfant couvert d'une robe éclatante » enfonçant « un homicide acier » troublait déjà la reine ; laquelle retrouve en Éliacin celui qui la menaçait dans le songe et dont l'identité lui est encore inconnue. L'héritier du roi David est ainsi au plus haut point menacé par celle qui avait jadis manqué de le tuer. L'inquiétude atteint naturellement son apogée au dénouement de la pièce, comme on peut le constater dans le récit de Zacharie qui décrit une reine presque caricaturalement sanguinaire :

> Cependant Athalie un poignard à la main
> Rit des faibles remparts de nos portes d'airain.
> Pour les rompre, elle attend les fatales machines,
> Et ne respire enfin que sang et que ruines. (V, 1, v. 1537-1540)

Mais les derniers mots d'Athalie prise au piège opèrent un retournement spectaculaire : la reine reconnaît, avec le dévoilement de Joas comme héritier de David, le triomphe du peuple d'Israël et la défaite de la reine idolâtre :

> Impitoyable Dieu, toi seul as tout conduit.
> [...]
> Qu'il règne donc ce Fils, ton soin, et ton ouvrage.
> Et que pour signaler son empire nouveau
> On lui fasse en mon sein enfoncer le couteau. (V, 6, v. 1774-1782)

L'intérêt dramatique réside ainsi entièrement dans l'opposition de la reine cruelle et d'un petit enfant pur et innocent. Athalie est donc une ennemie de Dieu, un personnage monstrueux et horrible ; il est impossible de la voir autrement.

Néanmoins, il y a un élément qui trouble cet antagonisme fondamental entre la reine et Joas : c'est la prophétie de Joad, que nous proposons maintenant d'examiner.

La prophétie de Joad

Il est significatif que cet « épisode » soit situé au centre de la tragédie (acte III, scène 7) : il est, par sa place même, privilégié ; et ce d'autant plus que, comme une des rares didascalies le précise, il est accompagné de musique[11] C'est dans ce passage que Joad, inspiré de Dieu, prévoit, selon l'expression de l'auteur dans sa préface, « le funeste changement de Joas qui, après trente ans d'un règne fort pieux [...] se souilla du meurtre de Zacharie, fils et successeur de ce grand-prêtre [Joad] ». Or, depuis le début du XVIIIe siècle jusqu'à aujourd'hui, cette prophétie de Joad est considérée comme inutile, puisqu'elle perturbe l'intérêt dramatique[12]. La critique avait été formulée, dès le début du XVIIIe siècle, dans les *Sentiments de l'Académie française*, rédigés vers 1730 :

> La plupart ont dit que l'auteur détruit ici l'intérêt pour Joas, en prévenant

---

11 Le passage qui constitue la prophétie de Joad est le suivant ; il est précédé de la didascalie « Ici recommence la symphonie, et Joad aussitôt reprend la parole » :

(Première partie)
    Comment en un plomb vil l'or pur s'est-il changé ?
    Quel est dans le Lieu saint ce Pontife égorgé ?
    Pleure, Jérusalem, pleure, Cité perfide,
    Des Prophètes divins malheureuse homicide.
    De son amour pour toi ton Dieu s'est dépouillé.
    Ton encens à ses yeux est un encens souillé.
            [...]
    Jérusalem, objet de ma douleur,
    Quelle main en un jour t'a ravi tous tes charmes ?
    Qui changera mes yeux en deux sources de larmes
        Pour pleurer ton malheur ? (III, 7, v. 1142-1156)
(Deuxième partie)
        Quelle Jérusalem nouvelle
    Sort du fond du désert brillante de clartés,
    Et porte sur le front une marque immortelle ?
        Peuples de la terre, chantez.
    Jérusalem renaît plus charmante, et plus belle.
            [...]
    Heureux ! qui pour Sion d'une sainte ferveur
        Sentira son âme embrasée.
        Cieux, répandez votre rosée,
    Et que la Terre enfante son Sauveur. (v. 1159-1174)

12 Le caractère saugrenu du passage est bien perceptible dans le constat suivant de Sainte-Beuve : « La prophétie close, [...] le surnaturel ordinaire de la pièce continue. [...] Joad lui-même en lui [à Joas] parlant semble avoir oublié cette chute future entrevue par lui-même dans la prophétie » (*Port-Royal*, éd. de M. Leroy, Paris, Gallimard, « Bibliothèque de la Pléiade », 1955, t. III, p. 591) ; le passage constitue un moment à part qui reste en dehors de l'action, comme le montre la remarque de Jean Dubu : « L'action à laquelle il [l'épisode de la prophétie] reste extrinsèque ne perdrait rien de son intelligibilité sans lui » (*Racine aux miroirs*, Paris, SEDES, p. 383).

sans nécessité les auditeurs que Joas doit un jour faire égorger le fils de son bienfaiteur. Plusieurs ont voulu excuser cet endroit comme langage prophétique, qui ne fait pas naître une idée distincte. Les critiques ont répondu que, si le discours du grand prêtre ne porte aucune idée, il est inutile ; s'il présente quelque chose de réel, comme on n'en peut douter par les notes de l'auteur, il détruit l'intérêt.[13]

Peut-on considérer cette critique comme bien fondée ?

Examinons d'abord la scène de la prophétie. Elle est divisée en deux parties ; la première annonce l'avenir funeste de Joas et la chute de Jérusalem qui en est la conséquence ultime, alors que la deuxième prédit la création de l'Église. La critique rapportée dans les *Sentiments de l'Académie* porte sur l'annonce du changement funeste de Joas, mais Racine était pleinement conscient de l'audace de ce choix : « On me trouvera, dit-il dans sa préface, peut-être un peu hardi d'avoir osé mettre sur la Scène un Prophète inspiré de Dieu, et qui prédit l'avenir. » Et il attire l'attention sur le crime de Joas : « Ce meurtre commis dans le Temple fut *une des principales causes* de la colère de Dieu contre les Juifs, et de *tous les malheurs* qui leur arrivèrent dans la suite[14]. » « Une des principales causes », « tous les malheurs » : ces expressions attestent que l'événement a une importance particulière dans l'esprit de Racine. Or, si celui-ci prend soin de justifier cette première partie de la prophétie, l'explication qu'il donne pour la deuxième partie est beaucoup plus conventionnelle : « Mais comme les Prophètes joignent *d'ordinaire* les consolations aux menaces, et que *d'ailleurs* il s'agit de mettre sur le trône un

---

13 Les *Sentiments de l'Académie sur* Athalie, publiés pour la première fois dans J. Racine, *Œuvres complètes avec le commentaire de M. de Laharpe*, Paris, Verdière, 1816, t. V, p. 260-261. L'abbé d'Olivet avait mentionné en 1738 la présence de ce document dans ses *Remarques de grammaire sur Racine* en précisant la raison de son silence sur la dernière pièce du poète : « J'ai dû me défendre de toucher à la dernière [...]. Car l'Académie, il y a quelques années, entrepris de faire sur *Athalie*, ce qu'elle fit autrefois sur *Le Cid* : et le public, vraisemblablement, ne tardera pas à jouir de son travail » (L'abbé d'Olivet, *Remarques de grammaire sur Racine*, Paris, Gandouin, 1738, p. 8). Malgré cette annonce, le document resta longtemps inédit. Celui-ci, après la publication intégrale faite par Laharpe, fut repris dans J. Racine, *Œuvres*, t. III, éd. Paul Mesnard, Hachette, 1865, p. 668. D'après P. Mesnard (note 5 de la p. 668), M. de la Rochefoucauld-Liancourt rapporte que D'Alembert aurait ajouté en marge : « Les autres ont répliqué que l'intérêt principal de la pièce ne porte point sur Joas mais sur l'accomplissement des promesses de Dieu en faveur de la race de David. »

14 Souligné par nous.

des Ancêtres du Messie, *j'ai pris occasion* de faire entrevoir la venue de ce Consolateur[15]. » Manifestement, il se préoccupe plus de l'avenir funeste de Joas que de l'annonce de l'arrivée du Sauveur. C'est ce que confirment encore les notes manuscrites que Racine avait probablement préparées pour répliquer à d'éventuelles attaques de ses adversaires[16]. On y trouve le passage suivant qui dévoile le sens dissimulé de la pièce : « Depuis le meurtre de Zacharie, *Sanguis attigit sanguinem* [le sang se mêla au sang], l'État des Juifs a toujours été en dépérissant. V. Lichf. t. 2. p. 361. *Gladius vester exedit Prophetas vestros* [votre glaive dévora vos prophètes]. p. 363[17]. » En indiquant les sources qui l'avaient inspiré, le poète s'apprêtait à défendre l'invention de cette partie déconcertante pour le spectateur ; déconcertante parce que, comme le remarquera l'Académie, cette annonce funeste du futur de Joas brise l'intérêt que la pièce semble susciter pour lui.

Or, pour réfuter cette critique rapportée par l'Académie, on a souvent invoqué le sens chrétien dont la prophétie semble investir la tragédie, en prétendant que, sans cette annonce de l'avenir de Joas, rien dans l'affrontement des deux protagonistes ne permettrait au spectateur de saisir la perspective providentielle que confirme l'annonce de l'arrivée du Messie[18]. En effet, comme l'auteur l'indique dans sa préface, le nom de Joas n'était pas connu du public, « la plupart du monde n'en ayant entendu parler que sous le nom d'Athalie » ; il est donc indispensable que le pontife inspiré annonce la suite de l'histoire qui se déroule sous les yeux du spectateur.

---

15 Souligné par nous.

16 Voir J. Racine, *Œuvres complètes*, *op. cit.*, t. I, p. 1750.

17 *Ibid.*, p. 1085. L'ouvrage auquel Racine se réfère est John Lightfoot — il écrit « Lichf. » —, *Opera omnia*, Rotterdam, 1686, t. II. Les citations latines proviennent toutes les deux de la Bible : la première, Osée, IV, 2, la seconde, Jérémie, II, 30.

18 C'est notamment la position de G. Forestier qui souligne la « perspective providentielle » et le « sens chrétien » que la prophétie fait ressortir : « Rien dans la conduite de l'action ne permet à un spectateur ou un lecteur qui n'aurait pas été élevé dans l'enseignement des Évangiles de saisir cette perspective providentielle et de l'appliquer au Christ. De là l'importance de la prophétie de Joad à la fin du troisième acte, jugée inutile par la plupart des commentateurs depuis le XVIIIe siècle [...] ; or c'est elle qui donne son sens chrétien à cette pièce biblique. Elle est effectivement inutile au plan de l'action, et paradoxalement c'est en quoi elle polarise l'attention. Racine a pris le risque d'atténuer le sentiment de pitié tragique qu'on doit ressentir pour l'enfant persécuté en laissant entendre qu'un jour il abandonnera Dieu et fera mourir Zacharie dans le Temple, mais c'est en considération de la perspective providentielle qu'imprime à l'ensemble de sa pièce la prophétie. » Voir *Jean Racine*, Paris, Gallimard, 2006, p. 719.

Cette défense de la prophétie, au nom de l'efficacité dramatique, semble toutefois assez fragile. Car l'auteur construit soigneusement la pièce de manière à l'imprégner d'un sens chrétien par allusion. Dès le premier acte, en effet, l'enfant menacé par la reine est désigné comme « ces honneurs à David tant promis » (v. 129), « ce roi fils de David » (v. 138) ou encore tout simplement « ce fils de David » (v. 213)[19]. Quand on sait que l'expression « le fils de David » est employée partout dans les Évangiles pour désigner le Christ[20], toutes ces allusions à Joas renvoient directement au Messie. En outre, comme l'auteur l'affirme dans la préface de la pièce précédente, *Esther*, le chœur a pour fonction essentielle d'exalter la Providence de Dieu. Autrement dit, même sans la prophétie de Joad qui sort du cadre de l'action pour porter un éclairage inquiétant sur l'enfant Joas, la perspective providentielle et chrétienne se serait dessinée d'elle-même, et peut-être même de façon plus accentuée. C'est sans doute la raison qui a poussé l'Académie à condamner l'auteur qui « détruit [...] l'intérêt pour Joas, en prévenant sans nécessité les auditeurs » du futur néfaste de l'enfant.

Dédoublement du sens dramatique

Reste donc à savoir pourquoi, tout en étant conscient du risque de détruire l'intérêt dramatique, Racine a introduit dans sa tragédie cette scène inventée. La note manuscrite mentionnée ci-dessus « *Sanguis attigit sanguinem* » semble répondre à cette question en révélant un autre aspect de la tragédie : elle relate une histoire de vendetta sanguinaire. Le sang d'Achab revendique le sang de David et vice versa[21]. La première partie de la prophétie investit, ainsi, le déroulement de la pièce d'un autre sens que celui que nous

---

19   Autres exemples : « Des trésors par David amassés » (I, 1, v. 50), « Du sceptre de David » (v. 73), « En faveur de David » (I, 2, v. 240), « Du fidèle David c'est le précieux reste » (v. 256), « Autant que de David la race est respectée » (v. 271), « Et de David éteint rallumé le flambeau » (v. 282), « Il doive de David abandonner la trace » (v. 284). On retrouve l'expression « fils de David » au quatrième acte : « Ô Roi, fils de David » (IV, 4, v. 1413).

20   Matthieu, I, 1 ; IX, 27 ; XII, 23 ; XV, 22 ; XX, 30-31 ; XXI, 9 ; Marc, X, 47-48 ; XII, 35, 37 ; Luc, XVIII, 38-39 ; XX, 41, 44 ; Jean, VII, 42 ; etc.

21   Ce sens sous-jacent de la pièce a été relevé pour la première fois par Charles Mauron ; *L'Inconscient dans l'œuvre et la vie de Racine*, Gap, Orphys, 1957 [réimpr. Paris-Genève, Champion-Slatkine, 1986], p. 287-308, en particulier, p. 300-301. Voir aussi Roland Barthes, *Sur Racine*, Paris, Le Seuil, 1963, p. 121.

avons dégagé du personnage d'Athalie. Si Joas descend effectivement de David, dans ses veines coule aussi le sang des coupables rois de Judée ; par son hérédité, il est donc double.

Or cette ambiguïté de Joas est annoncée dès le premier acte. À Joad qui souligne, de façon répétée, la sévérité et la justice de Dieu[22], Josabet exprime de l'inquiétude, puisque Joas n'échappera pas à cette sévérité de Dieu à cause de son hérédité criminelle :

> Et c'est sur tous ces Rois sa justice sévère,
> Que je crains pour le fils de mon malheureux Frère.
> Qui sait si cet Enfant par leur crime entraîné
> Avec eux en naissant ne fut pas condamné ?
> Si Dieu le séparant d'une odieuse race,
> En faveur de David voudra lui faire grâce ? (I, 2, v. 235-240)

Joad lui-même souligne l'ambiguïté de Joas en s'adressant directement à Dieu :

> Grand Dieu, si tu prévois qu'indigne de sa race
> Il doive de David abandonner la trace ;
> Qu'il soit comme le fruit en naissant arraché,
> Ou qu'un souffle ennemi dans sa fleur a séché. (v. 283-286)

Toutes ces paroles prononcées par Josabet et Joad ont, certes, pour fonction essentielle de focaliser l'attention du spectateur sur l'opposition des deux protagonistes, Athalie et Joas. Mais un regard rétrospectif depuis la prophétie remettra en cause cette opposition même ; on ne sait si Joas est condamné en tant qu'héritier d'Achab ou sauvé comme descendant de David. Cet aspect double de l'enfant se précise davantage au deuxième acte, où les deux protagonistes paraissent pour la première fois sur scène.

Dans cet acte, on remarque d'abord, et avec quelque étonnement, que l'Athalie qui paraît devant le spectateur ne ressemble en rien à celle qu'on décrivait à l'acte précédent, à savoir, une reine audacieuse, blasphématoire et implacable. C'est une femme qui cherche avant tout la paix :

---

22 « Dieu qui combat pour nous », « Dieu, qui de l'orphelin protège l'innocence », « Dieu, qui hait les Tyrans, et qui dans Jezraël / Jura d'exterminer Achab et Jézabel ; / Dieu, qui frappant Joram le mari de leur fille, / A jusque sur son fils poursuivi leur famille ; / Dieu, dont le bras vengeur, pour un temps suspendu, / Sur cette race impie est toujours étendu. » (I, 2, v. 226-234)

Non, je ne puis, tu vois mon trouble, et ma faiblesse.
Va, fais dire à Mathan qu'il vienne, qu'il se presse.
Heureuse, si je puis trouver par son secours
Cette paix que je cherche, et qui me fuit toujours ! (II, 3, v. 435-438)

Ce « trouble », cette « faiblesse » qu'elle éprouve sont nés d'un songe prémonitoire qui est une des inventions majeures de Racine. De quel sens, alors, la prophétie de Joad investit-elle cette partie cruciale de la tragédie ?

Par son caractère prémonitoire et par sa structure, le songe d'Athalie constitue en réalité un véritable pendant de la prophétie de Joad[23] ; comme celle-ci, il est composé de deux visions symétriquement placées, et il fait ressortir, dans les deux, un vif contraste d'ombre et de lumière, l'ombre étant présentée par la vision de Jézabel (v. 501) et la lumière par celle de Joas (v. 508). Or, si l'on regarde les événements racontés dans le récit, il apparaît clairement que ces deux moments clés de la tragédie sont non seulement similaires mais aussi complémentaires ; au cours des deux visions d'Athalie

---

23   Voici le passage présentant le songe d'Athalie :

(première partie)
C'était pendant l'horreur d'une profonde nuit.
Ma mère Jézabel devant moi s'est montrée,
Comme au jour de sa mort pompeusement parée.
[...]
Tremble, m'a-t-elle dit, fille digne de moi.
Le cruel Dieu des Juifs l'emporte aussi sur toi.
Je te plains de tomber dans ses mains redoutables,
Ma fille. En achevant ces mots épouvantables,
Son Ombre vers mon lit a paru se baisser.
Et moi, je lui tendais les mains pour l'embrasser.
Mais je n'ai plus trouvé qu'un horrible mélange
D'os et de chair meurtris, et traînés dans la fange,
Des lambeaux pleins de sang, et des membres affreux,
Que des chiens dévorants se disputaient entre eux. (II, 5, v. 490-506)
(deuxième partie)
Dans ce désordre à mes yeux se présente
Un jeune Enfant couvert d'une robe éclatante,
Tels qu'on voit des Hébreux les Prêtres revêtus.
Sa vue a ranimé mes esprits abattus.
Mais lorsque revenant de mon trouble funeste,
J'admirais sa douceur, son air noble et modeste,
J'ai senti tout à coup un homicide acier,
Que le traître en mon sein a plongé tout entier. (v. 507-514)

et des deux révélations de Joad, on trouve relatée une suite d'événements ordonnés chronologiquement, les uns rattachés au passé, les autres à l'avenir. Ce qui relie ces événements, c'est naturellement la vendetta et la loi du sang. Dans la première partie du songe, la mort de Jézabel est rappelée avec l'arrêt du « cruel Dieu des Juifs » (v. 498) qu'elle annonce à sa fille ; dans sa deuxième partie, Athalie prévoit sa propre fin, en un meurtre exécuté par « un jeune enfant couvert d'une robe éclatante » (v. 508) dont elle ne peut se défendre d'admirer la « douceur », l'« air noble et modeste » (v. 512). Or, dans le premier volet de la prophétie, cet enfant « éclatant » se changera en « un plomb vil » (v. 1142) et tuera Zacharie en tant qu'héritier du sang d'Achab ; dans le deuxième volet, de la ruine totale de la Jérusalem ancienne, causée par ce crime, sortira la nouvelle Jérusalem.

Dans ces deux passages essentiels, on peut donc suivre l'histoire d'une vengeance sanguinaire qui néanmoins finit bien, avec l'annonce du Messie. Or ce point culminant qui prédit l'arrivée du « Sauveur » débouche brutalement sur une étonnante chute, avec la réplique de Josabet qui met en doute ce message divin :

> Hélas ! d'où nous viendra cette insigne faveur,
> Si les Rois de qui doit descendre ce Sauveur... (v. 1175-1176)

Retenons que, reprenant la rime en « -eur » de la fin de la prophétie[24], cette réplique se place dans sa continuité directe et jette une ombre sur la figure de Joas, laissant ainsi en suspens tout le sens de la prophétie.

Un couple énigmatique : Athalie et Joas

Ainsi, l'examen de la prophétie de Joad et de son complément, le songe d'Athalie, nous montre que la vision future de Joas dote l'action dramatique d'un sens énigmatique. L'énigme tient à ce que le couronnement de Joas, qui est le sujet même de la tragédie, signifie à la fois le triomphe du peuple d'Israël et la promesse de la vengeance d'Athalie, qui se réalisera dans le meurtre de Zacharie. Cette annonce funeste de ce que deviendra Joas fait ainsi planer le doute sur un intérêt dramatique qui paraissait clair et univoque.

Or le lien fondamental d'Athalie et de Joas est, de fait, signalé tout au long de la pièce de façon voilée et symbolique. Dans cette tragédie où

---

24   Le dernier mot de la prophétie de Joad est « Sauveur » (v. 1174).

même les prêtres prennent des armes, il n'y a pourtant que deux personnages qui sont munis d'un poignard, et ce sont précisément Athalie et Joas. Dans le rêve, Athalie est menacé par un enfant « un poignard à la main » (v. 557)[25] ; la cicatrice laissée sur Joas est rappelée à plusieurs reprise au cours de la tragédie[26] ; et le poignard réapparaît dans les ultimes paroles d'Athalie : « [Qu'] on lui fasse en mon sein enfoncer le couteau. » (v. 1518) Ainsi le thème du poignard relie-t-il symboliquement les deux protagonistes ; le coup de poignard qu'Athalie a donné à Joas retombe sur elle ; et, à son tour, Joas rendra ce coup à Zacharie en tant qu'héritier de sa grand-mère.

Par rapport à la prophétie, donc, les dernières paroles d'Athalie prennent une double signification. La reine reconnaît que c'est le « Dieu des Juifs » qui « l'emport[e] » (v. 1768) et que c'est lui « seul » qui a « tout conduit » (v. 1774). Cependant, au lieu de se retourner contre le Dieu des Juifs, elle loue son « ouvrage » : « Qu'il règne donc ce Fils, ton soin, et ton ouvrage » (v. 1789), et s'en remet entièrement à cet « ouvrage » :

> Voici ce qu'en mourant lui souhaite sa Mère.
> Que dis-je souhaiter ? Je me flatte, j'espère,
> Qu'indocile à ton joug, fatigué de ta Loi,
> Fidèle au sang d'Achab, qu'il a reçu de moi,
> Conforme à son Aïeul, à son Père semblable,
> On verra de David l'héritier détestable
> Abolir tes honneurs, profaner ton Autel,
> Et venger Athalie, Achab, et Jézabel. (V, 6, v. 1783-1790)

Ce n'est pas, comme la reine le précise, un « souhait » mais une prédiction de ce qui arrivera immanquablement, comme on le sait grâce à la prophétie. L'apostrophe d'Athalie « impitoyable Dieu » prend tout son sens ici ; Dieu est impitoyable non seulement pour les ennemis du peuple d'Israël mais pour celui-ci même, au point qu'il laissera Joas tuer le fils de son fidèle serviteur Joad et réaliser la prédiction d'Athalie. Immédiatement après, pour repousser cette malédiction, Joas profère :

> Dieu, qui voyez *mon trouble* et *mon affliction*,
> Détournez loin de moi sa malédiction,
> Et ne souffrez jamais qu'elle soit accomplie.

---

25 Voir encore v. 513 : « J'ai senti tout à coup un homicide acier. »
26 « Ma Sœur, on voit encor la marque du couteau » (v. 1518) ou encore v. 1720 et v. 1770.

Faites que Joas meure, avant qu'il vous oublie.

(V, 7, v. 1797-1800, souligné par nous)

L'écho est fort, avec le premier vers prononcé par Athalie, quand elle entre en scène : « Non, je ne puis, tu vois *mon trouble*, et *ma faiblesse*[27]. » Joas éprouve exactement le même « trouble » qu'Athalie. Et, de même que ce « trouble » causé par le songe prémonitoire a été fatal pour Athalie, de même il sera fatal pour Joas. Le spectateur sait, en effet, que cette prière de Joas ne sera pas exaucée. Ainsi, les derniers mots de Joad prennent un sens tout à fait double :

Par cette fin terrible, et due à ses forfaits,
Apprenez, Roi des Juifs, et n'oubliez jamais,
Que les Rois dans le Ciel ont un Juge sévère,
L'Innocence un Vengeur, et l'Orphelin un Père. (v. 1813-1816)

Le spectateur constate, en effet, que « les Rois » désignent concrètement Athalie et le futur Joas et que « l'innocence » représente Joas et le futur Zacharie.

Conclusion

La dernière pièce de Racine est et ne peut être qu'édifiante et, en tant que tragédie, elle excite chez le spectateur de la pitié pour l'enfant innocent et de l'horreur pour la reine impie. Mais l'effet pathétique attendu se trouve troublé par le sens qui se dégage de la prophétie de Joad. Dans un entretien avec Lamartine, le tragédien Talma, qui jouait le rôle de Joad, a avoué ses angoisses sur la façon d'interpréter la prophétie :

Si je suis trop prophète dans ma diction, je tombe dans le prêtre fanatique et je refoule dans les âmes l'intérêt qui s'attache au petit Joas, pupille du temple et du pontificat. Si je suis trop politique dans ma physionomie, j'enlève à ce rôle le caractère d'inspiration et d'intervention divine qui fait la grandeur de cette tragédie.[28]

L'embarras de l'acteur met fort bien en relief le sens contradictoire de la prophétie qui, tout en soulignant le caractère sacré de « l'intervention divine », dérange « l'intérêt qui s'attache au petit Joas », donc, la pitié que doit susciter

---

27   II, 3, v. 435, souligné par nous.
28   Le passage est cité par G. Mongrédien dans *op. cit.*, p. 122.

l'action dramatique. Or cette image kaléidoscopique de Joas contribue à brouiller également celle d'Athalie. Après la représentation dont parle Talma en 1819, qui obtint d'ailleurs un succès considérable, apparut un livret d'un certain R. Athanase, intitulé *Remarques sur Athalie, sur le danger de quelques doctrines sacerdotales et sur Talma au sujet de la représentation donnée à l'Opéra le 8 mars*. Dans cette brochure singulière, l'auteur félicite Talma pour son interprétation de Joad et prend le parti d'Athalie :

> Mais il faut convenir en même temps qu'elle [Athalie] est beaucoup plus tolérante que ses ennemis. Je vois cette Reine, aigrie par le souvenir des attentats de Jéhu, épouvantée par un songe affreux, outragée par le pontife, insultée par un enfant qu'elle traite avec douceur et générosité, se livrer à des soupçons justement fondés, cherchant les moyens d'assurer son repos et sa tranquillité, présentant enfin à ses ennemis qu'elle tient enveloppés, la paix au prix du trésor de David et du jeune Éliacin qui lui porte ombrage.[29]

La reine impie, ennemie du Dieu d'Israël, est-elle en mesure d'éveiller un autre sentiment que la terreur chez le spectateur ? Cette question peut être formulée d'une autre manière : la pitié que le spectateur ressent pour Joas reste-t-elle intacte ? Force est de constater que les émotions tragiques et religieuses – la pitié et la piété – sont quelque peu infléchies par l'énigme que pose la prophétie de Joad. Mais, qu'est-ce que cette énigme, au juste, sinon les incertitudes, les voies incompréhensibles de la volonté divine au cœur d'une tragédie qui se veut « édifiante ». C'est là que réside le vrai scandale de la dernière pièce de Racine.

---

29 *Remarques sur Athalie [...]*, Paris, Corréard, 1819. Le passage est cité par G. Mongrédien, *loc. cit.*

Mais vous exagérez, Molière !,
Molière vu par un dramaturge japonais d'aujourd'hui

Nobuko Akiyama
Université Aoyama-Gakuin (Tokyo)

Résumé :

Mais vous exagérez, Molière ! de Hibiki Takama nous introduit au cœur du monde du théâtre de l'époque. En février 1673, Grimarest, futur biographe de Molière, rend visite à Racine, qui évoque une soirée en 1665 afin de se justifier pour sa trahison envers Molière. Mais ses témoignages sont contredits par Baron, qui présente sa version de l'histoire, elle-même démentie à son tour par Lully. Enfin, Takama intervient pour critiquer Molière, une manière de lui apporter son meilleur hommage.

Abstract : *But you exaggerate, Molière !* of Hibiki Takama

But you exaggerate, Molière! by Hibiki Takama places us in the middle of the theater of the 17th century. In February 1673, Grimarest, Molière's future biographer, visits Racine, who evokes an evening of 1665, during which he tries to justify betraying Molière. But his testimony is refuted by Baron, who gives his version, which is denied by Lully. Finally, Takama intervenes to criticize Molière, which is the best way to celebrate him.

Depuis la fondation de sa troupe *Cabinet de rire* en 2005, Hibiki Takama, jeune dramaturge japonais (né en 1983 à Hokkaido), n'a cessé de créer des pièces polémiques. Entre autres, sa 15e pièce créée en 2012, *Mon ami est désormais d'extrême-droite*, est la caricature d'un homme qui s'abandonne soudain au plaisir d'émettre sur Internet des messages xénophobes au point de s'engager complètement dans un mouvement nationaliste et de délaisser sa petite amie. Sa 19e pièce créée en 2014, *Voyage organisé à Fukushima*, met en scène les professeurs d'un lycée qui discutent des questions morales que suscite la visite des lycéens à Fukushima pour constater l'état actuel de la ville après la catastrophe du 11 mars 2011. La protagoniste de sa 25e pièce créée en 2017, *Suzuko, plus macho qu'un homme ordinaire*, est une femme politique qui n'hésite pas à adopter un comportement sexiste pour plaire aux électeurs masculins. *Mais vous exagérez, Molière !*[1], sa 26e pièce créée en 2018, nous surprend et séduit d'emblée en présentant Racine récitant l'éloge paradoxal du tabac, qui ouvre la pièce de Molière, *Dom Juan ou le Festin de Pierre* (1665).

Dans cette scène d'ouverture incongrue, Racine est rapidement rejoint par Grimarest, venu pour recueillir les témoignages nécessaires à sa biographie de Molière. La scène se déroule le 18 février 1673, et Grimarest est bientôt suivi de Baron qui entre sur scène pour avertir Racine de la mort de Molière, survenue le 17 janvier plus tôt. Racine, qui ne savait pas encore la nouvelle, ravive son indignation et commence à évoquer une scène démontrant que Molière « est un homme méprisable » qui « sacrifie la morale pour le théâtre ». Ce qui donne lieu à la longue évocation d'une soirée où s'est consommée la rupture entre les deux dramaturges.

Nous sommes ainsi transportés en décembre 1665, au cœur de la vie théâtrale de l'époque, avec une scène qui se présente comme une parodie de *L'Impromptu de Versailles* (1663). Les acteurs de la troupe de Molière se réunissent après le spectacle pour faire le bilan de la journée, alors que ceux de *L'Impromptu* procédaient à l'inverse, se préparant pour le spectacle qui allait commencer. D'ailleurs, là où le Molière de *L'Impromptu* n'intervient que pour rectifier le discours tenu par Brécourt pour le défendre, le Molière de Takama fait, de façon plus directe, la défense et l'illustration de sa profession de dramaturge. Ainsi, la tirade initiale se trouve largement réduite à quelques lignes. Face à Baron, jeune acteur récemment recruté, le Molière de Takama renverse la manière feutrée du discours d'origine présenté comme celui d'un tiers, pour marquer un début plus franc, en commençant par : « Croyez-vous que j'aie épuisé dans mes comédies tout le ridicule des hommes ?[2] »

---

1 Le texte de la pièce est inédit en japonais ainsi qu'en français. La traduction française est de mon fait.

2 Takama remplace « il » par « je » de « Crois-tu qu'il ait épuisé dans ses comédies tout le ridicule des hommes ? » de *L'Impromptu de Versailles*, sc. 4, dans Molière, *Œuvres complètes*, éd. G. Couton, Paris, Gallimard, « Bibliothèque de la Pléiade », 1971, t. I, p. 688.

pour sauter tout de suite après à la conclusion : « Et, j'ai tant de caractères de gens où je n'ai pas encore touché.[3] » Se bornant à en donner brièvement trois exemples alors que la tirade initiale s'attardait à développer longuement cinq exemples, le Molière de Takama se montre sensible à la pauvreté des enfants, surtout des orphelins comme Baron, et se laisse aller à un élan humanitaire tout en racontant son rêve d'un avenir lointain, « dans 300 ou 400 ans », où « toute personne qui le souhaite pourra devenir Français pour la seule gloire de la France ».

Cependant, le Molière de Takama revient vite à la réalité et se rappelle qu'il n'est pas philosophe, mais dramaturge, et que son métier consiste à écrire des pièces de théâtre pour amuser le public. Il déclare tout faire pour se procurer une bonne salle et d'excellents acteurs, « même si c'est contre la morale ». La scène d'évocation reconstituée de mémoire par Racine se présente non seulement comme un tableau vivant du monde théâtral de l'époque, où l'on peut entrevoir la concurrence acharnée entre les troupes rivales, mais aussi comme une tentative pour dénoncer Molière d'avoir privilégié son art au détriment de la morale. En fait, on va le voir, chacun à sa manière met en pratique le principe qui conseille de sacrifier la morale à l'art, et c'est autour de cette idée que la pièce est construite.

Sacrifier la morale pour son art ?

La scène évoquée par Racine montre comment il a décidé de quitter Molière grâce à qui il avait pourtant eu la chance de faire représenter sa première tragédie. Molière proposant d'accompagner d'une farce la nouvelle tragédie de Racine, *Alexandre le Grand* (1665), Marquise Du Parc, secrètement liée avec celui-ci, s'y oppose et se comporte comme la porte-parole de ce dernier. Chapelle, ami de Molière, intervient pour jouer un instant le rôle de fâcheux de théâtre, avant de révéler sans s'en rendre compte la trahison de Racine : ce dernier a confié sa tragédie en même temps à la troupe de Molière et à celle de l'Hôtel de Bourgogne. Molière s'emporte en disant que « ce serait vraiment trop malhonnête envers moi qui l'ai tant aidé » et demande de faire venir Racine pour l'interroger. Celui-ci ne tarde pas à

---

3   C'est à la fois une version modifiée de « n'a-t-il pas encore vingt caractères de gens où il n'a point touché ? » (*loc. cit.*) et une version abrégée de la conclusion du discours d'origine : « Molière aura toujours plus de sujets qu'il n'en voudra ; et tout ce qu'il a touché jusqu'ici n'est rien que bagatelle au prix de ce qui reste. », *ibid.*, p. 689.

apparaître pour s'expliquer et admet qu'il a bien confié sa nouvelle tragédie à l'Hôtel de Bourgogne, mais sous condition de ne la faire jouer qu'après la fin des représentations chez Molière. Cette excuse exacerbe la colère de ce dernier qui s'écrie alors : « C'est contre la morale. »

Mais la scène montre également que Molière lui-même, en refusant tout compromis pour lever l'interdiction du *Tartuffe*, affiche son principe de « sacrifier la morale à l'art ». Baron, jeune acteur de sa troupe (il a 12 ans) qui souhaite la quitter pour pouvoir jouer dans des tragédies dignement représentées, retourne contre le directeur de la troupe son affirmation : « Moi, je sacrifie la morale pour mon art. » Ce qui provoque la réflexion de Molière : « Vous avez raison. Un dramaturge doit tout faire pour faire représenter ses pièces dans les meilleures conditions, tout comme un acteur souhaitera jouer dans le meilleur théâtre, même si c'est contre la morale. » Relayé d'un personnage à l'autre, ce principe de sacrifier la morale au théâtre fonctionne donc comme le principal moteur de l'action. Par ailleurs des jeux de références aux pièces de Molière augmentent le plaisir des spectateurs avertis, illustrant ainsi la conviction de Dorante, porte-parole de Molière dans *La Critique de l'École des femmes* (1663) : « le grand art est de plaire[4]. »

Jeux de références

La tentative de Molière pour faire revenir Baron sur sa décision de quitter la troupe sert de prétexte au déploiement de quelques-unes de ses meilleures scènes. Comme preuve de l'excellence du théâtre de Molière, Takama incorpore dans sa pièce les répliques qui constituent le moment fort de *La Critique de l'École des femmes*, sc. 6. Choix d'autant plus efficace que *L'École des femmes* (1662) a provoqué ce que Patrick Dandrey appelle « la guerre comique » inouïe en ce sens qu'à la différence de la querelle du *Cid* (1637), elle a été « menée et décidée depuis la scène, à destination des spectateurs de la salle, et formulée dans la langue même dont débattaient les compétiteurs : celle du théâtre[5] ». Ainsi se sont succédé au théâtre du Palais-Royal deux pièces que Molière a écrites pour montrer et défendre sa propre esthétique : *La Critique de l'École des femmes* et *L'Impromptu de Versailles*. Dans la pièce de Takama, Baron joue le rôle de Lysidas qui prétend que *L'École des femmes*

---

4   *La Critique de l'École des femmes*, sc. 6, Molière, *Œuvres complètes*, éd. cit., t. I, p. 664.
5   Patrick Dandrey, *La Guerre comique. Molière et la querelle de* L'École des femmes, Paris, Hermann, 2014, p. 9.

« pêche contre toutes les règles de l'art[6] », de façon à provoquer la réaction de Molière qui reprend ce propos de Dorante : « Je voudrais bien savoir si la grande règle de toutes les règles n'est pas de plaire[7]. »

Tout en empruntant les arguments de Dorante dans *La Critique de l'École des femmes*, le Molière de Takama s'évertue à dissuader Baron de quitter la troupe ; il souligne : « La tragédie est quelque chose de beau, mais la comédie a ses charmes et elle est plus difficile à faire que l'autre. » Cette observation constitue non seulement comme un concentré de la réplique initiale d'Uranie de *La Critique de l'École des femmes*, mais Takama y apporte une modification, légère mais significative. Alors qu'Uranie disait que « l'une n'est pas moins difficile à faire que l'autre[8] », le Molière de Takama fait pencher la balance en faveur de la comédie. Ce qui n'est pas sans évoquer la prédilection de cet auteur pour le genre comique.

L'éloge de la comédie suscite la question de Marquise qui demande à Molière ce qui l'a amené à représenter la tragédie de Racine. Mal à l'aise, Molière avoue avoir été obligé de faire une entorse à ses convictions car il fallait remplacer *Le Tartuffe* après son interdiction. En essayant de minimiser ce manquement à ses principes, Molière reproche à Racine d'avoir agi « contre la morale » en confiant sa nouvelle tragédie à une troupe rivale au préjudice de son bienfaiteur, lequel avait donné la chance de faire ses débuts comme dramaturge. Mais c'est encore une fois sa devise « Moi, je sacrifie la morale pour mon art » qui se retourne contre lui. Encouragée par Baron qui rappelle à Molière ladite devise, Marquise lui demande de délier Racine de ses obligations, car Racine « n'a fait que suivre l'exemple de Molière » en sacrifiant la morale à son art.

Un autre fâcheux de théâtre survient alors pour révéler, sans le savoir, la trahison de Marquise, qui a joué dans la nouvelle tragédie de Racine à la Cour avec les comédiens de l'Hôtel de Bourgogne. Marquise revendique alors le droit de « jouer dans les meilleures conditions » lesquelles seront profitables à sa carrière d'actrice, ce qui déclenche la discussion sur la supériorité de la tragédie ou de la comédie. À Baron et à Marquise qui défendent le jeu des comédiens de l'Hôtel de Bourgogne réputés meilleurs pour représenter la tragédie, Molière riposte en faisant appel à la tirade pittoresque de *L'Impromptu*

---

6 *La Critique de l'École des femmes*, sc. 6, Molière, *Œuvres complètes*, éd. cit., t. I, p. 662.
7 *Ibid.*, p. 663.
8 *Ibid.*, p. 660.

de Versailles, sc. 1. Ainsi, Molière esquisse devant sa troupe, de façon abrégée et condensée, une scène de comédie où un poète qui souhaite faire représenter sa pièce converse avec « une troupe de comédiens nouvellement arrivés de la campagne[9] ». Dans *L'Impromptu,* Molière joue tour à tour le rôle de ce poète et celui des comédiens. Le poète, pour montrer la façon idéale de jouer sa pièce, récite avec emphase les vers, en imitant Montfleury, acteur vedette de l'Hôtel de Bourgogne. Le choix de Takama est de réduire la partie initialement conçue pour montrer « un extraordinaire numéro d'acteur[10] », de façon à mettre en valeur la position de Molière qui plaide pour une déclamation plus *naturelle*. La tirade qui occupe environ deux pages dans l'édition de la Pléiade[11] est ainsi réduite à son strict minimum, et le Molière de Takama se contente d'expliquer succinctement la situation et résume sa prise de position : « Montfleury, par exemple, récite avec emphase ces vers de Corneille, "Te le dirai-je, Araspe ?", mais il me semble qu'un roi qui s'entretient tout seul avec son capitaine des gardes parle un peu plus humainement, et ne prend guère ce ton de démoniaque. » Cette remarque de Molière ne laisse pas de provoquer la réaction de Marquise : « Mais les spectateurs admirent cette emphase. »

L'arrivée du Docteur Daquin, propriétaire de la maison louée par Molière, qui reproche à celui-ci de « créer des personnages qui [lui] ressemblent beaucoup », relance le débat sur l'esthétique théâtrale. Le Molière de Takama réplique tout en empruntant l'argument initialement tenu par Uranie dans *La Critique de l'École des femmes,* sc. 6 pour démentir toute malice de l'auteur contre les femmes. Ici aussi le discours d'Uranie, réduit d'un tiers, augmente d'intensité : « Ces sortes de satires tombent directement sur les mœurs, et ne frappent les personnes que par réflexion. Toutes les peintures ridicules qu'on expose sur les théâtres doivent être regardées sans chagrin de tout le monde. Ce sont miroirs publics, où il ne faut jamais témoigner qu'on se voie ; et c'est se taxer hautement d'un défaut, que se scandaliser qu'on le reprenne[12]. »

---

9   *L'Impromptu de Versailles,* sc. 1, dans Molière, *Œuvres complètes,* éd. cit., t. I, p. 679.

10   *Notice* de *L'Impromptu de Versailles,* dans Molière, *Œuvres complètes,* éd. G. Forestier et C. Bourqui, Paris, Gallimard, « Bibliothèque de la Pléiade », 2010, t. II, p. 1608.

11   *L'Impromptu de Versailles,* sc. 1, dans Molière, *Œuvres complètes,* éd. G. Couton, t. I, p. 679-681, ou Molière, *Œuvres complètes,* éd. G. Forestier et C. Bourqui, t. II, p. 825-826.

12   On peut constater l'effet par la comparaison avec le texte d'origine. Voir *La Critique de l'École des femmes,* dans Molière, *Œuvres complètes,* éd. G. Couton, t. I, p. 658, ou Molière, *Œuvres complètes,* éd. G. Forestier et C. Bourqui, t. I, p. 502-503. Par ailleurs, la métaphore des « miroirs publics » nous fait penser à la belle étude de L. F. Norman,

Par ailleurs, l'intervention du Docteur Daquin donne lieu à des jeux de références aux médecins ridicules des autres comédies de Molière, telles que *L'Amour médecin* (1665) ou *Le Malade imaginaire* (1673). Le diagnostic et la prescription du Docteur Daquin pour Marquise sont identiques à ceux de Monsieur Tomès pour Lucinde, fille de Sganarelle dans *L'Amour médecin*, II, 4 : « cela procède d'une grande chaleur de sang : ainsi je conclus à la saigner le plus tôt que vous pourrez[13] ». Et l'allusion à l'émétique que Marquise dit qu'on lui a prescrit quelques jours plutôt évoque la discussion entre Monsieur Tomès, partisan de la saignée, et Monsieur des Fonandrès, partisan de l'émétique, dans *L'Amour médecin*, II, 4. D'ailleurs, Daquin prescrivant toujours le même remède fait penser à Argan devenu médecin, répétant dans la cérémonie d'intronisation médicale du *Malade imaginaire* : « *Clysterium donare,* / *Postea seignare,* / *Ensuitta purgare*[14]. » Ici aussi, l'art de la condensation de Takama permet de fusionner plusieurs scènes de *L'Amour médecin*. Dans la pièce de Takama, accusé par Molière de faire souffrir inutilement le roi avec son traitement, Daquin répond : « Mais c'est normal. Les malades ne sont pas autorisés à guérir sans la permission de la faculté de médecine. Telle maladie ne se terminant qu'au troisième ou au cinquième jour, il faut toujours garder les formalités quoi qu'il puisse arriver. Il vaut mieux mourir selon les règles que de réchapper contre les règles. » Takama agence ici les moments forts de trois scènes[15] de *L'Amour médecin*. Ces jeux de références sont multipliés pour offrir aux spectateurs le plaisir de la reconnaissance, au fur et à mesure que le rythme s'accélère.

Les jeux s'échauffent

Dans la scène reconstituée par Racine, un acteur joue tour à tour six rôles différents, et le Grimarest du prologue disparaît pour incarner La

---

The Public Mirror : Molière and the social commerce of depiction, Chicago, The University of Chicago Press, 1999.

13 *L'Amour médecin*, II, 4, dans Molière, *Œuvres complètes*, éd. G. Couton, t. II, p. 108.

14 *Le Malade imaginaire*, troisième intermède, dans Molière, *Œuvres complètes*, éd. G. Couton, t. II, p. 1174-1175.

15 Ainsi se trouvent savamment mélangées la parole de M. Tomès (dans II, 2, « Hippocrate dit que ces sortes de maladies ne se terminent qu'au quatorze, ou au vingt-un ; », éd. G. Couton, p. 106), celle de M. des Fonandrès (dans II, 3, « Il faut toujours garder les formalités, quoi qu'il puisse arriver. », p. 107) et celle de M. Bays (dans II, 5, « Il vaut mieux mourir selon les règles que de réchapper contre les règles. », p. 110).

Forest, valet de Molière, qui à son tour se change en d'autres personnages rendant visite à Molière pour l'importuner, ce qui n'est pas sans rappeler la structure d'une autre pièce de Molière, *Les Fâcheux* (1661), où Éraste se trouve toujours empêché de rejoindre sa bien aimée Orphise, tandis qu'un fâcheux surgit sans arrêt. Le rythme de la pièce de Takama s'emballe peu à peu. La visite successive de deux fâcheux de théâtre, Chapelle, ami de Molière, et Ragueneau, pâtissier, a pour fonction de révéler progressivement la trahison de Racine, alors que l'intervention du Docteur Daquin donne lieu à une parodie des médecins des comédies de Molière. Le Docteur Daquin expulsé, Montfleury ne tarde pas à entrer en scène pour s'amuser à « parler avec beaucoup d'emphase », et s'attire cette critique de Molière : « Mais vous ne pouvez pas parler un peu plus humainement sans prendre ce ton de démoniaque ? », amusante transposition d'une scène de *L'Impromptu*. La situation gagne en intensité dramatique avec la révélation de la grossesse de Marquise, qui demande à Racine de choisir entre la laisser jouer dans sa tragédie après un avortement ou assumer sa responsabilité de père de l'enfant : le changement de La Forest en d'autres personnages commence à prendre un rythme fou, donnant forme au tourbillon des pensées de Racine. Appelé par Marquise, Montfleury se démaquille et se change de nouveau en La Forest, afin d'aller chercher Mme La Voisin, amie de l'actrice, magicienne qui pratique des avortements. Racine s'y oppose, ce qui entraîne l'intervention de La Forest, vite changé en Montfleury, qui part aussitôt en disant : « Alors on est obligé de la [Marquise] remplacer. » Vraisemblablement inspiré par le procédé dramatique de Molière qui fait le charme du *Médecin volant*, où Sganarelle éblouit les spectateurs par des changements rapides se présentant tantôt en valet tantôt en médecin, Takama renchérit en multipliant les rôles à faire endosser au personnage du valet.

Takama développe aussi des jeux de mots. Lançant ces propos provocateurs, « Ce n'est pas tout que l'approbation des spectateurs », le Molière de Takama se livre à des plaisanteries en cascade. Commençant par constater que les visages des comédiens de l'Hôtel de Bourgogne sont « trop enfarinés », il ne cesse alors de surenchérir, attisé chaque fois davantage par les efforts des autres personnages qui essaient en vain de calmer le jeu. La proposition de « noircir » leurs visages pour déclencher le rire des spectateurs sera tout de suite suivie d'une autre plus saugrenue : « peindre leurs visages en rouge, en vert, ou bien à moitié bleu, et à moitié blanc ».

D'autre part, Takama introduit quelques anachronismes. Ainsi, le Molière de Takama dit en avoir assez des *doughnuts* de la chaîne américaine Mister Donut offerts par ses supporters, et se montre extrêmement hostile envers les spectateurs qui « ne coupent pas leurs téléphones portables pendant la représentation ». Il regrette qu'à son époque Twitter n'ait pas existé en déclarant : « Si je pouvais répliquer aux yeux du monde entier instantanément en 140 mots, croyez bien que j'y aurais recours. » Takama fait triompher Molière qui, assuré de la victoire qu'il va remporter sur la troupe rivale, parle comme s'il s'agissait d'un match de foot : « Nous l'emporterons largement sur eux, par 109 buts à zéro. »

Indigné par Molière qui demande à Marquise de renoncer à sa carrière d'actrice si elle quitte sa troupe, Racine souligne que Molière profite de son statut de directeur pour disposer de ses actrices. Racine l'accuse : « Vous prétendez sacrifier la morale pour le théâtre, qui n'est en fait qu'un prétexte pour assouvir votre désir. » Takama a alors recours encore une fois à un anachronisme en faisant participer Marquise au mouvement « #Me Too » qui lutte contre le harcèlement sexuel.

Mais le plus grand anachronisme, c'est la présence de Baron dans la troupe de Molière en décembre 1665. Roger Duchêne, tout en admettant la bonne foi de Grimarest qui « a, dit-on, écrit sa *Vie* de Molière après avoir consulté » Baron, affirme que celui-ci n'a rejoint la troupe de Molière qu'après Pâques 1670[16].

La question qu'adresse Armande à son mari (« Si vous mourez, qu'est-ce que je deviendrai ? ») nous fait penser à la Béline du *Malade imaginaire,* I, 7, qui se montre alarmée à la moindre évocation de la mort d'Argan pour mieux s'assurer son héritage. À la place de Molière répond La Thorillière, trésorier de la troupe, informant la femme de Molière qu'elle touchera bien « l'assurance de cent mille livres ». Se trouvent ainsi habilement mélangés l'anachronisme et la légende sur la vie de Molière[17] selon laquelle celui-ci ne s'entendait pas bien avec sa femme.

---

16   R. Duchêne, *Molière*, Paris, Fayard, 1998, p. 452-453.

17   Comme le propose Alain Couprie, il est temps de se débarrasser de plusieurs légendes qui entourent la vie de Molière, à commencer par celle d'« un Molière pérégrinant pauvrement en province, où son "génie" se serait révélé au contact du peuple », *Marquise ou la « Déhanchée » de Racine. Histoire d'une comédienne du Grand Siècle*, Paris, L'Harmattan, 2006, p. 33.

En réalité, Takama s'adresse aux spectateurs avertis en incorporant la légende ou la biographie de certains personnages pour rendre son texte plus ironique. Pour ce faire, il suit d'abord le modèle fourni par Molière lui-même dans *L'Impromptu de Versailles*. Ainsi la scène d'évocation du passé reconstituée par Racine intègre la réplique d'Armande qui se plaint que « le mariage change bien les gens » et continue ainsi : « C'est une chose étrange qu'une petite cérémonie soit capable de nous ôter toutes nos belles qualités, et qu'un mari et un galant regardent la même personne avec des yeux si différents[18]. » Vu que cette remarque sarcastique de la femme de Molière visait à contrecarrer l'attaque lancée par les détracteurs de Molière, elle n'est que la preuve éclatante du contraire. Molière joue ainsi avec la frontière perméable qui sépare fiction et vie des acteurs. En outre, Takama non seulement emboîte le pas à Molière, mais aussi procède à un autre jeu pour brouiller les pistes en superposant des commentaires sur la maladie et l'état de santé du dramaturge. En effet, dès son entrée en scène, réagissant contre Madeleine qui s'inquiète qu'il montre trop d'aversion envers les médecins malgré sa santé fragile, le Molière de Takama se montre sceptique à l'égard de ceux-ci ; ce sont des « charlatans ». Il s'approprie ainsi le discours de Béralde qui s'oppose à Argan, interprété par Molière lors de la création du *Malade imaginaire* (1673, III, 3). Takama, qui fait dire à Molière ces mots à Madeleine : « Il faudrait être vigoureux et robustes, et avoir des forces de reste pour porter les remèdes avec la maladie ; pour moi, je n'ai justement de la force que pour porter mon mal », il donne l'illusion de faire entendre un aveu sincère de Molière alors que Béralde ne fait que rapporter un discours à la troisième personne[19]. En outre, ponctuant sa pièce des toussotements de Molière, qui provoquent chaque fois des réactions inquiètes de son entourage, Takama joue avec l'image répandue d'un homme tourmenté toute sa vie par sa maladie[20].

De la même manière, Takama se réfère à un épisode de la vie de Lully

---

18 *L'Impromptu de Versailles*, sc. 1, éd. G. Couton, p. 678.

19 Face à Argan, Béralde défend la position de Molière en ces termes : « Il a ses raisons pour n'en [des remèdes] point vouloir, et il soutient que cela n'est permis qu'aux gens vigoureux et robustes, et qui ont des forces de reste pour porter les remèdes avec la maladie ; mais que, pour lui, il n'a justement de la force que pour porter son mal. » (Molière, *Œuvres complètes*, éd. G. Couton, t. II, p. 1155-1156).

20 Comme le suggère la *Notice* du *Malade imaginaire* de l'édition de G. Forestier et C. Bourqui (Molière, *Œuvres complètes*, t. II, p. 1543), persistante est l'image de Molière « rongé par la maladie et à bout de souffle ».

pour le détourner de façon à créer un effet comique. Ainsi, un acteur, témoin du geste acrobatique de Lully, qui a paré la balle d'un pistolet avec sa baguette de chef d'orchestre, s'exclame : « Mais vous ne risquez pas de vous percer le pied avec ? ». C'est un commentaire de connivence avec les spectateurs qui savent que Lully est mort à cause d'un accident pendant qu'il battait la mesure en dirigeant l'orchestre[21]. Par ailleurs, l'allusion à l'homosexualité faite par Lully lui-même peut rappeler aux spectateurs quelques scènes du film de Gérard Corbiau, *Le Roi danse* (2000), dans l'une desquelles Lully essuie une insulte à cause de ses « mœurs italiennes[22] ».

Mais qui dit la vérité ?

Dès que le récit de Racine est terminé et que nous sommes ramenés en 1673, Baron le conteste en le qualifiant de « mensonge ». Il accuse violemment l'autre en ces termes : « Vous n'avez pas le droit de critiquer Molière, car c'est vous qui avez sacrifié la morale au théâtre ». Il reproche à Racine de donner de lui-même une image trop avantageuse afin de déprécier injustement son rival. Et surtout, l'image de Baron est présentée de façon trop dévalorisante. Baron prend alors la parole pour raconter à Grimarest sa version de l'histoire. Commence ainsi la scène d'évocation d'une soirée en décembre 1665, selon la version de Baron.

La Forest se change cette fois en Mme Raisin, cheffe de la troupe à laquelle Baron appartenait, qui, consciente de la grande perte financière causée par le départ de ce dernier, vient revendiquer son acteur. Exaspérée par le refus de Molière, Mme Raisin sort un pistolet et prend une actrice en otage. Alors Baron se comporte comme un héros burlesque ; il l'affronte en clamant bravement la devise de son chef : « Monsieur Molière sacrifie la morale au théâtre et abandonnera l'otage ». Profitant de ce moment où Mme Raisin est prise au dépourvu par cette fanfaronnade incongrue, les autres acteurs finissent par la maîtriser avant de la faire sortir.

En montrant Molière agissant « en contradiction avec ses principes de tout sacrifier pour le théâtre » afin de sauver la vie de l'actrice prise en otage, Baron cherche à dresser un portrait valorisant de son bienfaiteur qui, « rempli d'amour pour l'humanité », « écrit ses pièces à force d'indignation contre

---

21 Par exemple, un chapitre est intitulé "Le coup de canne fatal" dans la biographie de Jérôme de La Gorce, *Jean-Baptiste Lully*, Paris, Fayard, 2002, p. 341-369.

22 *Le Roi danse*, Scénario, adaptation et dialogues, Paris, Gallimard, « folio », 2000, p. 26.

l'absurdité de la société », ce qui ne manquera pas de rehausser sa propre image comme « dernier disciple » de ce grand homme de théâtre.

Mais cette version de Baron ne laisse pas d'être contestée par Lully qui survient. Nous sommes de nouveau en 1673. À Baron qui reproche à Lully d'avoir trahi Molière et sa troupe en leur enlevant tous les privilèges concernant le théâtre en musique, le musicien rétorque : « C'est que j'ai mis en pratique ses principes qui conseillent de sacrifier la morale pour son art. » Lully accuse Baron d'escamoter une explication qui pourrait entamer sa propre image et il fait remarquer ce qui a amené Baron à présenter une image flatteuse de son maître Molière : c'est pour démontrer que le disciple de celui-ci est « également un excellent homme ».

Lully met ainsi en doute la fidélité de Baron à Molière, lorsque La Thorillière entre en scène pour confirmer ce soupçon. Baron n'éprouve alors plus de scrupules et déclare : « Je pratique moi aussi les principes de mon maître qui conseillent de sacrifier la morale pour mon art. »

Comme dans le film *Rashōmon* (1950) d'Akira Kurosawa, où les témoignages sur un crime divergent au point de dérouter le public, de moins en moins sûr de discerner sans équivoque l'assassin de la victime, et qui commence à se demander si le crime a réellement eu lieu, les spectateurs de la pièce de Takama ne savent plus qui dit la vérité ni à qui se fier. Ils sont ballottés entre plusieurs versions possibles qui, présentées l'une après l'autre, se démentent l'une l'autre.

Comme pour trancher le nœud gordien, en s'écartant de Lully, Racine et Baron qui continuent à se quereller, Grimarest fait le bilan et essaie de conclure : « Lully, Racine, et Baron doivent tous les trois beaucoup à Molière, et pourtant ils l'ont tous trahi. Que penserait-il s'il assistait à cette dispute acharnée ? Est-ce qu'il s'emporterait contre eux ? Non, il devrait plutôt se réjouir de constater qu'ils ont tous hérité de ses principes de tout sacrifier pour son art. »

La lumière s'éteint, signalant ce qui semble être la fin de la pièce, lorsque Molière entre en scène pour réagir ; c'est Takama qu'il a en face de lui comme interlocuteur : un véritable coup de théâtre. Comme dans *Huit clos* (1944) de Sartre, où les morts reviennent sur scène[23], Molière apparaît pour reprocher

---

23   Cette analogie a été suggérée par Alain Couprie, qui a eu la gentillesse de devenir le premier lecteur de notre traduction de la pièce de Takama.

au dramaturge japonais son livret « plein de fautes ». Il ne peut pas lui pardonner d'avoir pris des libertés pour « inventer [des] sentiments » qui ne sont pas les siens. Takama essaie de se justifier en se fondant sur d'abondantes citations, dans cette tentative pour reconstituer avec le plus de fidélité possible le personnage de Molière. Mais selon ce dernier, ces citations sont trop arbitrairement choisies et arrangées en fonction du parti pris du dramaturge japonais. Commence alors la discussion entre les deux dramaturges qui s'affrontent tout en effaçant la distance temporelle qui les sépare de quatre siècles.

Là encore Takama introduit un anachronisme amusant. Le Molière de Takama connaît non seulement un film moderne américain de John Madden, *Shakespeare in Love* (1998), mais aussi Shigeru Mizuki, auteur de la bande dessinée *Kitaro le repoussant*, ce qui ne peut que réjouir les spectateurs japonais. Après avoir détendu l'atmosphère, Takama contre-attaque et commence à énumérer ce qu'il considère être les défauts des pièces de Molière ; il accuse Molière de « [raconter] toujours la même histoire » avec des « dénouements factices ». Dernière surprise, Takama profite de l'indignation de Molière pour passer à la critique du monde théâtral actuel au Japon qui connaît encore si mal Molière. De façon habile, la critique contre Molière se constitue paradoxalement en éloge de ce dernier auquel Takama consacre une si belle pièce, et cela est d'autant plus efficace qu'il donne, non sans humour, une image dévalorisante de lui-même. À Molière qui s'acharne contre lui, Takama réplique pour terminer la pièce avec ce cri : « Mais vous exagérez, Molière ! », qui sonne comme le meilleur des hommages.

Carmelo Bene et le retournement du scandale par l'acteur-poète qui se scandalise lui-même

Bruna Filippi
Università LUMSA (Rome)

Résumé :

Carmelo Bene considère le scandale comme l'essence même de l'art théâtral et non pas simplement comme un effet sur les spectateurs. Le scandale devient un défi que l'acteur-poète se lance à lui-même et qui passe par trois opérations. D'abord la dramaturgie de l'absence : récusant toute interprétation d'un rôle, l'acteur tend à « s'ôter de scène ». Ensuite la *phonè* : en utilisant un outillage acoustique imposant, l'acteur s'immerge dans une sorte de nuage sonore qui lui permet de suspendre sa corporéité et de disparaître dans sa voix. Enfin le mouvement vers le haut : récusant la confrontation horizontale avec les spectateurs, l'acteur choisit la fuite vers le haut, il échappe au regard pour s'abandonner au chant qui le fait disparaître.

Abstract :

Carmelo Bene considers scandal the essence of dramatic art, rather than an effect on audiences. Scandal becomes a challenge to the actor/poet himself, in three steps. First, the dramaturgy of absence: by negating all possibility of interpretation of a role, the actor tends to "remove himself from the stage". Second, *phonè:* through the use of impressive acoustic equipment, the actor immerges himself in a kind of sonic cloud that allows him to suspend his physicality and disappear into his voice. Third, an upward movement: by rejecting horizontal confrontation with the audience, the actor chooses an upward flight as a way to surrender to his song and disappear.

L'acteur-poète Carmelo Bene a été considéré comme l'homme de théâtre le plus scandaleux de la scène européenne du XXᵉ siècle. « On est obligé au scandale », dit-t-il souvent, pour mener sa bataille contre la représentation, contre une conception mimétique de l'acteur et contre *la mort de l'oralité* mise en œuvre dans le théâtre contemporain.

Chez Bene, l'aspiration contestataire se transforme immédiatement en scandale parce que ses spectacles sont si différents de tout ce qui est communément accepté : c'est par leur nouveauté qu'ils sont tout de suite taxés de scandaleux. Cela tient d'abord au fait que Bene se produit dans des lieux inhabituels : il a fondé son *Théâtre laboratoire* dans une cave, amorçant ainsi vie le mouvement des *cantine romane*. Cela tient aussi à des procédures linguistiques de fragmentation et déconstruction qui visent à contester l'ordre traditionnel du théâtre contemporain. Du jamais vu au théâtre jusqu'alors.

Carmelo Bene constitue sûrement une exception, mais il s'inscrit dans la grande Réforme du théâtre du XXᵉ siècle, qui a axé la réflexion sur le renouvellement du statut et de l'art de l'acteur, de ses méthodes d'apprentissage et de sa présence scénique[1]. Cette primauté accordée à l'acteur a introduit une ambivalence dans la conception traditionnelle du scandale : on désigne par là à la fois l'effet du spectacle sur le public et la *motivation première* de l'art scénique, telle que la définit Antonin Artaud, c'est-à-dire ce défi que l'acteur se donne de construire sa présence scénique. Le scandale n'est alors plus seulement l'effet des provocations que le théâtre lance à la société, il devient plutôt l'expression des principes vitaux de l'acteur qui expose sur scène son être au monde, en faisant passer au premier plan la relation entre l'Art et la Vie.

Il y a eu un moment clef où cette relation a pris un élan considérable : c'est en 1959, année emblématique où l'art de l'acteur devient une cause essentielle de scandale[2]. Plusieurs événements concomitants en témoignent : l'ouverture à Opole, en Pologne, du « Théâtre des 13 rangs » (Teatr 13 Rzędów), dirigé par le metteur en scène Jerzy Grotowski, où il a entamé

---

1 Je me réfère ici à la Réforme théâtrale du début du siècle entamée par Kostantin Stanislavskij, poursuivie par Svevold E. Mejerhol'd, Vachtangov, Craig, Piscator, Copeau et Artaud.

2 Jerzy Grotowski distingue dans la Réforme du théâtre du XXᵉ siècle deux Réformes : celle du début du siècle (appelée *Première Réforme*) et celle, qui commence à partir des années Cinquante du siècle (appelée *Seconde Réforme*), voir F. Perelli, *I maestri della ricerca teatrale : Il Living, Grotowski, Barba, Brook.*, Bari, Laterza Editore, 2007.

sa recherche sur l'art du *performer* ; la représentation à New York de *The Connection,* du Living Theatre, inspiré par le *Théâtre et son double* d'Antonin Artaud ; la mise en scène, à Rome, du *Caligola* d'Albert Camus, où l'acteur-protagoniste Carmelo Bene se fait remarquer à la fois pour sa grande habilité et pour sa manière déplacée de jouer, comme l'a écrit le critique De Feo : « malgré la douche écossaise qu'il nous a fait subir, il a réussi, avec sa maigreur impudente de pantin, tel un [*pinocchio*], ou un grand échalas, ou aussi un teddy-boys d'aujourd'hui, (…) il a donc réussi à nous donner plus d'une fois non seulement la gêne de cette grandeur scandaleuse, mais aussi la pitié de cette âme angoissée[3] ».

Le scandale est pour Carmelo Bene un acte critique, une opération théâtrale qui lui permet d'entamer ce qu'il appelle la « révolution copernicienne » du théâtre, qui oppose au théâtre de la Représentation le théâtre de l'Irreprésentable, où l'acteur ne produit aucune vision pour les spectateurs mais se fait lui-même visionnaire et essaie d'élever le regard au-delà de la compréhension d'autrui, en s'appuyant sur la seule issue pour quiconque est condamné à habiter la scène : vers le haut.

Bene fait sa révolution en mettant au centre de son théâtre la scène et la lumière de l'acteur. Contre la vision terre-à-terre d'un public qui croit à ce qu'il voit, contre l'obstination de l'illusion *politique* de la Représentation, Carmelo Bene lutte pour une libération *poétique*.

Nous voudrions examiner ce qui fait scandale chez Carmelo Bene, en analysant la façon dont il élabore son absence en scène et dont il développe un usage de la voix de plus en plus sophistiqué qui lui permet de suspendre sa corporéité, pour examiner enfin comment cette sublimation corporelle se déploie par l'oralité et la sonorité.

La dramaturgie de l'absence

Sa dramaturgie repose sur l'imbrication de points de vue différents, de façons de présenter événements et objets en les rapportant toujours à l'acteur, qui est le protagoniste absolu (au sens du latin *absolutus,* qui signifie dégagé

---

3 « *Nonostante la doccia scozzese cui ci ha sottoposto, egli è riuscito, con quella magrezza impudente d'un discolo di [Collodi], d'un lucignolo, o anche di teddy-boys d'adesso, (…) è riuscito a darci più di una volta non solo il disagio di quella scandalosa magrezza ma anche la pietà di quell'anima angosciata* », S. De Feo, *In cerca di teatro,* Milano, Longanesi, 1972, p. 839-840.

de tous liens et formant un tout en lui-même). Carmelo Bene construit son art à partir *de* lui-même, *avec* lui-même, pour aboutir *en* lui-même et, enfin, pour échapper *à* lui-même.

Son langage est un tissage de formes inhabituelles et de fusions improbables, de greffes impensables entre le discours et la vision. Dans cet écart du langage (appelé par Bene « trou du langage »), il développe sa manière de faire et construit son « acteur-machine[4] ».

Carmelo Bene installe son activité d'acteur au-dessus de toute fonction et vocation théâtrale (il s'oppose surtout à l'auteur et au metteur en scène) en choisissant la liberté et la solitude en tant que « sujet-assujetti » à la scène, comme il tient à se définir. « Le théâtre a été toujours le lieu de l'action simulée, de la présence apprivoisée dans la représentation, de la vie dédoublée dans la fiction » écrit Maurizio Grande, et Bene leur oppose « un acteur enraciné dans sa propre subjectivité qui dépasse les rôles et la langue (...) c'est une subjectivité qui ne veut pas se plier à l'identité[5] ». L'acteur-poète Bene agit toujours contre son propre Moi.

Son théâtre se fonde alors sur la dissolution du dialogue : un Moi est *face à lui-même* et recourt au monologue pour creuser et défier son propre vide et sa propre altérité. Carmelo Bene fait glisser les paroles les unes sur les autres, afin qu'elles se cachent les unes les autres. C'est une opération secrète, puisqu'elle est annulée et effacée pendant qu'elle est en train de se faire.

La scène contemporaine nous a familiarisés avec des dramaturgies qui reposent sur le manque plutôt que sur ce qui est montré, sur la soustraction plutôt que sur l'accumulation. Dans le théâtre de Bene, l'opération d'évidement (*ôter de scène*) s'exaspère et se complète avec un *s'ôter de scène* de l'acteur. La soustraction de soi en tant qu'acteur passe, dans la carrière de Bene, par des tentatives de plus en plus radicales : il a commencé par la négation de l'acteur-interprète pour arriver à la *scène de l'absence* ; il a commencé par une récitation qui récusait chaque rôle, pour aboutir à l'invention d'un rôle qui se

4 P. Giacchè, *Carmelo Bene. Antropologia di una macchina attoriale,* Milan, Bompiani, 2007 (I^e éd. 1997).

5 « *Il teatro è stato sempre il luogo dell'azione simulata, della presenza addomesticata nella rappresentazione, della vita sdoppiata nella finzione* » (...) « *un attore radicato nella sua stessa soggettività che supera i ruoli e la lingua (...) è una soggettività che non vuole piegarsi all'identità* », M. Grande, « La grandiosità del vano », dans C. Bene, *Lorenzaccio,* Rome, Nostra Signora Editrice, 1992, p. 124.

propose comme étant *en dehors* de la représentation.

La soustraction concerne principalement l'acteur et son corps : bien loin de souligner la corporéité de l'acteur, Bene recherche son *évanescence*. Il exhibe un combat vain mais infatigable de l'acteur contre lui-même, car se soustraire est une opération physique très fatigante : un gaspillage d'énergie qu'il met constamment en évidence pour éviter toute mise en scène de son corps et de lui-même. L'opération de *s'ôter de scène* de l'acteur prend ainsi la place de l'entrée en scène du personnage. Celui-ci est déshabillé, vidé et évincé par le seul héros tragi-comique qui habite la scène, l'acteur en lutte éternelle pour se libérer de lui-même.

Jouer contre sa propre présence physique et même contre sa vitalité organique devient, pour Bene, une constante de sa dramaturgie. Quand, malgré tout, le corps remonte à la surface, c'est toujours pour empêcher et ridiculiser un geste de l'âme et assurer ainsi la suspension du *tragique*, car le tragique n'est pas nié mais seulement suspendu. Dans le théâtre de Bene, la véritable tragédie de l'acteur est donc d'avoir un corps, parce que le métier l'impose : il en faut un pour monter sur scène. Mais il est dès lors nécessaire d'inventer mille façons pour s'en débarrasser.

C'est pourquoi, sur scène, le corps de Bene est toujours blessé, bandé, alourdi par des cuirasses ou étouffé par des costumes démesurés **(Fig. 1)**. *Se débarrasser* est l'impératif qui oblige à jouer *l'embarras* ininterrompu devant toutes les apparitions qui prennent corps sur scène avec lui. De cette lutte contre la présence scénique et même contre la mémoire de son corps, il se sert comme d'un contrepoint comique qui dégrade et, en même temps, souligne toutes les péripéties tragiques du personnage en les confrontant à l'impuissance de l'acteur. Ce détournement ironique participe

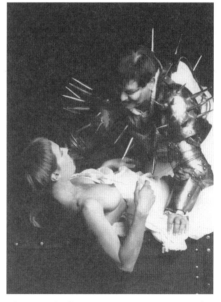

Fig. 1 *Macbeth - Horror suite*, Teatro Argentina Rome (photo de Alessandro d'Urso)

ainsi d'une nouvelle forme, plus complexe, de parodie. Il ne s'agit plus seulement d'élaborer une distance ironique, mais de développer ce *para-odè*, ce « chanter autour », en multipliant les innombrables prises de distance qui déplacent continuellement le point de vue, afin de dessiner une véritable chorégraphie de positions critiques.

A partir du moment où on est obligé d'être en scène, disparaître est la seule transformation possible. Elle est pourtant incompatible avec le rôle de l'acteur. Pour l'acteur Carmelo Bene, il faut s'ingénier à trouver la forme de disparition qu'il appelle « dis/solution » du rôle et qui se concrétise par une série d'épuisements, d'évanescences et de défaillances. C'est ainsi que, dans son jeu, il accentue toujours la fin du geste, l'écho du son, la trace ou l'ombre de son corps : sur un rythme enlevé, il déploie un jeu de fictions qui défont toute simulation et il donne forme à des parodies qui ne reposent pas sur un texte préalable. Il tend vers le *non-être*, le vide et l'absence.

Il y a dans le théâtre de Bene une *dramaturgie de l'absence* complexe qui efface l'action, mais il y a avant tout une pratique de l'absence de l'acteur qui vide son corps. Si le résultat de la première est d'arriver à un *acte* involontaire, celui de la seconde est d'accrocher tout résidu inéluctable de sa corporéité au fantôme de la voix.

La *phoné*

La voix est l'âme qui double le corps et, pour Carmelo Bene, elle est aussi la ruse qui lui permet de s'évanouir : la voix, pour chaque acteur, est le lieu où se concentre – mais aussi où se vaporise – sa corporéité. Bene, qui est parvenu à une maîtrise absolue de sa voix et à une extension de son registre, parle de *phoné*, pour signaler le passage de l'outil au concept et désigner une véritable désincarnation paradoxale.

Dans ses écrits, le concept de *phoné* constitue une sorte de ligne de démarcation qui vient juste après sa parenthèse cinématographique[6]. La *phoné* a été une découverte essentielle : elle a rendu les acteurs inutiles. Avant elle, le protagoniste absolu – Bene lui-même – apparaissait, même quand il était

---

6   Entre 1967 et 1973, Carmelo Bene a réalisé 9 films : *Barocco leccese* (1967) ; *A proposito di « Arden of Feversham »* (1968) ; *Hermitage* (1968) ; *Nostra Signora dei Turchi* (1968 – prix spécial du jury au XXIX Festival de Venise) ; *Capricci, da Arden of Feversham* (1969) ; *Ventriloquio* (1970) ; *Don Giovanni* (1971) ; *Salomè* (1972) ; *Un Amleto di meno* (1973).

entouré d'acteurs, comme dans un splendide isolement ; après, il prend la forme, à lui seul, d'une solitude monumentale et funèbre.

L'importance croissante de la voix – ou mieux de la solitude de la Voix – devient évidente à partir de *Manfred* (1979) et elle ira croissant. Dans cette phase de ses créations, on le voit sur scène entouré d'un orchestre et parfois accompagné d'une femme (qui n'incarne qu'une statue ou un mannequin). Ce dispositif n'est pas adopté seulement pour ses « concerts d'auteur », qui sont de plus en plus fréquents, mais il l'est aussi dans les reprises d'œuvres déjà représentées avec un grand nombre d'acteurs. Il suffit de considérer la série des *Hamlet*[7] pour s'apercevoir qu'on passe d'une foule d'acteurs en mouvement constant à quelques statues d'automates (dans *Hommelette for Hamlet,* 1987) pour finir sur une quasi-solitude, dans *Hamlet-suite,* où la compagnie d'une seule actrice souligne l'isolement de Bene, resté tout seul avec un mur de caisses d'amplification **(Fig. 2)**.

Fig. 2 *Macbeth - Horror suite*, Teatro Argentina Rome (photo de Alessandro d'Urso)

---

7 Entre 1961 et 1994, Carmelo Bene a mis en scène bien six versions de *Hamlet* : *Amleto,* de W. Shakespeare, Rome, Teatro laboratorio, 1961 ; IIe éd. *Amleto o le conseguenze della pietà filiale,* de W. Shakespeare et J. Laforgue, Rome, Teatro Beat 72, 1967 ; IIIe éd. Prato, Teatro Metastasio, 1975 ; IVe éd. *Hommelette for Hamlet, operetta inqualificabile (da J. Laforgue),* de C. Bene, Bari, Teatro Piccinni, 1987 ; VIe éd. *Hamlet-suite,* de J. Laforgue, Verone, Teatro Romano, 1994.

La plupart du temps assis, errant entre un lit et un pupitre ou passant d'un élément à l'autre de ses instruments acoustiques, son corps se déplace là où la voix l'appelle. Son visage bouge, en fonction des projecteurs et du passage d'un microphone à l'autre, selon le texte qu'il doit dire, ou mieux, comme il l'affirme, selon le texte dont il doit « être dit ». C'est ainsi que le corps de Bene devient une prothèse de cette machine phonique qui se charge de le porter hors de la vue et de le faire disparaître dans sa voix même. Il ne faut pas toutefois confondre cette machinerie qui l'entoure avec la machine qu'il est lui-même devenu, même si les deux tendent à se fondre, car l'appareil technologique n'est que la continuation et la vérification de sa propre transformation en ce qu'il appelle un « acteur-machine ».

En évaluant sa qualité scénique, Jean-Paul Manganaro définit la voix de Carmelo Bene comme « voix eidétique[8] » ; il souligne ainsi sa capacité de saisir l'essence des mots et de lui donner forme. Gilles Deleuze, qui avait comparé la récitation de Carmelo au *Sprechgesang,* ou *recitar cantando,* s'aperçoit, après *Manfred* (1979), que la tentative de Bene n'est pas de rapprocher la récitation du chant, mais qu'il s'agit plutôt d'extraire des puissances musicales qui ne se confondent pas avec le chant :

> En fait, ces nouvelles puissances pourront accompagner le chant, conspirer avec lui, mais elles ne formeront ni un chant ni un *Sprechgesang* : c'est l'invention d'une voix modulée ou plutôt filtrée. C'est une invention aussi importante que le *Sprechgesang*, mais essentiellement différente. Il s'agit, en même temps, de fixer, créer ou modifier la couleur de base d'un son (ou d'un ensemble de sons) et de le faire varier ou évoluer dans le temps, d'en changer la courbe physiologique.[9]

La danse gestuelle et la mimique des effacements et des disparitions vont continuer, mais elles deviendront le contrepoint d'un son puissant qui enveloppe et remplace toute la corporéité de l'acteur. Techniquement, la voix de Bene « assaillit par derrière[10] » (Bene explique ainsi sa technique

---

8   J.P. Manganaro, « Il pettinatore di comete », dans C. Bene, *Otello, o la deficienza della donna,* Milan, Feltrinelli, 1981, p. 67-68.

9   G. Deleuze, « A proposito del 'Manfred' alla Scala », dans C.Bene, *Otello, op. cit ,* p. 8.

10   « Pendant ma première décennie, sans aucun fil de microphone, je me produisais comme si j'étais déjà doté d'une instrumentation phonique à venir... » écrit Carmelo et il tient à préciser l'aspect technique de l'effet de *caisse de résonance* produit par l'émission vocale « poitrine-masque-tête-palais », voir C. Bene, *Opere con l'Autografia*

vocale, où la voix se forme dans le binôme palais-tête) et la technologie fait le reste, pour produire autour et contre son corps un nuage sonore qui le suspend et le rend invisible.

Si *l'absence* a été la clef paradoxale de sa dramaturgie, *l'oubli* devient l'arrivée impossible d'un acteur-auteur resté tout seul avec la poésie du texte.

La verticalité des vers

Malgré les douches écossaises que les spectateurs ont subies, la pratique scénique de Bene s'est imposée de plus en plus, parvenant à séduire et éblouir son public. Ses expérimentations théâtrales ont convaincu parce que la séparation qu'il propose est aussi une élévation : en fermant la communication horizontale, il ouvre la possibilité d'une correspondance verticale. Le refus et le dépassement de la relation frontale avec le public ne se réalise pas par une provocation effrontée, mais par un changement de direction et d'attention vers le haut que Carmelo fait partager à ses spectateurs. Sans le savoir et même sans le vouloir, le spectateur est amené à changer sa manière de regarder, comme devant un tableau religieux du Moyen Âge, où l'œil est attiré vers le haut. C'est le même mouvement que Carmelo Bene sollicite dans ses monologues frénétiques. Il ne propose plus une *Représentation de consolation*, mais une véritable et exaltante *Incantation*. On se trouve ainsi tous ensemble dans le chant, comme à l'intérieur de la musique.

L'expérience sonore « est le parcours d'une voix qui transperce le corps en hauteur[11] ». Bene désigne ainsi l'effet de résonance crée par sa technique vocale : la voix passe par le palais et la tête, de façon à s'évaporer dehors et se condenser au-dessus de l'acteur, lui donnant la sensation d'être à l'écoute de sa propre voix. C'est une voix qui se *solidifie* au-dessus de l'acteur et qui est tellement sublimée qu'elle semble expropriée, bien avant qu'une puissante amplification ne vienne multiplier l'effet d'étrangeté. C'est en vertu de cette technique physique de pré-amplification que Bene revendique d'« être dit », plutôt que de dire.

Il dit rechercher une voix qui doit « *pro-ferirsi all'interno[12]* » pour

---

di un ritratto, Milan, Bompiani, 1995, p. XXXIV ; voir aussi l'édition française, C. Bene, *Notre-Dame des Turc* suivi de *Autographie d'un portrait,* traduction J.-P. Manganaro, Paris, P.O.L, 2003.

11   « è il percorso di una voce che trafigge il corpo in altezza », *Ibid.,* p. XXXIII.

12   J'ai lassé cette déclaration de Carmelo Bene en langue italienne, parce que la

« instaurer une implosion telle qu'elle doit éteindre complétement la voix[13] », pour que les auditeurs ne perçoivent plus le *dire*. C'est une voix qui, comme le souhaite Bene dans *La voix de Narcisse*, « (…) permet à un intérieur de se transférer dans un autre intérieur, en coupant le fil de la communication. Un dedans 'souffle' dans un autre dedans, diaboliquement immédiat[14] ».

Pour conclure, je voudrais remarquer que, malgré l'abandon feint ou toute la technologie exhibée, c'est le corps de Bene qui fait scandale, et cet acteur-poète ne peut que le souligner et, comme toujours, il ne peut que le *mettre en vision*.

En prenant le mot « scandale » à la lettre, après chaque spectacle, Carmelo Bene revient en lui-même et il va à l'avant-scène pour saluer le public et, presque par maniérisme ou pour conjurer le mauvais sort, il trébuche sur une pierre d'achoppement invisible – un scandale, selon l'étymologie – tout en faisant une fausse révérence et en détournant son regard vers le haut et en arrière pour plaisanter. C'est comme s'il avait oublié d'avoir un corps pendant la durée du spectacle et que ce corps *récupéré* faisait littéralement *scandale* à lui-même : sur ce corps, Carmelo Bene trébuche parce qu'il est surpris de le retrouver après l'avoir abandonné pendant le spectacle.

---

traduction en français « se proférer à l'intérieur » ne rend pas compte de l'ambiguïté de l'expression italienne : « pro-ferirsi all'interno » signifie à la fois « se blesser d'abord à l'intérieur » et « se prononcer à l'intérieur », *Ibid.,* p. XXXV.

13   « istaurare un'implosione tale da spegnere completamente la voce », *Ibid.,* p. XXXIV-XXXV.

14   « permette a un interno di trasferirsi a un altro interno, recidendo il filo della comunicazione. Un dentro 'soffia' in un altro dentro, demonicamente immediato », C. Bene, *La voce di Narciso,* Milan, Il Saggiatore, 1982, p. 34 ; (éd. française, dans C. Bene, *Polémiques et inédits. Œuvres complètes,* III, traduction J.-P. Manganaro, Paris, P.O.L., 2012.

IIᵉᵐᵉ partie : Études contrastives

Scandales diplomatiques, silences dramatiques.
L'exemple de trois représentations théâtrales (1601-1624).

Michaël Desprez
Université Sophia (Tokyo)

Résumé :

Madrid, 1600 ; Paris, 1601 ; Londres, 1624. Sur trois scènes d'Europe, quasi-synchroniquement, de grands succès dramatiques sont, sur ordre monarchique, interdits de représentation à la suite des plaintes d'ambassadeurs étrangers. L'analyse minutieuse, à partir d'archives, des tenants et aboutissants de ces trois silences dramatiques démontre comment et combien l'espace théâtral de la première modernité est devenu tributaire de la construction d'autres espaces, ici celui de la diplomatie et de son droit.

Abstract :

Madrid, 1600; Paris, 1601; London, 1624. Almost simultaneously, on three different European theaters, plays that had been popular successes were banned from further performance at the King's command, following complaints from foreign ambassadors. The close analysis of the ins and outs of these three dramatic silencings reveals how and in what degree the theatrical space of early modernity had become subject to extra-theatrical spaces such as those of diplomacy and its laws.

Comment se codifie progressivement une pratique théâtrale ? Comment adviennent, comment s'imposent ce que l'on appellera vers 1630-1640 en France des bienséances dramatiques ? Comment ce qui est un temps licite sur scène, souffre d'interdit parce qu'il devient scandaleux, c'est-à-dire étymologiquement parlant, parce qu'il fait trébucher et rend perplexe ?

Comment, au final, peut-on imposer l'oubli à un théâtre d'actualité pour le remplacer par un théâtre du détour et de l'éloignement ?

Voilà certaines des problématiques sous-jacentes à l'évocation des circonstances singulières qui entourent les représentations d'un corpus de trois pièces dramatiques. Toutes trois appartiennent à la même maturité théâtrale, c'est-à-dire, *grosso modo*, aux deux premières décennies du XVIIe siècle. Toutes trois relèvent encore d'une aire cohérente. Elle englobe les trois plus puissantes monarchies occidentales d'alors, assavoir la monarchie-monde du jeune Philippe III en Espagne, la monarchie en pleines relevailles d'Henri IV en France, et enfin celle de la toute fin du règne de Jacques Stuart en Angleterre. Toutes ces trois pièces furent immensément populaires. Premier point de réception qu'elles partagent entre elles. Toutes furent à l'origine d'un scandale diplomatique. Et toutes trois furent interdites. En cela, elles sont signifiantes parce qu'elles permettent d'observer certains des mécanismes par lesquels advient le scandale sur scène et qui amènent progressivement une nouvelle codification de la pratique théâtrale.

Par ordre ascendant, il s'agira tout d'abord d'une variation sur une pièce intitulée *El Cerco di Pavía y prisión del Rey de Francia* (Le siège de Pavie et l'emprisonnement du roi de France), de Francisco Augustín Tárrega, chanoine de la cathédrale de Valence, pièce jouée dans un des *corrales* de Madrid en fin d'été 1600[1]. Vient ensuite, plus connue, *La Reine d'Escosse, ou l'Ecossaise ou le Desastre*, d'Antoine de Montchrétien, représentée à Paris à l'Hôtel de Bourgogne durant le Carême de 1602 puis à Orléans au jeu de paume de La Poule par la troupe de La Vallée, en mai 1603[2]. Enfin du 5 au 14 août 1624

---

1   F. A. Tárrega, *El Cerco de Pavía y prisión del rey de Francia* dans *Poetas dramáticos valencianos*, éd. Real Academia española, Madrid, tipografía de la Revista de Archivos, 1929, t. I, p. 442-491. Né vers 1553, bachelier ès arts, docteur en droit canon de Salamanque, Tárrega décède en 1602 à Valence. Chanoine depuis 1584, il exercera une notable influence spirituelle et administrative dans son diocèse. Membre de l'*Academia de los Nocturnos* de Valence, poète religieux, il est l'auteur d'une dizaine de pièces de théâtre, aux intrigues nourries, et d'un seul auto sacramental. Son œuvre, appréciée notamment par Lope de Vega et Cervantès, fut publiée, tout comme notre pièce, en 1608 dans *Doze comedias famosas de cuatro poetas de Valencia*, Valence, 1608, puis dans le recueil *Norte de la poesia española*, Valence, 1616. Sur Tárrega, on consultera H. Mérimée, *L'Art dramatique à Valencia depuis les origines jusqu'au XVIIe siècle*, Toulouse, Edouard Privat, 1915, p. 455-484.

2   L'affaire a été étudiée par F. A. Yates, « New Light on L'Écossaise of Antoine de Montchrétien », *The Modern Language Review*, vol. 22, n°. 3, juil. 1927, pp. 285-297

viennent les dix folles journées de représentations au théâtre du Globe de Londres de la pièce *A Game at Chess*, (Une partie d'échecs), du dramaturge Thomas Middleton[3]. Pour resserrer encore plus la chronologie et le corpus, il aurait été tout aussi possible d'évoquer en avril 1608, l'intervention de l'ambassadeur de France à Londres, Antoine de la Boderie, pour supprimer, avec un succès mitigé, les représentations par les « enfants de la chapelle » de la double pièce de George Chapman, *The Conspiracy and Tragedy of Charles, Duke of Byron*[4]. Cette intervention est une déclinaison parfaite du paradigme que la réception jouée des trois pièces susmentionnées met en évidence. Par-delà les diversités géographiques, toutes ces représentations théâtrales témoignent dans leur quasi-synchronicité d'un même changement marquant le théâtre des grandes monarchies occidentales en ce début de siècle. Cette rupture affecte la perception du théâtre. Elle accompagne lentement une nouvelle codification d'un art encore puissamment expérimental et surprenant.

Madrid, fin été 1600

Madrid. Été 1600. Comme pour les autres exemples, la contextualisation des pièces est ici primordiale pour saisir la mécanique du scandale. Premier ambassadeur du roi de France Henri IV nommé en Espagne depuis la signature

---

et A. Soman, « The Theater, Diplomacy and Censorship in the Reign of Henri IV », *Bibliothèque d'humanisme et Renaissance*, XXXV, 1973, p. 274-288. Il se pourrait que cette pièce, sous le nom de *L'Histoire angloise contre la Roine d'Angleterre*, eût été jouée encore par des comédiens italiens au début juillet 1602 à Paris. Voir A. Soman, art. cit., p. 279. Pour la période, seule la troupe de Jules Rize, Jules César, dit Formigno et Gabriel Rousseville est documentée à Paris. Les Accesi ont quitté le royaume à la fin de 1601, et la troupe d'Isabelle et Francesco Andreini ne franchit les Alpes qu'à la fin de l'été 1602. La première édition de *La Reine d'Escosse* remonte quant à elle à 1601 : *Les Tragedies de Ant. De Montchrestien, sieur de Vasteville, plus une bergerie et un poème de Suzanne. A Monseigneur le prince de Condé*. A Rouen, chez Jean Petit, dans la cour du Palais. 1601.

3   Thomas Middleton, *A Game at Chess*, éd. de T. H. Howard-Hill, Manchester, Manchester University Press, « The Revels Plays », 1993. Pour les problèmes de génétique textuelle de la pièce, les plus ardus du théâtre anglais de la première modernité, voir G. Taylor, « A Game at Chess : General textual Introduction », *id.* « A Game at Chess: An Early Form » et *id.* « A Game at Chess: A Later Form », dans G. Taylor et J. Lavagnino (éd.), *Thomas Middleton, and Early Modern Textual Culture*, Oxford, Clarendon Press, 2007, respectivement p. 712-873, p. 874-911 et p. 912-991.

4   J. J. Jusseran, « Ambassador La Boderie and the Compositeur of the Byron Plays », *Modern Language Review*, vol. 6, n° 2, avr. 1911, p. 203-205.

du Traité de Vervins du 2 mai 1598, Antoine de Silly, comte de Rochepot, a une tâche des plus ardues devant lui. En effet, il lui incombe d'obtenir du tout nouveau souverain d'Espagne, Philippe III, le renouvellement du serment fait au Traité de Vervins. Le traité est essentiel car il stabilise, pour les terminer, les hostilités entre l'Espagne de Philippe II, la Ligue Catholique d'une part et Henri IV. Antoine de Silly va donc essayer d'incarner la très relative détente diplomatique entre deux pays, naguère belligérants. L'ambassade intervient à un moment où des deux côtés encore, les passions sont extrêmement virulentes. La haine féroce du Français est partagée par pratiquement toutes les couches de la population espagnole. Elle a valeur de fortifiant identitaire. Et la personnalité de l'ambassadeur français, ombrageuse et hautaine, n'aide pas à l'apaisement d'autant que les Français exècrent tout autant l'Espagnol. Vexations, menaces physiques, saccage de la demeure de l'ambassadeur par la foule furieuse, assaut de son carrosse ; pour la Rochepot, l'ambassade sera des plus éprouvantes et rien, en fait d'humiliations, ne lui sera épargné[5]. Les tensions sont d'autant plus fortes que la question du marquisat de Saluces, territoire français conquis par le duc de Savoie, Charles Emmanuel Ier, gendre de Philippe III, n'est pas réglée et Henri IV s'apprête à déclarer la guerre à la Savoie, alliée de l'Espagne[6]. Par courrier du 11 octobre 1600, voici ce que La Rochepot écrit depuis Madrid au Roi de France :

> Je fus adverty que ce mesme jour en plein theastre avoit este recite une comedie laquelle representoit le duc de Savoye gaignant une bataille contre le Roy sa Majeste present en icelle et puis apres son proces fust condamne aavoir la teste tranche avec une infinite dinsolences a la suitte de cela, fut aussy represente ung ambassadeur de france renvoye avec sa légation (…) pource la guerre desclare entre la france et lespagne.[7]

---

5 Une partie de la correspondance passive a été publiée par P. P. Laffleur de Kermaingant, *Lettres de Henri IV au comte de La Rochepot, ambassadeur en Espagne (1600-1601)*, Paris, Georges Chamerot, 1889. Sauf mention contraire, toutes nos citations sont extraites du manuscrit français Fr 16.137, *Papiers d'Antoine de Silly, comte de la Rochepot, ambassadeur pour le roi de France en Espagne, concernant soit son ambassade, soit ses affaires particulières, originaux et copies*, Paris, Bibliothèque Nationale, qui renferme l'essentiel des papiers existants relatifs à l'ambassade d'Espagne.

6 S. Gal, *Charles-Emmanuel de Savoie, la politique du précipice*. Paris, Payot, 2012, p. 288.

7 Paris, Bibliothèque Nationale, manuscrit français Fr 16.137, fol. 160^r. Nous respectons la graphie d'origine.

Sur ce point, La Rochepot se voit donc forcé d'intervenir sur cette affaire touchant « directement la grandeur de sa majeste et l'honneur de la France ». Il ajoute :

> de sorte que je fis faire par mon secretaire de grandes plainctes telles que cela le meritoit, madressant pour en avoir justice pource que le Roy Catholique nestant par icy, au Comte de Miranda president de Castille a Don Juan dediacquemon (?) et aux deulx secretaires destat, ils ont faict demonstration den estre troublez et aussy ont promis la justice ayant faict mettre prisonniers quelques alguazil coupables du premier dessordre et pareillement tous les comediens (…).[8]

L'accident, qui fait suite à l'assaut du carrosse de l'ambassadeur est assez grave pour que, de son côté, le chroniqueur de la cour de Philippe II, Don Luis Cabrera de Córdoba, s'en fasse lui aussi l'écho dans ses *Relaciones* :

> Et pour la représentation en ces jours-là sur le théâtre public une certaine pièce d'un roi de France, dans laquelle se débitèrent des paroles injurieuses et méprisantes pour la nation française, et aussi pour la dérision que montrèrent certains pour les habits de la suite de l'ambassadeur, lequel s'en vint se plaindre au président ; lequel promit de châtier les coupables selon son désir (…).[9]

Joignant l'émotion à l'indignation, la réponse d'Henri IV, de Chambéry, en date du 10 octobre, donne raison à son ambassadeur, lui suggérant pour obtenir justice d'aller, « si a l'arrivee [de ladicte lettre] il n'a ete faict punition exemplaire et rigoureuse des comediens qui ont este si temeraires que de me tenir sur les bancs (…) visiter le Nonce » pour appuyer les démarches[10].

A priori donc, rien d'étrange, dans un contexte fortement anti-francais, à ce qu'un pays naguère ennemi juré produise, sur son théâtre, des images anti-encomiastiques du monarque étranger qui contredisent la propagande

---

8   *Ibid.*, fol. 160[r].

9   « *de lo cual y de representarse aquellos dias en el corral público cierta comedia de un Rey de Francia, en la cual se decian algunas palabras en menosprecio y ultrage de la nacion francesa, y tambien por la mofa que hacian algunos del trage que traen los criados del Embajadar, se invió á resentir al Presidente ; el cual prometió de castigar los culpados muy á su satisfaccion (...).*» (Luis Cabrera de Córdoba, *Relaciones de las cosas sucedidas en la corte de España desde 1599 hasta 1614*, éd. R. G. Cárcel, Salamanque, 1997, p. 85).

10   *Lettres de Henri IV, op. cit.*, p. 63.

d'un Henri de Bourbon vaillant roi de paix, nouvel Hercule gaulois[11]. Rien donc encore de bien insolite que ce soit la troupe d'un célébrissime *autor de comedias,* Nicolás de los Ríos, qui incarne pour la montrer sur scène cette déchéance du monarque français. Originaire de Tolède, actif dès 1570, Nicolás de Los Ríos est alors, en ces années 1600, un des plus célèbres vétérans du théâtre du Siècle d'Or. L'homme et sa troupe sont immensément populaires. Ils gravitent dans l'entourage de la Cour. Ils ont souvent charge de plusieurs représentations auliques devant le roi Philippe III, la reine, et les grands d'Espagne. Agustín de Rojas, son ami, soldat et comédien, en fait l'un des interlocuteurs principaux de son *Viaje entretenido*, paru en 1603[12]. Quant à lui, le dramaturge Lope de Vega estime hautement l'art du comédien et sa troupe, au point de leur confier souvent la performance de la première de plusieurs de ses comédies.

Rendre visible en août 1610 sur scène un roi de France honni par tout espagnol, montrer un souverain humilié par l'Espagne et ses alliés – ici l'entreprenant duc de Savoie, Charles Emmanuel Ier, marié avec une des demi-sœurs de Philippe III – s'insère dans une sorte de normalité de performance. Cette représentation s'appuie sur un topos dramatique, une *imago* convenue du roi de France, véhiculée, à partir de la mémoire historique, par, en autre, le théâtre du Siècle d'Or. Elle constitue un des mythes fondateurs de l'identité espagnole ; celui qui présente et re-présente un roi de France faible car battu par la toute puissante monarchie d'Espagne, un roi tel justement que le représente sur scène, – cette fois sous les traits de François Ier, enchaîné et prisonnier de Charles Quint, – la pièce du *Siège de Pavie* du chanoine Tárrega, œuvre qui sert sans doute de matrice à notre pièce. Et en 1600, la pièce jouée par Nicolás de los Ríos actualise ce modèle par un nouveau rapport au réel, en puisant dans l'actualité historique brûlante. En effet, en août 1600, les hostilités militaires sont sur le point de reprendre entre Henri IV et le duc de Savoie, gendre du roi d'Espagne.

Or, la réaction du Très-Catholique roi d'Espagne transforme ce qui était

---

11   Pour la construction d'une image héroïsée du roi de France, on consultera F. Bardon, *Le Portrait mythologique à la cour de France sous Henri IV et Louis XIII, Mythologie et politique*, Paris, Picard, 1973.
12   Agustín de Rojas Villandrando, *El Viaje entretenido*, éd. J. P. Ressot, Madrid, 1979. Compagnon de troupe de Nicolás de los Ríos, de Rojas fournit de nombreux détails sur le chef de troupe. Il fut l'auteur encore de loas, de farces et de danses.

alors une normalité dramatique en une aberration théâtrale. Car si le premier geste de Philippe III est bien de minimiser l'affaire, le plus curieux est que le souverain ait fini par accéder à la réclamation de l'ambassadeur de France. Le conseil d'état (*Consejo de Camara*), fait notifier à Nicolás de los Ríos, et sa troupe – arrêtés et jetés en prison quelque temps – l'obligation de cesser les représentations, de quitter Madrid et l'interdiction, jusqu'à nouvel ordre, d'exercer leur art de jouer des comédies de par tout le royaume à cause d' « une comédie qui touche les choses de France, quoique de peu de substance, et de laquelle l'ambassadeur de France s'est offusqué[13] ». Et il faudra attendre l'année suivante, le 10 septembre 1601 pour que cette interdiction soit levée à l'occasion des relevailles de la reine, Marguerite d'Autriche. C'est une supplique du comédien qui nous apprend les tenants et aboutissants de cette affaire[14].

Ici, ce qui est donc signifiant, c'est qu'un ambassadeur puis un roi furent amenés à rendre inacceptable, à délégitimer ce qui jusqu'alors paraissait aller de soi dans l'espace théâtral national. En Espagne, il devient dorénavant problématique de rendre visible sur scène un monarque et une nation voisine, quand bien même ces derniers représentent par excellence des ennemis héréditaires. Sont ainsi évacuées de la scène, la figuration du roi ainsi que celle des rois voisins et, par ricochet, celle de l'histoire récente. Tout un pan donc de la représentation linéaire de la situation historique semble échapper ainsi au domaine dramatique.

Paris, 1601 ; Orléans, 1603

Loin d'être un cas isolé, notre cas espagnol participe à un mouvement de fond de dimension transnationale. Nous sommes à Paris, le 17 mars 1602. Ralph Windwood, ambassadeur résident à Paris de la reine Élisabeth Ière d'Angleterre – laquelle a été et reste une fidèle alliée d'Henri IV dans sa marche vers le trône – informe le tout puissant lord Robert Cecil, secrétaire d'état que :

---

13 « *una comedia que toca en cosas de Francia, aunque de muy poca sustancia de que se agrauió el Embaxador.* » (D. C. Pérez Pastor, *Nuevos datos acerca del histrionismo español en los siglos XVI y XVII*, Madrid, imprenta de la Revista Española, 1901, p. 351).

14 Voir le *Memorial de Nicolás de Los Ríos con informe*, Archivio General de Simancas, Memoriales, legajo 828, fol. 2[r-v]. Une transcription est fournie par D. C. Pérez Pastor, *ibid.*, p. 350-351.

Depuis le commencement de Carême, certains comédiens indignes ont joué en public dans cette ville la tragédie de feu la Reine d'Écosse. Le roi [de France] étant à Verneuil, je n'eus d'autres recours que le chancellier [de Bellièvre], lequel, après avoir écouté ma plainte, se montra très sensible à une telle indiscrétion si malveillante, et lors de mon audience chargea spécialement le lieutenant civil (...) de veiller à ce que cette folie soit punie et ne se reproduise plus. Et depuis, monsieur de Villeroy [secrétaire d'état aux affaires étrangères], (...) m'a promis qu'il donnera ordre pour punir ce qui fut fait, et y remédier à l'avenir.[15]

Or, sur le terrain, l'enquête piétine. L'ambassadeur anglais renouvelle ses plaintes car les comédiens, eux, continuent à jouer. Et le 13 juin 1603, le même Villeroy, fit savoir à l'ambassadeur du Très-Chrétien à Londres, Christophe de Harlay, comte de Beaumont, petit-fils de Christophe de Thou et fils du premier président du parlement de Paris, Achille de Harlay, que :

L'ambassadeur [d'Angleterre] se plaignist aussi à Sa Majeste d'une tragedie qu'il dict avoir este jouée par certains commediens François en la ville d'Orleans sur le subjet de la mort de la Roine d'Escosse, en laquelle il fust parle indignement de la feue Roine d'Angleterre.[16]

ajoutant que Henri IV « a escript a Orleans que l'on mette en prison lesd. commediens, et s'il est trouve qu'ilz aient faict la faulte susdicte, quilz soient chastiez ». Et de fait, le chancellier du royaume, Pomponne de Bellièvre diligente une nouvelle enquête auprès du lieutenant général du roi à Orléans ; lequel, le 31 juin 1603 livre ses conclusions :

---

15   « *Since the beginning of Lent, certaine base Comedians have publicklie plaied in this Town the Tragedy of the late Queen of Scottes. The King being at Vernueil, I had no other recourse but to the Chancellor ; who upon my Complaint was very sensible of that so lewde an Indiscretion, and in my hearing gave a speciall Charge to the Lieutenant Civill (...) to have a care, both that this Folly should be punished, and that the like hereafter should not be committed. Since, Monsieur de Villeroy (...) doth promise that he will give order both for the Punishment of that which is past, and for future Remedy.* » Sir Ralph Winwood, *Memorials of Affairs of State in the Reigns of Queen Elizabeth and King James I*, éd. E. Sawyer, 3 vols., Londres 1725, t. I, 398. Document cité dans F. A. Yates, *op. cit.*, p. 285.

16   Paris, Bibliothèque Nationale, ms. fr. 15 977, fol. 280^r. Document transcrit dans A. Soman, *op. cit.*, p. 278-279 et vérifiée par nous sur l'original. Sur l'ambassade de Christophe de Harlay, voir P. Laffleur de Kermaingant, *Mission de Christophe de Harlay, comte de Beaumont (1602-1605)*, Paris, Firmin-Didot, 1893.

Pour obeir à voz commandemens, je me suis tres soigneusement enquis quelz estoient ces comediens qui avoient joue en cete ville, depuis deux mois ou environ, une tragedie sur la mort de la feue royne d'Ecosse, et n'ay peu aprandre autre chose, sinon que le chef de leur compaignie se nomme La Vallee, et qu'ilz sont partis de cete ville depuis ung mois ou six sepmaines, sans que j'aye peu scavoir ou ilz sont allez. Mais j'ay tant faict que j'ay recouvre ung livre de tragedie, la premiere desquelles, nomme l'Ecossoise, aultrement le Desastre, est celle mesne qu'ilz ont represente, ainsi qu'il ma este asseure par gens d'honneur qui y ont assiste.[17]

On ignore encore une fois l'impact réel de ces mesures. De toute apparence, Thomas Poirier, dit La Vallée, et sa troupe, ne furent pas indûment inquiétés puisqu'on les retrouve pour le Carnaval de 1604 à l'Hôtel de Bourgogne, puis, durant l'hivers 1605-1606, à la cour ducale de Nancy et à Metz[18]. L'auteur de la pièce, Antoine de Montchrétien non plus. Comme en Espagne, c'est sur le plan de la réception que se situe bien une rupture de paradigme : sur la protestation scandalisée d'un ambassadeur d'un pays étranger, la représentation de souverains étrangers sur scène devient répréhensible, voire illicite, et bientôt impensable. Or, à cette logique s'oppose la longue durée de la tradition théâtrale nationale. Qu'il suffise d'évoquer non seulement le cas, tout juste passé, du théâtre polémique estudiantin et ce, depuis au moins Louis XII, mais encore, – et sans parler du théâtre engagé et de certaines moralités durant les guerres de Religion, – tout un pan du théâtre national, proche et contemporain[19]. Ainsi, en 1600, Jacques de Fonteny écrit-il et fait probablement jouer *Cléophon*, tragédie mettant en scène le régicide d'Henri III de Valois[20]. En 1589, l'historiographe Pierre Mathieu met en

---

17   Paris, Bibliothèque Nationale, ms. fr. 15 899, fol. 747ʳ, et transcrit dans F. A. Yates, *op. cit.*, p. 286 et A. Soman, *op. cit.*, p. 274. Collationné sur l'original. Voir encore O. Poncet, *Pomponne de Bellièvre (1529-1607) : un homme d'État au temps des Guerres de Religion*, Paris, École des Chartes, 1998, p. 240.

18   Paris, Archives nationales, XXX, 373ᵇⁱˢ, inventaire du 31/III/1639 faisant référence à un bail, non conservé, du 07/II/1604 entre les maîtres et gouverneurs de la confrérie de la Passion à Thomas Poirier et ses compagnons, de la salle de l'Hôtel de Bourgogne. Nancy, Archives départementales de Meurthe-et-Moselle, B 1292, comptes de la chambre des comptes de Lorraine, fol. 233ᵛ, mandement du 18/I/1606 ; Metz, Archives communales, CC 213.

19   Voir *Le Théâtre polémique français, 1450-1550*, sous la direction de M. Bouhaïk-Gironès, J. Koopmans et K. Lavéant, Rennes, Presses universitaires de Rennes, 2008.

20   C. Biet, « La Tragédie de la catastrophe. *Cléophon* (1600) et la figuration du régicide »,

scène dans sa *Guisiade*, le massacre des Guises par le même Henri III. En 1610, c'est Claude Billard, secrétaire de la reine Marguerite, qui produit *La Mort d'Henry IV*. On pourrait multiplier les exemples. Il existe, quasi-contemporaine, tout une dramaturgie tragique, un théâtre d'actualité, qui n'hésite pas à figurer le régicide, les corps sanglants des rois et des Grands du royaume, et ceux, éplorés, des reines et des courtisans, au milieu des horreurs d'un Royaume en proie aux violences des guerres civiles tout justes passées. Ce qui interroge, c'est, une fois de plus, cette difficulté grandissante pour les comédiens de pouvoir, à partir du règne d'Henri IV, produire un théâtre direct, qui interroge le corps des rois vivants, l'histoire et l'actualité en continuité temporelle avec leurs spectateurs.

Londres, août 1624

Or, ce phénomène de restriction est encore observable au même moment sur un théâtre qui pourtant, n'a cessé lui aussi d'user et d'abuser de la polémique pour représenter sur scène, pour les moquer, pour les discréditer et faire triompher la cause du schisme anglican, l'hypocrisie des rois d'Espagne, la fourberie des papes ou encore la corruption et la dépravation du clergé catholique. Des moralités des Tudors, en passant par l'utilisation par Élisabeth Ière du théâtre militant ou encore par certaines *historical plays*. Ainsi, en 1593, la pièce de Christopher Marlowe, *The Massacre at Paris* met-elle sur scène les personnages de Condé, Charles IX, Henri III, le clan des Guise durant la sinistre nuit de la Saint-Barthélemy. Toute une partie du théâtre anglais de l'époque se nourrit d'une immédiate connexion avec l'actualité. Évoquons encore en 1602, *A Larum for London, or the siege of Antwerp*, anonyme pièce dramatique sur le sanglant sac d'Anvers par la soldatesque espagnole en 1576.

Le cas topique de *A Game at Chess* de Thomas Middelton en 1624, même s'il relève d'une complexité bien plus dense (variantes textuelles, recours à l'allégorie, leitmotive sexuels subversifs) se rattache bien à cette dramaturgie militante qui interroge l'Histoire, proche ou immédiate. Derechef, ce qui est signifiant est l'intervention de diverses autorités, lors même que la pièce est immensément populaire, et que le scandale n'advient pas par

---

in *Texte*, no 32, (« Le Texte et les arts du spectacle, XVIe s. – XVIIIe s.) : monument ou document ? »), dir. Benoît Bolduc, 2004.

l'assemblée réunies des spectacteurs mais en dehors d'eux. L'intervention d'une hyperstructure (certains cercles de pouvoir) amène à censurer ce qui apparaît donc comme un scandale d'origine diplomatique. Très succinctement, la pièce entend représenter spectaculairement, sous forme d'un jeu d'échec grandeur nature les visées religieuses hégémoniques de l'Espagne catholique sur l'Angleterre, notamment à travers les projets matrimoniaux entre les enfants de Jacques Ier Stuart (Élisabeth de Bohème et le futur Charles Ier) et ceux du roi d'Espagne. La pièce succède à l'échec des mariages espagnols qui culminent en 1623, par le voyage de l'héritier du trône, Charles Stuart, et de Buckingham à Madrid, lesquels échouent à gagner la main de l'Infante, Anne Marie d'Espagne, fille de Philippe III[21]. Ainsi, par le truchement des pièces d'échec, réparties symboliquement entre pions blancs (pour l'Angleterre) et noirs pour l'Espagne s'incarnent les protagonistes de ce rapprochement historique et diplomatique tout juste manqué. Ce qui permet à la fois de prendre une certaine distance, par l'allégorie, tout en faisant en sorte que les pions soient immédiatement reconnaissables. Ainsi le public reconnaîtra-t-il dans le roi blanc le roi Charles Ier ; dans le roi noir, le monarque espagnol, Philippe IV ; dans la reine noire l'infante Marie Anne – destinée à épouser le chevalier blanc (Charles Stuart) – et dans le chevalier noir le dernier ambassadeur d'Espagne à Londres, le détesté comte de Gondomar, et ainsi de suite.

Ayant obtenu sans difficultés le 12 juin de la part du *Master of the Revels* – sorte de maître de menus plaisirs doté d'un pouvoir de censure sur les textes dramatiques à jouer[22] – l'autorisation de jouer la pièce, les comédiens du Roi (*The King's men*) vont donc jouer, depuis le 5 août à guichet fermé pendant 10 jours au théâtre du Globe à Londres, attirant, dit-on, plus de 3000 personnes

---

21 Sur ce « mystère » des relations diplomatiques, on consultera G. Redworth, *The Prince and the Infanta. The Cultural Politics of the Spanish Match*, Londres, Yale University Press, 2003.

22 Sur le fonctionnement et l'évolution de l'office de Master of the Revels, et sur la censure dramatique de l'époque, on consultera, en autres, R. Dutton, *Mastering the Revels. The Regulation and Censorship of English Renaissance Drama*, Iowa City, University of Iowa Press, 1991 et J. Clare, « *Art made tongue-tied by authority* ». *Elizabethan and Jacobean Dramatic Censorship*, Manchester, Manchester University Press, 1999. Enfin, D. Auchter, *Dictionary of Literary and Dramatic Censorship in Tudor and Stuart England*, Londres, Greenwood Press, 2001. *A Game at Chess* est analysé p. 127-130 avec la bibliographie adéquate.

par jour. Cet immense succès commercial est abruptement interrompu le 16 août suite à la plainte – écrite en français en date du 7 août – du nouvel ambassadeur d'Espagne, Don Carlos Coloma auprès de Jacques Stuart :

> Les comediens que l'on appele du Roy, ont hier et auiourdhuy exhibe une comedie si scandaleuse, impie, barbare, et si offensive au Roy mon Maistre (si la grandeur et valeur inestimable de sa personne royale fut capable de recevoir offence de personne, et signament d'hommes si bas comme le sont d'ordinaire les autheurs et representateurs de semblables follies), qu'elle m'a oblige de mettre la main a la place et a supplier en peu de paroles, et avec l'humilite que ce dois a Votre Majesté pour l'une des deux choses. Qu'elle soit servie de donner ordre que les dicts Autheurs et Comediens soient publicquement et exemplairement chasties, par ou Vostre Majeste satisfera à son honneur et à la réputation et civilité de la nation angloise.[23]

Sinon, l'Ambassadeur demandera son congé et rentrera en Espagne.

De sorte que, après avoir minimisé l'affaire, le Roi et son conseil privé (*Private Council*) suspendent les représentations, convoquent les comédiens tandis que l'on recherche le dramaturge. Au final, ces derniers sont seulement réprimandés, alors que Thomas Middleton parvient à temps à échapper à la prison. Le seul effet tangible de ce scandale diplomatique sera l'interdiction de ce qui fut le plus grand succès du théâtre de l'ère jacobéenne.

Ainsi, sur trois différentes scènes d'Europe, à un moment quasi-synchronique, il n'est désormais plus licite de rendre le spectateur témoin de l'histoire contemporaine, de l'intimité des rois étrangers, naguère ou toujours ennemis. Il est devenu périlleux de faire voir la faiblesse des rois présents, leur fourberie, leur vulnérabilité, en un mot, leur humanité. Le corps des monarques échappe à la scène car il devenu théâtralement scandaleux, aux yeux des pouvoirs, de le montrer ainsi. Symbolique, à ce sujet, est la justification en août 1624, par Sir Edward Conway, secrétaire d'état et membre du conseil privé de la suppression de *A Game at Chess* :

> Sa majesté a reçu information de la part de l'ambassadeur d'Espagne d'une pièce très scandaleuse, jouée en public par les Kings Players, dans laquelle ils ont l'impudence et la présomption de représenter d'une manière

---

23 P. G. Phialas, « An Unpublished Letter about A Game at Chess », *Modern Language Notes*, June 1954, p. 399 à partir du Public Record Office, Londres, State Papers, Spain, S. P. 94/31, fol. 132.

offensante et déshonorante les personnes de sa majesté le roi d'Espagne, du comte de Godemar, de l'évêque de Spalato etc... Sa Majesté [Jacques Ier] se souvient bien qu'il existe un commandement et une restriction quant à la représentation dans ces pièces de théâtre des rois chrétiens modernes (…).[24]

Or cette référence est, semble-t-il, bien explicitement la première ; le commandement – fut-il jamais écrit ou promulgué ? – ne semblant pas avoir été conservé, même s'il est invoqué déjà lors de l'affaire Chapman et Biron de 1608. Longtemps latent car s'arc-boutant sur un ensemble de valeurs tacites, un phénomène nouveau se dessine bien durant ces premières décennies dans les grandes monarchies occidentales. Il a pour résultat d'évacuer progressivement des scènes dramatiques le spectacle de l'histoire tout juste contemporaine. Disparaissent encore, le spectacle des monarques voisins et le rapport avec ce qui vient juste de se passer ; le spectacle de ce qui est, temporellement, proche des spectacteurs.

Conclusion

Dès lors, un certain nombre de questions se posent. Qu'est-ce qui explique ces scandales, qui produisent donc sur scène un phénomène d'oblitération de la mémoire, autrement dit, étymologiquement parlant, un phénomène d'am-nistie ?

L'explication est multifactorielle. Conjecturellement d'abord, les trois réactions royales obéissent indéniablement à une volonté partagée d'apaisement des tensions diplomatiques entre monarques au sortir du XVIe siècle. Signature du traité de Vervins entre la France et l'Espagne d'une part, continuation et réaffirmation des relations privilégiées entre la France et l'Angleterre de l'autre et, en 1624, volonté de Jacques Ier de ménager l'Espagne, car le souverain pense pouvoir diplomatiquement restaurer sur le trône de Bohême son gendre, le comte Palatin Fréderick V, alors que la Guerre de Trente Ans vient d'éclater. Et c'est ici que le conjecturel rejoint le structurel et le droit. Cet apaisement s'articule sur le soin des monarchies de déclarer la paix entre elles. Or déclarer la paix, dans les relations diplomatiques et leur traduction juridique, implique alors de se mettre dans la nécessité de l'oubli. Et pour ce faire, la mémoire récente se doit d'être suspendue, d'être mise en veille, voire d'être annulée.

---

24   Original en anglais, cité dans Thomas Middleton, *A Game at Chess,* éd. cit*.,* p. 200.

Reste que, conjointement, ces scandales ne procèdent pas du public mais des ambassadeurs et de leurs informateurs. Sans eux, on aurait continué à jouer ces pièces sans que les souverains se sentent tenus d'intervenir. C'est par la parole des ambassadeurs qu'est saisie la parole théâtrale. Tout tourne donc autour de cette charge et de leur personne. Or, la charnière des XVI-XVIIe siècles correspond à un premier âge d'or de la diplomatie et de l'ambassadeur en Occident – et ce, avant l'Europe des traités de Westphalie. En Angleterre, en Hollande et en France, on codifie le droit international et celui de la diplomatie. D'ailleurs, il n'est pas anodin que le premier traité moderne sur l'ambassadeur soit non seulement publié en France justement en 1603 – et immédiatement traduit en anglais – mais qu'il envisage spécifiquement nos cas d'interventions diplomatiques sur la parole théâtrale étrangère quand « au theatre par les comedians (…) il [l'ambassadeur] voyoit l'honneur de son Maistre diffamé »[25]. De surcroît, ce traité émane d'un diplomate, Jean Hotman, fils d'un célèbre juriste, lequel a passé une partie de sa carrière au service de la diplomatie royale anglaise[26]. Or ce devoir est bien nouveau. Il ne figure pas dans la *trattatìstica* italienne des XV-XVIe siècles, pourtant si riche sur le sujet du *buon ambasciatore*[27]. C'est parce que, parallèlement, se construit le champ juridique du diplomate, que se déterminent les modalités de son être en représentation et qu'enfin, apparaissent de nouvelles normes juridiques exogènes que le lieu théâtral comme lieu d'actualité immédiate, d'interrogation sur la proche histoire et sur l'autre souverain pose dorénavant problème.

S'engage alors un jeu de miroirs et de reflets. Parce qu'il visualise la cour lointaine, parce qu'il rend visible le corps mystique et la majesté de son souverain absent, l'ambassadeur en terres étrangères se doit de faire remontrance au souverain qui l'accueille de l'offense faite en public à l'honneur royal de son maître. Et ce dernier est forcé à son tour d'intervenir pour son honneur, sa bonne « fame » et celle de sa nation. Car l'honneur exige, pour exister, réciprocité. Si bien que la parole agissante du théâtre d'actualité va dès lors dépendre de transformations exogènes fondées sur un

---

25 *L'Ambassadeur*, par le sieur de Vill.H., 1603, s. l. p. 68.

26 On consultera G. H. M. Posthumus Meyjes, *Jean Hotman's English Connection*, Amsterdan, Koninklijke Nederlandse Akademie van Wetenschappen, 1990.

27 Pour ce corpus, voir *De Legatis et legationibus tractactus varii*, éd. V. E. Hrabar, Dorpart, 1905.

système axiologique ; lequel, parce que plus affirmé, rentre en collision avec cette parole dramatique, et finit par la déterminer.

Phèdre(s) scandaleuse(s)

Larry F. Norman
University of Chicago

Résumé :

Cet article propose une approche sérielle du scandale de *Phèdre*. Il situe la tragédie de Racine dans une série d'adaptations où, depuis Euripide et Sénèque, chaque auteur apporte sa propre manière de contourner – ou d'exploiter – le choc provoqué par l'amour illicite de l'héroïne. La dynamique du scandale engage les enjeux de la querelle des anciens et des modernes ainsi que les rivalités théâtrales (Corneille, Aubignac, Pradon, Perrault) avant de rebondir à l'ère romantique (A.W. Schlegel).

Abstract :

This article undertakes a serial approach to the scandal of *Phèdre*. It situates Racine's play in a succession of adaptations where, since Euripides and Seneca, each author deploys new strategies to mitigate – or exploit – the shock of Phaedra's love. The scandal creates a dynamic engaging the key stakes of the quarrel of the ancients and moderns as well as the period's theatrical rivalries (Corneille, Aubignac, Pradon, Perrault), before resurging in the Romantic age (A.W. Schlegel).

Je voudrais tenter une approche sérielle du scandale de *Phèdre*. On a en effet affaire à une série d'adaptations du mythe : à travers les siècles, chaque auteur apporte sa propre manière d'envisager, de contourner, voire d'exploiter, le choc provoqué par l'amour illicite de l'héroïne. Et cela depuis la première version scénique du mythe de Phèdre et Hippolyte représentée à Athènes –

un événement qui provoqua un des premiers scandales de l'histoire du théâtre occidental – jusqu'aux dernières adaptations modernes, notamment la pièce controversée de Sarah Kane, *Phaedra's Love*, qui en 1996 fit sensation sur la scène londonienne. Je n'examinerai pas ici cette dernière version, mais je reviendrai sur la première, celle d'Euripide, connue sous le titre d'*Hippolyte voilé*, et qui, vraisemblablement supprimée à cause du scandale qu'elle aurait suscité, n'a pas survécu. Cette tragédie n'apparaît plus dans l'histoire littéraire que comme la première version perdue de l'œuvre achevée plus tard par Euripide, l'*Hippolyte porte-couronne*[1].

C'est cette dernière pièce d'Euripide qui inspira – du moins en partie – la tragédie que Jean Racine fait jouer à Paris en 1677. Dans sa préface, Racine insiste sur la place centrale de la tragédie d'Euripide dans la genèse de sa tragédie, tout en admettant qu'il a suivi « une route un peu différente de celle de cet auteur[2] ». Comme on l'a souvent remarqué, la route est bien *plus* qu'« un peu différente » : en réalité, Racine construit sa pièce en empruntant à d'autres versions antiques (particulièrement celle de Sénèque) et à des adaptations modernes : notamment de ses prédécesseurs au XVIIe siècle, Guérin de La Pinelière (1634), Gabriel Gilbert (1647) et Mathieu Bidar (1675), dont les efforts pour moderniser la pièce ont frayé la voie à la version de Racine[3]. Les recherches sur « les métamorphoses de Phèdre », pour reprendre l'expression d'André Stegmann, sont bien sûr nombreuses[4] ; je me pencherai

---

1 Pour une synthèse de l'érudition sur cette question, voir E. A. McDermott, « Euripides' Second Thoughts », *Transactions of the American Philological Association*, vol. 130, 2000, p. 239-259.

2 « Voici encore une tragédie dont le sujet est pris d'Euripide. Quoique j'aie suivi une route un peu différente de celle de cet auteur pour la conduite de l'action, je n'ai pas laissé d'enrichir ma pièce de tout ce qui m'a paru le plus éclatant dans la sienne. Quand je ne lui devrais que la seule idée du caractère de Phèdre, je pourrais dire que je lui dois ce que j'ai peut-être mis de plus raisonnable sur le théâtre. » (Racine, *Œuvres complètes I. Théâtre-Poésie*, éd. G. Forestier, Paris, Gallimard, « Bibliothèque de la Pléiade », 1999, p. 817.)

3 Voir A. G. Wood, *Le Mythe de Phèdre. Les* Hippolyte *français du dix-septième siècle. Texte des éditions originales de La Pinelière, de Gilbert et de Bidar*, Paris, Champion, 1997.

4 A. Stegmann, « Les Métamorphoses de Phèdre », *Actes du premier congrès international racinien*, Uzès, Peladon, 1962, p. 43-52. Pour une étude magistrale des adaptations du sujet depuis l'Antiquité, voir P. Bénichou, « Hippolyte requis d'amour et calomnié », *L'Ecrivain et ses travaux*, Paris, José Corti, 1967, p. 237-268. Sur le travail de réécriture opéré par Racine, voir entre autres (en ordre chronologique) R. C. Knight,

donc sur un seul aspect de ce réseau intertextuel qui a été moins développé par la critique, à savoir les métamorphoses des scandales provoqués par les multiples *Phèdre*.

Si ce sujet n'a pas encore été beaucoup exploité, c'est sans doute à cause du scandale relativement discret qui entoura la représentation de la tragédie de Racine. Nous verrons pourtant que le scandale est là, à la fois dans la réception du *texte* racinien et dans le *contexte* de sa représentation théâtrale. C'est le premier aspect de la question que j'étudierai. Dans un deuxième temps, j'examinerai comment Racine traite le problème de son sujet scandaleux en exploitant les stratégies dramaturgiques de ses précurseurs antiques et contemporains. Il s'agit plus précisément, dans ce cas, d'un travail de réécriture qui engage les enjeux principaux de la querelle des anciens et des modernes, une lutte polémique où le *scandaleux* n'est jamais très loin. Enfin, je me tournerai vers la fortune de la tragédie de Racine à l'ère romantique, où le génie inépuisable des Phèdre scandaleuses se métamorphosera d'une façon qui était difficilement envisageable au siècle de Louis XIV.

Le scandale de 1677

Avant d'aborder les scandales réels ou potentiels qui entourent, en 1677, la création et la réception de la *Phèdre* de Racine, il est utile de rappeler les antécédents de cette histoire. Racine commence sa carrière de dramaturge quelques années à peine après l'événement culturel que fut, en 1659, le retour au théâtre de Pierre Corneille avec son adaptation d'une autre tragédie grecque, *Œdipe,* qui prend elle aussi pour sujet l'inceste. On sait que Corneille trouve le sujet si risqué – si propice à choquer « la délicatesse » de son public – qu'il invente de toute pièce une deuxième intrigue, « l'heureux épisode » galant de Thésée et de Dircé, qui finit par dominer l'action et relègue ainsi souvent au second plan l'indécence du mythe originel[5]. Néanmoins, même

---

Racine et la Grèce, Paris, Boivin, 1950 ; R. Tobin, *Racine and Seneca*, Chapel Hill NC, University of North Carolina Press, 1971 ; P. Dandrey, *Phèdre de Jean Racine. Genèse et tissure d'un rets admirable*, Paris, Champion, 1999, p. 55-68 ; G. Forestier, *Jean Racine*, Paris, Gallimard, 2006, p. 538-572 ; et T. Alonge, *Racine et Euripide. La Révolution trahie*, Genève, Droz, 2017.

5　« Examen » d'*Œdipe*, dans P. Corneille, *Œuvres complètes*, éd. G. Couton, 3 vols., Paris, Gallimard, « Bibliothèque de la Pléiade », 1981-1987, vol. III, p. 20. Cet exemple d'une modernisation radicale marque sans doute la carrière de Racine depuis sa première pièce, *La Thébaïde*, où il suit Corneille en ajoutant un intérêt amoureux pour Antigone.

avec ces modifications, un critique influant comme l'abbé d'Aubignac n'hésite pas à déclarer que l'adaptation cornélienne de cet « Incestueux abominable » confirme que le sujet scandaleux de l'*Œdipe* est impossible à soutenir dans un siècle aussi raffiné. Il faudra désormais interdire de telles adaptations modernes qui inspirent dans l'esprit du spectateur « des idées d'infamie, de turpitude et d'horreur[6] » :

> Nous l'avons vu sur le Théâtre en la personne d'Œdipe, que les Gens d'honneur […] ne pouvaient regarder sans frémir, et de quelque prétexte dont M. Corneille ait voulu déguiser l'abomination de cette aventure, cet homme était toujours Parricide, il était toujours Incestueux […]. Si donc M. Corneille ne sait point rectifier d'autre sorte les impertinences des veilles fables de la Grèce, pour les mettre sur le Théâtre, il vaut mieux qu'il invente entièrement le sujet des ses Poèmes ; car il ne saurait faire pis, quand il ne prendrait rien de l'antiquité ; et porterait ses imaginations toutes crues sur la Scène.[7]

Ce problème de la recevabilité moderne « des veilles fables de la Grèce » traverse la carrière de Racine jusqu'à véritablement éclater en 1674 lors de la création de la dernière pièce qu'il écrit avant *Phèdre*, son *Iphigénie*. Elle déclenche un des premiers épisodes de la querelle des anciens et des modernes – et le premier qui met aux prises Racine et Charles Perrault : la querelle d'*Alceste*. Il s'agit de l'opéra de Quinault et de Lully qui, comme la pièce de Racine, est une adaptation d'Euripide. Tragédie en alexandrins contre tragédie lyrique. Bref, une collision théâtrale typique du siècle. Perrault intervient. Au nom du progrès des mœurs modernes qu'il examinera de façon plus approfondie dans le *Parallèle des anciens et des modernes*, il prend la défense des transformations radicales de la tragédie d'Euripide opérées par Quinault afin d'atténuer le scandale du mythe grec. Perrault saisit l'occasion pour dénoncer la « brutalité » des héros grecs et leur conduite « méprisable » et « haïssable »[8]. La supériorité des mœurs françaises ne saurait supporter les

---

6 « Troisième dissertation concernant le poème dramatique », dans Abbé d'Aubignac, *Dissertations contre Corneille*, éd. N. Hammond et M. Hawcroft, Exeter UK, University of Exeter Press, 1995, p. 87.

7 *Ibid.*, p. 88-91.

8 Charles Perrault, « Critique de l'Opéra », dans *Alceste, suivi de La querelle d'Alceste, Anciens et Modernes avant 1680*, éd. W. Brooks, B. Norman and J. M. Zarucchi, Genève, Droz, 1994, p. 80-102 (p. 90-91). Pour la place de Racine dans la « Querelle d'Alceste », voir, entre autres, Marc Fumaroli, « Les abeilles et les araignées », introduction à *La Querelle des Anciens et des Modernes*, éd. A.-M. Lecoq, Paris, Gallimard, 200, p. 7-218 ;

monstruosités des tragédies antiques, à moins qu'elles ne soient profondément nettoyées par des adaptateurs éclairés tels que Quinault. Dans cet épisode, l'essentiel, pour notre sujet, est que certains des éléments d'*Iphigénie* qui, selon Perrault, choquent les spectateurs sont les mêmes qui vont les perturber dans *Phèdre* : un père (Agamemnon/Thésée) contemplant la mise à mort (réalisée ou non) de son enfant (Iphigénie/Hippolyte), ainsi que la présence du désir incestueux (manifeste dans le cas de *Phèdre*, mais aussi latent dans *Iphigénie*, car certains critiques à l'esprit mal placé suggèrent que la jeune fille préfère « les caresses de son père » à celles de son amant, Achille[9]).

Étant donné ces polémiques antérieures, il n'est pas surprenant que certains critiques verront ensuite dans *Phèdre* un sujet qui viole toutes les lois morales de son public et donc une histoire irrecevable au siècle de Louis XIV. Tel est du moins l'argument du texte de réception le plus important que nous avons pour l'année de la représentation de la tragédie. Il s'agit d'une *Dissertation sur les tragédies de Phèdre et Hippolyte* où l'auteur anonyme se déploie tout le lexique du scandale théâtral :

> [L]e sujet [de *Phèdre*] n'est guère propre au Théâtre Français [...] ; un pareil crime ne donnant que de très méchantes idées, ne devait jamais remplir notre scène ; [...] l'exemple d'Euripide et de Sénèque qui ont donné cette pièce aux siècle passés, n'autorise point notre siècle à la produire. [...] Enfin, outre *l'horreur naturelle* que nous avons pour ces sortes de crimes, la pureté de nos mœurs, et *la délicatesse de notre Nation, ne peuvent envisager Phèdre sans frémir.* [...] L'Eglise nous défend [l'inceste] par ces Lois. Ces Lois ont fait une coutume parmi nos Peuples, cette coutume a formé une habitude chez nous, [...et] *tout ce qui choque le plus légèrement ce principe, semble offenser grièvement la nature et la raison* ; on voit même, qu'à mesure que les termes d'inceste et d'incestueux frappent nos oreilles, leur *idée glace nos cœurs.*[10]

---

et Larry F. Norman, *The Shock of the Ancient. Literature and History in Early Modern France*, Chicago, University of Chicago Press, 2011.

9   « Si l'Auteur d'*Iphigénie* [...] vous avez dit qu'il voulait faire paraître sur le Théâtre une Princesse dont toute la tendresse serait pour un Père et non pas pour un Amant, car voilà, ce me semble, le caractère de son Iphigénie ; ne lui auriez-vous pas répondu que cela aurait été contre la coutume ? [...] J'ai vu bien de gens qui n'approuvaient pas qu'une fille de l'âge d'Iphigénie courût après les caresses de son père » (Pierre de Villiers, *Entretien sur les tragédies de ce temps* [1675] dans Racine, *Œuvres complètes*, *op. cit.*, p. 783-784).

10   Anonyme, *Dissertation sur les tragédies de Phèdre et Hippolyte* [1677], dans Racine, *ibid.*, p. 880-881 (italiques ajoutés).

Le vocabulaire employé ici rejoint parfaitement non seulement celui des polémiques autour d'*Œdipe* et d'*Iphigénie*, mais aussi des définitions du « scandale » à l'époque. Et cela de deux manières. Premièrement, l'accusation selon laquelle la pièce donne « de très méchantes idées » à ses spectateurs sous-entend l'acception du terme « scandale » comme « incitation au mal, au péché » ; et deuxièmement, l'usage spécifique des termes tels que « choquer » et « offenser » reprend presque mot pour mot la définition du « scandale » donnée dans le *Dictionnaire universel* de Furetière : « *Scandale* [...] action ou doctrine qui choque les mœurs, ou la commune opinion d'une nation [...] ; *scandaleux* [...] qui a une doctrine ou des mœurs corrompues, et qui choqu[e] le génie d'une nation[11]. »

Il n'est donc pas surprenant que Georges Forestier commence son chapitre sur *Phèdre* dans *Jean Racine* par souligner la « dimension scandaleuse » d'un sujet qui « avait tout pour choquer les consciences délicates d'une partie de [son] public[12] ». Forestier signale à juste titre que c'est précisément le traitement « à l'ancienne », c'est-à-dire le désir de rester au moins partiellement fidèle à certains traits des sources grecques et latines, qui scandaliseraient les spectateurs[13]. On sait que les prédécesseurs de Racine – ainsi que, nous le verrons, ses rivaux contemporains – savent prévenir un tel scandale en évitant d'être aussi fidèles aux anciens et en adaptant de façon radicale l'histoire aux bienséances. Gilbert fut le premier à écarter le problème de l'inceste en transformant le statut de Phèdre qui, dans sa pièce, n'est plus l'épouse de Thésée, mais seulement la fiancée du roi. Elle n'est donc plus la belle-mère d'Hippolyte. Sans devenir totalement innocent, son amour est tout de même bien moins choquant.

L'inceste scandaleux est aussi supprimé en 1675 par le dramaturge qui précède immédiatement Racine, Mathieu Bidar ; il l'est également par le concurrent contemporain de Racine, Pradon, dont l'adaptation rivale de *Phèdre et Hippolyte* fut à l'affiche au même moment que la tragédie de Racine. Suivant l'exemple de l'*Alceste* de Quinault et Lully, Pradon se pose en modernisateur, ou plutôt en correcteur, d'Euripide. Dans la dédicace qui accompagne la première édition, Pradon se moque de la rudesse d'un

---

11   Antoine Furetière, *Dictionnaire universel* [1690], La Haye et Rotterdam, Arnoud et Reinier Leers, 1702, t. 2, p. 811.

12   G. Forestier, *Jean Racine*, Paris, Gallimard, 2006, p. 540-541.

13   *Ibid.*, p. 541.

Hippolyte « tout hérissé des épines du grec » ; le dramaturge se vante de polir le caractère du héros afin de ne pas heurter les attentes d'« une cour aussi galante que la nôtre[14] ». C'est une stratégie polémique qui ne se limite pas aux paratextes, mais qui envahit le texte même de la pièce, devenue ainsi une sorte de manifeste antipaïen.

Pour comprendre ces modifications, il faut se rappeler un des arguments centraux du parti Moderne selon lequel le paganisme est tellement répugnant à la raison humaine et à la moralité universelle qu'il aurait dû choquer les croyants grecs eux-mêmes. Comme le dira plus tard le défenseur des modernes Houdar de La Motte : « en se mettant même à la place des païens, on trouve à chaque pas [dans le paganisme] des occasions de *scandale*[15] ». C'est ainsi que les personnages de Pradon, transformés en véritables philosophes modernes habillés à la grecque, dénoncent les « illusions » et les « erreurs » « des fables de la Grèce »[16] (Il faut admirer ici la distance critique dont font preuve des personnages en pleine crise tragique !). Et c'est ainsi que la Phèdre de Pradon, lorsqu'elle assure le public qu'elle n'est pas encore mariée à Thésée et n'est pas la belle-mère d'Hippolyte, saisit l'occasion pour dénoncer l'idée selon laquelle les dieux, devenus chez Pradon remarquablement bienséants, peuvent être à l'origine d'un désir incestueux :

> Non, non, les derniers nœuds des lois d'hyménée
> Avec Thésée encore ne m'ont point enchaînée.
> [...]
> Les dieux n'allument point de feux illégitimes ;
> Ils seraient criminels en inspirant les crimes ;
> Et lorsque leur courroux a versé dans mon sein
> Cette flamme fatale et ce trouble intestin,
> Ils ont sauvé ma gloire, et leur courroux funeste
> Ne sait point aux mortels inspirer un inceste.[17]

---

14 Pradon, « À Madame la Duchesse de Bouillon », épître dédicatoire à *Phèdre et Hippolyte* [1677], dans *Théâtre du XVIIe siècle*, éd J. Scherer et A. Blanc, Paris, Gallimard, « Bibliothèque de la Pléiade », 1975-1992, t. III, p. 96.

15 Houdar de La Motte, *Discours sur Homère*, Paris, Prault, 1754, p. 29 (italiques ajoutées).

16 « Prétends-tu m'éblouir des fables de la Grèce ? / Peux-tu croire un mensonge ? Ah ! ces illusions / Sont d'un peuple grossier les vaines visions [...] » (Pradon, *Phèdre et Hipppolyte, op. cit.*, I, i, 54-56).

17 *Ibid.*, I, iii, 277-286.

Il est évident que le choix fait par les autres dramaturges français d'éliminer l'inceste ne fait finalement qu'amplifier la monstruosité de la Phèdre de Racine. Mais avant de revenir à sa réécriture du texte, il faut remarquer que le scandale de l'inceste déborde le texte même et devient à son tour un enjeu majeur de sa réception. On sait que le scandale théâtral obéit presque toujours à une logique de reproduction : l'indignation originale engendre à son tour toute une série d'autres scandales dans les polémiques qui s'ensuivent[18]. Le bruit de l'inceste passe ainsi de la scène aux coulisses – et finalement au public. Dans le cas de *Phèdre*, on peut citer les rumeurs autour de la célèbre actrice Armande Béjart (dite « la Molière »), qui aurait du abandonner l'idée de jouer le rôle de Phèdre à cause des accusations d'inceste à son endroit, selon lesquelles elle serait la fille de son défunt mari, Molière[19]. Que l'actrice soupçonnée d'inceste joue l'héroïne incestueuse serait le scandale de trop. Enfin, la querelle autour des deux *Phèdre* éclatera ensuite sous la forme de ce que l'histoire littéraire a nommé « le scandale des sonnets » qui met aux prises les défenseurs des deux camps. Là encore, le bruit de l'inceste franchira rapidement la frontière entre fiction scénique et monde théâtral, s'étendant maintenant à des membres du public. C'est notamment le cas d'un sonnet obscène attribué à Racine et Boileau qui accuse le protecteur de Pradon, le duc de Nevers, de quitter son homosexualité pour l'amour de sa sœur, dont il « idolâtre » les « tétons »[20]. Le scandale d'inceste est décidément contagieux.

Réécrire le scandale

Malgré l'intérêt croustillant de ces polémiques, il faut passer à la deuxième dynamique du scandale, celle à l'origine de la tradition théâtrale de nos *Phèdre*. Cette fois-ci, le mouvement qui nous intéresse ne va pas

---

18   Sur le pouvoir génératif de la dynamique du scandale, voir François Lecercle et Clotilde Thouret, « Introduction. Une autre histoire de la scène occidentale », *Théâtre et scandale,* Fabula / Les colloques, URL : http://www.fabula.org/colloques/document6293.php.

19   Comme le remarque G. Forestier, ces anciennes rumeurs circulent de nouveaux grâce à « une campagne de *Factums* répandus dans tout Paris ». En 1676, Henry Guichard s'attaque à Armande Béjart ainsi : « Tout le monde sait que la naissance de la Molière est obscène et indigne […], qu'elle est la fille de son mari, femme de son père, que son mariage a été incestueux » (Forestier, *Jean Racine, op. cit.*, p. 551-552).

20   « Une sœur vagabonde, aux crins plus noirs que blonds, / Va par tout l'univers promener deux tétons, / Dont malgré son pays Damon est idolâtre. » *Ibid.*, p. 560.

de la scène au public – de la fiction dramatique représentée à la réaction choquée des spectateurs –, mais prend la direction inverse. C'est-à-dire que l'indignation publique provoquée par une représentation théâtrale donne lieu à son tour à de l'écriture dramatique, ou disons plutôt qu'elle engendre une *réécriture*. Il s'agit du scandale qui, selon une tradition critique antique, aurait marqué la représentation de la première version du mythe chez Euripide. Il nous reste très peu de faits positivement établis sur cette affaire ; la critique moderne n'est pas unanime sur l'interprétation de son déroulement[21]. En tout état de cause, la tradition critique connue des humanistes à l'âge classique est succinctement résumée par Bénichou :

> L'*Hippolyte porte-couronne* a été écrit pour corriger ce qui semblait inconvenant et prêtait au reproche dans le premier *Hippolyte* : entendons qu'Euripide avait suivi d'abord la tradition, mais que le personnage de Phèdre impudique *avait choqué* ; de là l'affabulation nouvelle du second Hippolyte, qui *amortit le scandale* et le tourne en mélancolique édification.[22]

La dynamique du scandale s'intègre donc dans le processus de réécriture et laisse ses traces un peu partout en chemin. Prenons l'exemple du traitement de la première entrée sur scène de Phèdre. Chez Euripide, c'est surtout dans cette scène que l'on ressent ce qu'on peut appeler les répliques du choc initial causé par le scandale de la première pièce. Phèdre entre, sur le point de s'évanouir, abattue par la honte qu'elle éprouve face à son désir illicite – ou, dirons-nous, face au désir qu'elle a exprimé de façon impudique dans la première version. C'est comme si l'héroïne de la seconde version avait déjà été spectatrice de la première version[23]. Le scandale public provoqué par la représentation théâtrale antérieure s'immisce ainsi dans la dramaturgie de la pièce suivante ; il semble hanter l'héroïne comme le spectre de sa perversité. Il s'agit donc non seulement d'une réécriture mais aussi d'une *intériorisation du scandale* ; le caractère de Phèdre se définit désormais par la conscience aiguë qu'elle a du spectacle honteux qu'elle a autrefois donné au public.

---

21 Voir par exemple le scepticisme à l'égard de l'ordre chronologique des deux pièces exprimé par J. C. Gibert, « Euripides' Hippolytus Plays. Which Came First ? », *The Classical Quarterly*, vol. 47, n° 1, 1997, p. 85-97.

22 Paul Bénichou, *op. cit.*, p. 267-268 (italiques ajoutés).

23 Je suis de près ici l'interprétation de F. Zeitlin, « The Power of Aphrodite », dans P. Burian (dir.), *Directions in Euripidean Criticism*, Durham NC, Duke University Press, 1985, p. 52-111, p. 53.

Les spectateurs choqués deviennent en quelque sorte le surmoi choqué du personnage. Bref, la Phèdre scandal*euse* de la première version devient dans la seconde une Phèdre scandal*isée*.

A la différence de Sénèque et de ses précurseurs français, c'est justement cette Phèdre ravagée par la honte que Racine a choisi de faire entrer en scène. Ainsi Racine ressuscite-t-il un scandale – qui restait latent chez ses contemporains – sous la forme intériorisée et réflexive développée par Euripide. Pourtant, la passion a du mal à rester intériorisée ; elle aura toujours sa revanche. En effet, les héritiers latins d'Euripide ne tardent pas à opérer ce « retour du refoulé », cette réapparition de la Phèdre scandaleuse de la première version. On la reconnaît surtout dans la *Phèdre* de Sénèque, où l'héroïne est plutôt fière et énergique lors de sa première entrée en scène, et où, à la différence de la seconde Phèdre d'Euripide, elle confronte directement Hippolyte et essaie de le séduire. Comme on le sait, dans la « scène de séduction » du deuxième acte, Racine imite le choix non d'Euripide mais plutôt de Sénèque. On peut dire que le dramaturge français suit de près sa source latine en créant ici une sorte de dramaturgie hybride fusionnant la Phèdre scandal*euse* de l'*Hippolyte voilé* et la Phèdre scandal*isée* de l'*Hippolyte porte-couronne*, car bien que l'héroïne ait l'audace impudique d'apparaître devant Hippolyte pour le séduire, elle ne le fait qu'avec les détours et les hésitations d'une conscience déchirée.

La réécriture de Racine crée ainsi un savant mélange des conduites scandaleuses et des sentiments scandalisés puisés dans ses diverses sources. Le sujet est vaste. Dans le cadre de cette étude je me borne au seul élément de l'amour illicite de Phèdre. Le même maniement des scandales successifs pourrait pourtant s'appliquer à d'autres aspects dérangeants du sujet : par exemple, la nature de la calomnie portée contre Hippolyte (Racine cite à cet égard son atténuation du caractère trop choquant de la version de Sénèque[24]) ou la représentation scénique du corps dévasté d'Hippolyte – mourant de ses blessures chez Euripide, brutalement démembré chez Sénèque – qui sera bien sûr épargnée au public parisien.

---

24 « Hippolyte est accusé dans Euripide et dans Sénèque d'avoir en effet violé sa Belle-Mère. *Vim corpus tulit*. Mais il n'est ici accusé que d'en avoir eu le dessein. J'ai voulu épargner à Thésée une confusion qui l'aurait pu rendre moins agréable aux Spectateurs. » (Racine, préface à *Phèdre, op. cit.*, p. 818.)

L'avenir d'un scandale

Racine semble donc employer juste assez de matière scandaleuse pour créer le maximum de pathos possible, sans trop offenser son public. Le prestige des grands tragiques de l'antiquité, et notamment l'autorité d'Euripide, se présente ainsi comme un rempart contre la tyrannie des bienséances modernes. De cette manière, on peut légitiment soutenir que Racine a produit une tragédie autrement plus bouleversante que les versions concurrentes de son époque.

Néanmoins, si on se tourne maintenant vers la réception future de la pièce, ce seront paradoxalement les efforts pour amortir le scandale de *Phèdre* qui, un siècle plus tard, feront scandale. Il convient donc de conclure sur les transmutations postérieures du scandale de *Phèdre*. Bien que les attaques contre l'immoralité de la pièce ne disparaissent pas totalement au siècle des Lumières, elles ne se transforment pas de façon structurelle : chez un abbé Terrasson ou un Jean-Jacques Rousseau, c'est toujours la fidélité aux vices antiques qui choque dans la version moderne[25]. Mais avec l'inversion des valeurs qui accompagne la révision de l'histoire littéraire opérée par la critique romantique, le paradigme est renversé. Ce qui choque désormais, ce ne sont plus les traces du scandale antique laissées dans la pièce, mais au contraire les réécritures sophistiquées destinées à les effacer.

Quoiqu'il reste plus fidèle aux anciens que ses rivaux, nous avons vu que Racine a tout de même adapté le sujet pour le rendre convenable aux goûts de son public. Mais au tournant du XIXe siècle, les goûts du public de l'Ancien

---

25   Jean Terrasson dénonce la complaisance que montre Racine envers les actions vicieuses de Phèdre ; il blâme ici la fidélité servile du dramaturge français à Euripide, qui a « cherché le dernier point où puisse aller la méchanceté d'une femme » (*Dissertation critique sur l'Iliade d'Homère*, 2 vols., Paris, Founier, 1715 [réimpr. Genève, Slatkine, 1971, t. 1, p. 199-201). La condamnation de Rousseau à cet égard est sans appel : « Qu'apprend-on dans *Phèdre* et dans *Œdipe*, sinon que l'homme n'est pas libre, et que le ciel le punit des crimes qu'il lui fait commettre […]. Suivez la plupart des pièces du théâtre français : vous trouverez presque dans toutes des monstres abominables et des actions atroces […]. À la faveur de je ne sais quelles commodes suppositions, on les rend permis, ou pardonnables. On a peine à ne pas excuser Phèdre incestueuse et versant le sang innocent […]. On frissonne à la seule idée des horreurs dont on pare la scène française » (*Lettre à M. d'Alembert sur son article Genève*, éd. M. Launay, Paris, GF-Flammarion, 1967, p. 90-92). Voir L. F. Norman, « La théâtrophobie et la "nouvelle philosophie" moderne: le cas de Jean Terrasson », *Littératures classiques* n° 99, 2019, p. 177-187.

Régime sont devenus foncièrement méprisables aux yeux d'une partie importante de l'Europe. Les vices tragiques que l'on trouverait pathétiques si on les imaginait en robes antiques sous un ciel grec, paraissent du coup intolérablement sordides, une fois fardés d'une langue galante et récités par des acteurs portants perruques et rubans[26]. Vu sous cet angle, le héros tragique perd sa *noblesse* en devenant *aristocrate*. C'est un argument qui se développe d'abord chez les Allemands et les Anglais, avant d'être adopté aussi par des auteurs français tels que Stendhal et Hugo. Une des sources clef de cette critique est la *Comparaison entre la Phèdre de Racine et celle d'Euripide* qu'Auguste Schlegel écrit en français et qui fait date dans l'élaboration de la critique romantique[27]. Schlegel est continuellement « choqué » (le mot pullule dans le texte) pas la fausse délicatesse moderne qui transforme la tragédie sévère d'Euripide en débauche raffinée :

> L'habitude rendait les Grecs moins sensibles à ce que leur mythologie pouvait avoir de trop extravagant ; et en général tout ce qui tient en quelque façon aux traditions religieuses ne blesse plus. Mais pour des spectateurs modernes, ou cette allusion est perdue, ou s'ils la comprennent, *elle doit choquer excessivement*. [...] On admire beaucoup la seconde scène où Phèdre paraît [*Ph*. II.v], celle de la déclaration : sans doute les discours de l'héroïne sont très-éloquents, mais cela ne doit pas aveugler sur *leur inconvenance, et sur le manque absolu de délicatesse* qui y règne. [...] Si la poésie est l'art de farder le vice, je conviens que cette scène mérite de grands éloges, car *la plupart des lecteurs ne reconnaîtront pas, sous la politesse des formes et l'élégance des vers, ce qui, sans ce déguisement, les aurait choqués au plus haut point.* [...] Les anciens avaient peut-être des nerfs moins délicats que nous, mais certainement une sensibilité plus vraie et plus naturelle: ils voulaient bien, dans les ouvrages de l'art, se livrer à la pénible sympathie pour la douleur physique, pourvu qu'il y eût une compensation morale. Je crains que les modernes qui ont traité les sujets tragiques tirés de l'antiquité, ne les aient *rendus souvent plus choquants et plus atroces* dans le fond, en même temps

---

26 Les débats sur le rapport problématique entre galanterie et tragédie remontent bien sûr à l'époque de Racine lui-même. Pour une synthèse de ce sujet voir C. Barbafieri, *Atrée et Céladon. La galanterie dans le théâtre tragique de la France classique (1634-1702)*, Rennes, Presses Universitaires de Rennes, 2006.

27 Sur la place délicate de Racine dans la critique romantique en France et l'influence qu'y joue Schlegel, voir Mariane Bury, « Racine et Shakespeare dans la bataille romantique : beaucoup de bruit pour rien », dans *Jean Racine, 1699-1999*, G. Declerq et M. Rosellini (dirs.), Paris, Presses Universitaires de France, 2003, p. 645-666.

qu'ils en affaiblissaient l'effet et *polissaient* la surface.[28]

Rien de plus « choquant » pour Schlegel que de « farder » et de « polir » la faute tragique. Racine « dénature » le caractère austère d'Hippolyte en le dépeignant comme « un prince fort bien élevé, fort poli, observant toutes les convenances[29] ». Bref, le scandale du *mauvais goût* est remplacé par le scandale du *bon goût*. Ce nouveau rebondissement du scandale de Phèdre aurait sans doute étonné le public du XVIIe siècle, mais il n'est certainement pas le dernier qu'engendra ce sujet inépuisable. Car le scandale théâtral est inexorablement renouvelable – un phénix qui renait de ses propres cendres, ou plutôt une sorte de Godzilla qui, comme le suggère Schlegel, ne sortira que renforcé de toutes les tentatives qui seraient faites pour l'affaiblir.

---

28 A. W. Schlegel, *Comparaison entre la* Phèdre *de Racine et celle d'Euripide (et autres textes)*, éd. J.-M. Valentin, Arras, Artois Presses Université, 2013, p. 119, 120, 121-122, 182 (italiques ajoutés).

29 *Ibid.*, p. 127, 135.

Rencontres ou doublets ?
Rivalités théâtrales en France au XVIIe siècle

Katsuya Nagamori
Université de Kyoto

Résumé :

L'une des formes scandaleuses que prennent les rivalités dans les théâtres parisiens au XVIIe s. est le doublage dramatique : la reprise d'un sujet choisi par une troupe rivale. La carrière de Racine se déroule dans ce contexte de rivalité accrue et elle sera placée sous le signe de la dualité. Jouant un double jeu entre les troupes rivales à son début, il sera victime de doublons perfides à l'apogée de sa carrière et la rencontre des deux *Bérénice* sera l'épisode le plus marquant des rivalités théâtrales du XVIIe s.

Abstract :

One of the scandalous forms that rivalries take in Parisian theaters in the 17th c. is competing plays: when a subject chosen by a company is taken up by another. Racine's career develops in this context of increased rivalry and is placed under the sign of duality. Playing a double game between rival companies at the beginning of his career, he later becomes the victim of perfidious competing plays at the peak of his career and the competition between two *Bérénice* will be the most significant episode of theatrical rivalries in the 17th c.

Le théâtre français du XVIIe siècle nous présente un phénomène qui paraît surprenant et incompréhensible au premier abord : à Paris deux théâtres ou deux troupes représentent simultanément, ou avec un intervalle plus ou moins réduit, des pièces reprenant un même sujet, voire partageant un même titre. Or, pour les auteurs dramatiques du XVIIe siècle, choisir un sujet de théâtre analogue ou identique à un autre sujet, récent ou contemporain, semble constituer une pratique assez courante. Manifestement, il s'agit d'une concurrence déloyale à l'égard de leurs confrères et d'un pur opportunisme commercial. Voici un témoignage contemporain, celui d'un homme de lettres nommé Samuel Chappuzeau, dont le livre intitulé *Le Théâtre françois*, rédigé en 1673 et dédié à la toute nouvelle troupe du théâtre Guénégaud, a le grand mérite de décrire la vie quotidienne des comédiens et l'organisation des troupes de Paris :

> Ils [les Comédiens] tâchent quelquefois de se nuire l'un l'autre par de petits stratagèmes, mais ils ne viennent jamais à un grand éclat. Quand une Troupe promet une pièce nouvelle, l'autre se prépare à lui en opposer une semblable, si elle la croit à peu près d'égale force ; autrement il y aurait de l'imprudence à s'y hasarder. Elle la tient toute prête pour le jour qu'elle peut découvrir que l'autre doit représenter la sienne, et a de fidèles espions pour savoir tout ce qui se passe dans l'État voisin. D'ailleurs chaque Troupe tâche d'attirer les fameux Auteurs à son parti, et de dénuer de ce nécessaire appui le parti contraire.[1]

Ainsi la reprise d'un sujet choisi par une troupe rivale était l'un des procédés employés dans un contexte de concurrence qui opposait les théâtres parisiens au XVIIe siècle. Notons que Chappuzeau utilise un vocabulaire militaire ou diplomatique (« stratagèmes », « d'égale force », « espions », « État voisin », etc.) pour décrire avec humour une situation tendue et un conflit latent. Notons aussi que les initiatives de la concurrence appartiennent aux comédiens, car les « Auteurs » sont considérés comme un « nécessaire appui », mais ils ne font pas toujours corps avec la troupe.

On peut situer le début de cette rivalité vers 1629, année où le conseil du roi ordonne aux Confrères de la Passion de louer exclusivement l'Hôtel de Bourgogne à la Troupe Royale dirigée par le comédien Bellerose. 1629, c'est aussi l'année où la future troupe du théâtre du Marais, dirigée par le comédien Le Noir, joue la première comédie de Corneille, *Mélite*, dont le héros est interprété par le comédien Mondory. À partir de cette date, la vie théâtrale à Paris peut se décrire principalement comme une histoire de la rivalité entre ces

---

1 S. Chappuzeau, *Le Théâtre françois* [1673-1674], Livre III, chapitre XXXIII, éd. C. J. Gossip, Tübingen, Narr, « Biblio 17 », 2009, p. 176. Nous avons modernisé l'orthographe.

deux troupes, et cela jusqu'en 1647, année où Floridor, le meilleur comédien de l'époque, passe de la troupe du Marais à celle de l'Hôtel de Bourgogne pour en devenir le chef.

1629-1647 : c'est la période qui fait l'objet d'une étude récente de Sandrine Blondet, consacrée à l'usage du doublage dramatique, usage qui s'inscrit dans le contexte de la guerre des théâtres parisiens[2]. Cette étude prend en compte quarante-et-un doublons dramatiques et une cinquantaine d'auteurs : c'est dire que la période envisagée coïncide avec la phase la plus aiguë de la rivalité théâtrale à Paris. L'abondance des doublons dramatiques au cours de ces années s'expliquerait par l'urgence, pour les compagnies parisiennes, d'affirmer leur implantation en acquérant une légitimité que leurs rivales mettent sans cesse en cause. Parmi les titres recensés par Blondet, on peut citer, par exemple, *La Silvanire* (D'Urfé / Mairet), *L'Aminte du Tasse* (Rayssiguier / Dalibray), *La Comédie des comédiens* (Gougenot / Scudéry), *La Place Royale* (Claveret / Corneille), *La Cléopâtre* (Benserade / Mairet), *La Mort de Pompée* (Chaulmet / Corneille), *Iphigénie* (Gaulmin / Rotrou), *Bélisaire* (Desfontaines / Rotrou), *Le Véritable Saint Genest* (Desfontaines / Rotrou), *Rodogune* (Corneille / Gilbert). L'étude de Blondet replace les pièces rivales dans le contexte de la création et passe en revue les modalités du fonctionnement de la concurrence théâtrale : sa mise en scène publicitaire, ses enjeux dramaturgiques ou les questions scénographiques qu'elle met en jeu, etc.

Nous nous intéresserons à notre tour à ce phénomène théâtral que l'on peut tenir pour *scandaleux*, si l'on suit la définition proposée du *scandale* par le *Trésor de la Langue Française* : « grand retentissement d'un fait ou d'une conduite qui provoque la réprobation, l'indignation, le blâme ». Nous nous pencherons sur la seconde moitié du XVIIe siècle, période qui n'a pas été étudiée par la thèse de Blondet, mais, loin de prétendre à une étude exhaustive de la question, nous nous bornerons ici à étudier le cas de Racine.

---

2   S. Blondet, *Les Pièces rivales des répertoires de l'Hôtel de Bourgogne, du Théâtre du Marais et de l'Illustre Théâtre. Deux décennies de concurrence théâtrale parisienne (1629-1647)*, Paris, Champion, « Lumière classique », 2017. Des exemples de pièces concurrentes au XVIIe siècle ont déjà été signalés par G. Michaut, dans *La Bérénice de Racine*, Paris, Société française d'imprimerie et de librairie, 1907, p. 116 *sq.* Voir aussi dans le même ouvrage la liste suivante : « Appendice A. Rencontres de sujets et de titres au XVIIe siècle », p. 221-228.

Les doublets dramatiques : le cas de Racine

Dans la seconde moitié du XVIIe siècle, la concurrence théâtrale prend une tournure nettement personnelle, souvent centrée sur des figures d'auteur dramatique[3]. Les théâtres parisiens en compétition sont désormais au nombre de trois, puisque la troupe de Molière est arrivée à Paris en 1658. Alors que Racine est sur le point de débuter sa carrière de poète dramatique vers 1663, il se trouve d'emblée dans la situation de la « guerre comique » qui a opposé Molière aux détracteurs de son *École des femmes*, comédie représentée en décembre 1662 avec un grand succès. La querelle prend de l'ampleur et Molière y réplique par ses propres comédies (*La Critique de l'École des femmes* et *L'Impromptu de Versailles*). C'est dans ce climat de concurrence exacerbée que Racine, en recherche d'une troupe qui accepte de représenter sa première tragédie, écrit à un ami en décembre 1663 : « On promet depuis hier *La Thébaïde* à l'Hôtel [de Bourgogne], mais ils ne la promettent qu'après trois autres pièces[4]. » Or, six mois plus tard, en juin 1664, *La Thébaïde ou les Frères ennemis* a été représentée, non pas à l'Hôtel de Bourgogne, mais au Palais-Royal, par la troupe de Molière. Que s'est-il passé ? Molière, qui a vu son *Tartuffe* interdit de représentation publique le mois précédent (mai 1664), doit trouver en urgence une nouveauté pour sa troupe ; Racine n'a pas le choix : il est impatient de voir sa première pièce représentée sur scène, mais ne peut espérer la voir à l'Hôtel de Bourgogne avant l'automne de cette année-là. On peut donc déduire que Racine a joué un *double jeu*, c'est-à-dire qu'il a proposé sa première tragédie aux deux théâtres simultanément ou successivement, la « promesse » de l'Hôtel de Bourgogne dont il est question dans sa lettre n'ayant apparemment pas la valeur d'un contrat.

On peut retrouver le même *double jeu* de Racine pour sa deuxième tragédie, *Alexandre le Grand* : créée par la troupe de Molière au Palais-Royal le 4 décembre 1665, elle est représentée dix jours plus tard par la troupe de l'Hôtel de Bourgogne devant le roi chez la comtesse d'Armagnac, puis encore

---

3   « Cette coutume d'écrire deux pièces sur un même sujet subsistera avec les *Bérénice* de Corneille et de Racine, les *Phèdre* de Racine et de Pradon ; mais elle manifestera un autre état d'esprit, une rivalité d'auteurs, non une rivalité de troupes. » (E. Dutertre, *Scudéry dramaturge*, cité par Blondet, *op. cit.*, p. 13.)

4   Racine, « Lettre à M. l'abbé Le Vasseur (décembre 1663) », dans *Œuvres complètes*, t. II, éd. R. Picard, Paris, Gallimard, « Bibliothèque de la Pléiade » [1952], remis à jour, 1966, p. 460.

quatre jours après (le 18 décembre), sur la scène de l'Hôtel de Bourgogne. C'est probablement la seule fois au XVIIe siècle que la même pièce a été simultanément mise sur scène dans deux théâtres. Dans le fameux *Registre*, La Grange, comédien de la troupe de Molière, note avec un embarras mêlé d'indignation :

> Ce même jour, la Troupe fut surprise que la même pièce d'*Alexandre* fût jouée sur le Théâtre de l'Hôtel de Bourgogne. Comme la chose s'était faite de complot avec Mr Racine, la Troupe ne crut pas devoir les parts d'auteur audit Mr Racine qui en usait si mal que d'avoir donné et fait apprendre la pièce aux autres Comédiens.[5]

Si La Grange disait vrai, Racine aurait clairement rompu avec l'usage en cours au XVIIe siècle, selon lequel une pièce de théâtre, tant qu'elle n'avait pas été imprimée, restait propriété de la troupe qui l'avait créée. Mais les comédiens du Palais-Royal ignoraient-ils vraiment jusqu'à ce jour-là la *trahison* de Racine ? S'il est à la rigueur possible, avec des précautions exceptionnelles (Chappuzeau disait : ces « petits stratagèmes [...] ne viennent jamais à un grand éclat »), de cacher à tout Paris (et surtout aux confrères et aux concurrents) la prochaine apparition d'une pièce, du moins est-il nécessaire, pour jouer devant un public, d'afficher la première représentation à l'avance. L'Hôtel de Bourgogne aurait donc dû faire des annonces par les moyens en usage. De fait, le gazetier Robinet avait annoncé en novembre « deux *Alexandres*[6] », en laissant entendre qu'il s'agirait d'un nouvel épisode de la « guerre comique » qui opposait la troupe de l'Hôtel de Bourgogne à celle de Molière, à la manière des deux *Mère coquette* de Quinault et de Donneau de Visé.

D'autre part, il est difficile d'imaginer que les comédiens de l'Hôtel de Bourgogne, la « Troupe Royale », aient pu contrevenir impunément à

---

5 *Le Registre de La Grange 1659-1685. Reproduit en fac-similé avec un index et une notice sur La Grange et sa part dans le théâtre de Molière*, éds. B. E. Young et G. P. Young, Paris, Droz, « Bibliothèque de la Société des historiens du théâtre », 1947, 2 vol., t. I, p. 81.

6 « Enfin les deux *Mères Coquettes* / Malgré l'âge aimant les fleurettes, / Ont longtemps disputé le pas, / L'une à l'autre ne cédant pas ; / Mais on attend deux *Alexandres* » (Ch. Robinet, *Lettre en vers à Madame*, datée du 29 novembre 1665, Paris, F. Muguet / C. Chenault, 1665, p. 3. [Document BnF Gallica]) *La Mère coquette* de Quinault a été créée le 16 octobre 1665 à l'Hôtel de Bourgogne et *La Mère coquette* de Donneau de Visé, le 23 octobre 1665 au Palais-Royal.

cette règle non écrite, mais strictement respectée. Dans l'hypothèse où ils l'auraient fait, les comédiens du Palais-Royal ne se seraient pas contentés de marquer leur dépit uniquement dans leur *Registre* et de priver Racine de ses parts d'auteur. Il convient de rappeler à ce propos qu'en 1674, après la mort de Molière, ses comédiens vont supplier le roi pour qu'une autre compagnie ne joue pas le *Malade imaginaire*, sa dernière comédie qui n'était pas encore publiée :

> S. M. ayant été informée que quelques Comédiens de Campagne ont surpris après le décès du Sieur Molière une copie de la Comédie du *Malade imaginaire*, qu'ils se préparent de donner au Public, contre l'usage de tous temps observé entre tous les Comédiens du Royaume, de n'entreprendre de jouer au préjudice les uns des autres les Pièces qu'ils ont fait accommoder au Théâtre à leurs frais particuliers, pour se récompenser de leurs avances, et en tirer les premiers avantages, Sadite Majesté fait très expresses inhibitions et défenses à tous Comédiens autres que ceux de la Troupe établie à Paris rue Mazarine au Faubourg Saint-Germain, de jouer et représenter ladite Comédie du *Malade imaginaire* en quelque manière que ce soit, qu'après qu'elle aura été rendue publique par l'Impression qui en sera faite, à peine de 3.000 livres d'amende [...].[7]

Une troupe de campagne aurait pu prendre l'avantage sur les comédiens de Molière en plein désarroi, mais elle a été finalement rappelée à l'ordre. La fameuse règle non écrite est ici reconnue et confirmée. Si Molière avait été vivant, sa réaction aurait été plus vigoureuse. On pourrait donc conclure, avec Georges Forestier : « la chose n'a pu se faire sans l'aveu royal, c'est-à-dire sans un ordre royal, et c'est cela qui explique l'absence de tout rappel ultérieur de sa prétendue « trahison » par les ennemis de Racine[8]. » On peut ajouter que Racine aurait encore une fois négocié avec les deux troupes, mais cette fois-ci, dans l'espoir de choisir une meilleure troupe en matière de jeu tragique.

Dans la suite de sa carrière, Racine sera presque constamment en butte à la cabale[9]. Surtout, à l'apogée de sa carrière d'auteur dramatique, il sera

---

7 « Ordre du Roi », cité par P. Mélèse dans *Le Théâtre et le public à Paris sous Louis XIV, 1659-1715*, Paris, Droz, 1934 [réimpr. Genève, Slatkine, 1976], p. 422-423.

8 G. Forestier, *Jean Racine,* Paris, Gallimard, « NRF biographies », 2006, p. 242.

9 Signalons le titre d'une thèse sur les pièces concurrentes de *Bérénice*, d'*Iphigénie* et de *Phèdre* : M. Bilon, *Les « Doublets » des tragédies de Racine dans la deuxième partie du XVIIe siècle*, thèse de 3e cycle, Université Paris-III, 1980, dactyl.

victime d'un doublon perfide. Ses adversaires, toujours aussi violents et acharnés à le combattre, vont, après le grand succès d'*Iphigénie*, inaugurer une tactique nouvelle : les critiques ne suffisant pas à dénigrer l'auteur à succès, ils lui suscitent la concurrence d'une seconde *Iphigénie*, bien que Le Clerc, l'un des auteurs de la pièce, nie cette intention dans la préface :

> J'avouerai de bonne foi, que quand j'entrepris de traiter le sujet d'Iphigénie en Aulide, je crus que Monsieur Racine avait choisi celui d'Iphigénie dans la Tauride qui n'est pas moins beau que le premier. Ainsi le hasard seul a fait que nous nous sommes rencontrés, comme il arriva à Monsieur Corneille et à lui, dans les deux Bérénices. [...] celle-ci [la pièce de Le Clerc] néanmoins, qui a été représentée longtemps après la sienne, et qu'on avait voulu étouffer, a été encore assez heureuse pour trouver des Partisans ...[10]

Le Clerc prétend qu'il s'agit d'une rencontre par hasard, alors même que son *Iphigénie* a été créée en mai 1675, soit neuf mois après la création de l'*Iphigénie* racinienne à Versailles. Toujours d'après Le Clerc, Racine serait intervenu, en réagissant à ce projet de doublet dramatique, pour empêcher que l'autre *Iphigénie* fût jouée durant le temps que son *Iphigénie* poursuivait sa triomphale carrière à l'Hôtel de Bourgogne. En fait, l'*Iphigénie* de Le Clerc et de Coras n'a tenu que cinq représentations, ce qui a donné à Racine, dit-on, l'idée d'une pointe d'épigramme :

> Le Clerc disait : La Pièce est de mon cru ;
> Coras criait : Elle est mienne et non vôtre.
> Mais dès l'instant que l'ouvrage a paru,
> Plus n'ont voulu l'avoir fait l'un ni l'autre.[11]

Racine sera exposé à une autre cabale pour sa *Phèdre et Hippolyte* – c'est le titre initial de *Phèdre* – avec la tragédie du même nom de Pradon. Ce qui est original dans la querelle des deux *Phèdre*, c'est que l'un des deux auteurs ait revendiqué la qualité d'agresseur, alors que, habituellement, de part et d'autre on se défend d'avoir voulu marcher sur les brisées d'autrui[12]. Sans doute

---

10 Le Clerc, « Préface » d'*Iphigénie*, Paris, Olivier de Varennes, 1676, p. I.

11 Racine, *Œuvres complètes*, t. I, éd. G. Forestier, Paris, Gallimard, « Bibliothèque de la Pléiade », 1999, p. 813.

12 « Je le [Pradon] trouve louable d'avoir reconnu de si bonne foi dans sa *Préface* qu'il n'a point traité de ce sujet par un effet du hasard, comme tout le monde sait qu'il arriva des deux *Bérénices*, mais par un pur effet de son choix. On avait dit le contraire avant que la pièce parût, et il a cru que ce déguisement démentait la sincérité dont il fait

réconforté par le succès qu'il croit avoir obtenu des premières représentations sur la scène du théâtre Guénégaud, Pradon met en avant l'argument suivant :

> Euripide, qui est l'Original de cet ouvrage, n'aurait jamais fait le procès à Sénèque, pour avoir traité son sujet, ni Sénèque à Garnier, ni Garnier à Gilbert. Ainsi j'avoue franchement, que ce n'a point été un effet du hasard qui m'a fait rencontrer avec Mr Racine, mais un pur effet de mon choix.[13]

Pradon revendique ici clairement le droit de défier les modèles littéraires, que ce soit antiques ou modernes, à traiter sur un pied d'égalité. Son appartenance au camp des Modernes le pousse à nourrir un esprit d'émulation plutôt qu'à cultiver le respect des Anciens :

> Il serait même à souhaiter pour le divertissement du Public, que plusieurs auteurs se rencontrassent quelquefois dans les mêmes Sujets, pour faire naître cette noble émulation qui est la cause des plus beaux ouvrages.[14]

On voit que les rivalités théâtrales sont ici mises au service de la naissante querelle des Anciens et des Modernes. D'ailleurs, dans sa *Phèdre et Hippolyte*, Pradon semble surtout avoir l'intention de rationaliser le mythe : il prête à ses personnages le mépris des « erreurs du vulgaire » (v. 613) qui croirait aux « fables de la Grèce » (v. 54). Si Jacques Truchet y voit la scène « la plus originale de la pièce[15] » en ce qu'elle annonce un esprit voltairien, nous y voyons plutôt une attaque (déjà manifeste dans la préface) contre le clan Racine-Boileau qui favorisait le merveilleux païen, et plus directement contre la *Phèdre* de Racine qui exploite pleinement les « fables de la Grèce » et qui était connue de Pradon, apparemment, jusque dans les moindres détails.

Les deux *Bérénice*

Venons-en à la rencontre des deux *Bérénice*. Celle de Racine est créée le 21 novembre 1670 au Théâtre de l'Hôtel de Bourgogne. Une semaine plus

---

profession... » (Donneau de Visé, *Le Nouveau Mercure galant* [mai 1677], cité par R. Picard, *Nouveau corpus racinianum. Recueil-inventaire des textes et documents du XVIIe siècle concernant Jean Racine*, édition cumulative, Paris, CNRS, 1976, p. 107.)

13   Pradon, « Préface » de *Phèdre et Hippolyte* [1677], dans *Théâtre du XVIIe siècle*, Paris, Gallimard, « Bibliothèque de la Pléiade », 1975-1992, t. III, éds. J. Truchet et A. Blanc, p. 96.

14   *Ibid.*

15   *Ibid.*, p. 1084.

tard, le 28 novembre, celle de Corneille est créée au Théâtre du Palais-Royal. C'est probablement l'épisode le plus célèbre parmi les nombreux doublets dramatiques au XVIIᵉ siècle.

Le problème des deux *Bérénice* – qui est « un des plus complexes de toute l'histoire littéraire du XVIIᵉ siècle », d'après Raymond Picard[16]– n'a pas été encore entièrement élucidé et, disons-le d'emblée, ne le sera sans doute jamais. On a beaucoup discuté sur les circonstances concernant le choix du sujet et le *concours* organisé ; mais comme il n'y a pas de preuves irréfutables, tous les arguments reposent forcément sur la vraisemblance d'une situation imaginée, laquelle varie naturellement selon les points de vue que l'on adopte. Il faut noter tout d'abord que les textes qui font état de ce *concours* sont tardifs et semblent appartenir à une forme de *légende*.

Gustave Michaut[17] a écarté la *légende* qui date du XVIIIᵉ siècle, selon laquelle Henriette d'Angleterre (dite « Madame », à qui Racine avait dédié son *Andromaque*) aurait été l'inspiratrice du sujet et l'instigatrice de la concurrence entre Corneille et Racine. Cette « tradition[18]» remonte à Fontenelle (*Vie de Corneille*, 1729)[19], mais pas avant. En 1709, La Princesse Palatine avoue ignorer que la pièce de Racine fasse référence à l'amour de jeunesse de Louis XIV et de Marie Mancini[20], mais ne souffle mot sur Henriette d'Angleterre ni sur la concurrence des deux poètes ; ce témoignage, qui cadre avec l'existence

---

16   R. Picard, *La Carrière de Jean Racine*, Paris, Gallimard, « Bibliothèque des Histoires », 1956, p. 156.

17   Michaut*, op. cit.*, p. 59 *sq.*

18   C'est le mot utilisé par Michaut (*ibid.*, p. 61) et par Couton dans sa notice de *Tite et Bérénice*, dans *Œuvres complètes* de Corneille, Paris, Gallimard, « Bibliothèque de la Pléiade », 1980-1987, t. III, p. 1614.

19   « *Bérénice* fut un duel, dont tout le monde sait l'Histoire. Une Princesse [N.D.E. : Henriette Anne d'Angleterre], fort touchée des choses d'esprit, et qui eût pu les mettre à la mode dans un pays barbare, eut besoin de beaucoup d'adresse pour faire trouver les deux combattants sur le champ de bataille sans qu'ils sussent où on les menait. Mais à qui demeura la victoire ? Au plus jeune. » (Fontenelle, *Vie de M. Corneille l'aîné*, repris dans *Histoire de l'Académie française, depuis 1652 jusqu'à 1700*, par M. l'abbé d'Olivet, Paris, J.-B. Coignard fils, 1729, p. 195. Nous avons modernisé l'orthographe.)

20   « J'ai souvent vu cette comédie, mais je ne savais pas que le Roi et Mme Colone [Marie Mancini] en eussent fourni le sujet, car elle n'a été faite que longtemps après. » (Lettre datée du 15 octobre 1709, citée par Picard, *Nouveau corpus racinianum, op. cit.*, p. 494.) Comme Couton l'a signalé (Corneille, *Œuvres complètes*, éd. cit., t. III, p. 1613, n. 2), Michaut n'a pas mentionné ce texte qui, certes, n'est pas de nature à modifier sa conclusion.

des allusions dans le texte de Racine (v. 373, 1154, 1357-58), renforce l'idée selon laquelle le poète a délibérément inséré l'anecdote de Louis XIV, mais pas forcément celle, émise par Antoine Adam, selon laquelle Racine a été « *chargé* » de mettre ces allusions dans la pièce[21]. En 1719, l'abbé Du Bos[22] se contente de mentionner « les instances d'une grande Princesse » qui aurait engagé Racine à traiter ce sujet, sans révéler l'identité de cette princesse ni rappeler l'existence du « duel » (le mot employé par Fontenelle). Il ne semble donc pas tout à fait exact d'affirmer, comme le fait Forestier :

> [...] l'anecdote repose sur un récit tardif de Du Bos (1719), qui se réfère à la source la moins fiable qui soit, le vieux Boileau : quand on sait que l'hagiographie racinienne commencée par Racine lui-même a été poursuivie par Boileau, on peut imaginer que celui-ci, plus de trente ans après les faits, a pu forger de toutes pièces une histoire entièrement à l'honneur de son ami – et toute à son propre honneur, puisqu'il partageait ainsi avec la célèbre princesse le privilège d'avoir proposé des sujets à Racine.[23]

Notons que Du Bos allègue l'autorité de Boileau comme censeur de la pièce pour soutenir sa propre désapprobation du sujet de *Bérénice* (car il s'agit du chapitre intitulé « De quelques tragédies dont le sujet est mal choisi »). Par ailleurs, le texte de Du Bos ne permet pas d'affirmer que c'est Boileau qui, le premier, parlait des « instances d'une grande Princesse ». Certes, le prétendu témoignage de celui-ci (Du Bos écrit, comme pour garantir l'authenticité du fait, « Despréaux a dit plusieurs fois ») atteste *indirectement* l'existence d'une « commande ». Mais le propos de Boileau semble avoir consisté simplement à souligner la nature apparemment peu tragique du sujet et le statut exceptionnel à accorder à cette pièce dans l'œuvre de Racine. Or fallait-il que Boileau

---

21 *Histoire de la littérature française du XVIIe siècle* [1948-1956], Paris, Albin Michel, « Bibliothèque de l'Évolution de l'Humanité », 1997, t. III, p. 336, n. 1 ; souligné par Adam.

22 « Racine avait mal choisi son sujet ; et pour dire plus exactement la vérité, il avait eu la faiblesse de s'engager à la [Bérénice] traiter sur les instances d'une grande Princesse. » (Abbé Du Bos, *Réflexions critiques sur la poésie et sur la peinture* [1719], Ière partie, section XVI, 7e éd., Paris, Pissot, 1770 [réimpr. Genève, Slatkine, 1993], p. 128. Nous avons modernisé l'orthographe.)

23 G. Forestier, « Où finit *Bérénice* commence *Tite et Bérénice* », dans *Onze études sur la vieillesse de Corneille dédiées à la mémoire de G. Couton*, éds. M. Bertaud et A. Niderst, Boulogne, ADIREL ; Rouen, Mouvement Corneille-Centre International P. Corneille ; diffusion Klincksieck, 1994, p. 62-63.

inventât l'anecdote de la « grande Princesse » pour expliquer l'importance du défi relevé, et cela « plus de trente ans après les faits[24]» ? Forestier, lui, considère que Boileau s'est chargé de dissimuler la « basse réalité[25]», nuisible à la réputation posthume de son ami :

> Il était donc particulièrement habile dans le cas de *Bérénice* d'affirmer que le sujet avait été suggéré au poète par un personnage aussi considérable que Madame : la postérité ne soupçonnerait pas Racine d'avoir cherché la confrontation avec Corneille, et tirerait d'elle-même la conclusion inverse.[26]

Or, René Jasinski propose exactement la même logique, mais il la prête aux cornéliens :

> [Si] Corneille ressentait amèrement l'humiliation de sa défaite, ne cherchat-il pas du moins à réduire ses responsabilités ? Ne devenait-il pas adroit de laisser entendre qu'il n'avait pas de lui-même croisé le fer avec son jeune rival ? qu'il ne s'était pas lancé de gaieté de cœur en pareille aventure ? qu'il s'était laissé entraîner malgré lui, sur un terrain défavorable qu'il n'avait pas choisi ? Et quelle sollicitation plus plausible que celle de Madame, qui, vive et charmante, se plaisait aux « choses de l'esprit », dont le seul nom, loin d'éveiller les défiances, évoquait des souvenirs de grâce attendrie, et qui, tôt disparue, ne pouvait récuser cette initiative ? […] Il se peut que Corneille ait allégué après coup cette excuse. S'il ne l'a fait lui-même, il se peut que Thomas ou quelque cornélien de son entourage ait insinué en ce sens quelque suggestion, recueillie ensuite et mise en forme par Fontenelle.[27]

On voit ainsi que tous les arguments fournis sont susceptibles d'être retournés.

Si l'anecdote rapportée par Fontenelle – un « duel », dont les deux parties s'ignorent, organisé par Madame – paraît ainsi suspecte[28] et que le « hasard »

---

24 *Ibid.*, p. 63.

25 *Ibid.*, p. 66.

26 *Ibid.*, p. 63, n. 22. Cette remarque est reprise pour la « Notice » de *Bérénice* dans Racine, *Œuvres complètes*, éd. cit., t. I, p. 1447, n. 5.

27 R. Jasinski, *Vers le vrai Racine*, Paris, A. Colin, 1958, t. I, p. 366.

28 Cela dit, Couton n'écarte pas catégoriquement la thèse du concours organisé par Henriette d'Angleterre : « En définitive, je ne vois pas de raison sérieuse pour rejeter la tradition dont Madame, l'abbé Du Bos, Fontenelle, Voltaire se sont fait les échos, échos non rigoureusement semblables certes, mais beaucoup plus complémentaires que contradictoires. Surtout pour lui substituer des hypothèses : Racine copiant Corneille, Corneille copiant Racine, qui ne reposent, elles, sur aucun témoignage. » (« Notice » de *Tite et Bérénice*, dans Corneille, *Œuvres complètes*, éd. cit., t. III, p. 1615.)

allégué par Le Clerc (voir sa « Préface » d'*Iphigénie*, citée plus haut) ne semble pas convaincant non plus, il faut supposer que l'un des deux auteurs a sciemment décidé d'entrer en concurrence avec l'autre. Ainsi, Michaut conclut que c'est Racine qui aurait osé entrer en lice avec Corneille[29]. Picard se rallie à cet avis, mais, loin d'y voir une « basse réalité », observe que « la chose était très courante alors » et il décharge Racine d'un éventuel plagiat :

> Étant donné la situation respective de Corneille et de Racine, et le fait que celui-ci n'a pu avoir connaissance du texte définitif de la pièce de son rival, il ne s'agit pas dans son cas d'un manque d'inspiration, d'une paresse à inventer ou de la tentation du plagiat, mais bien d'une concurrence.[30]

Que disaient les contemporains ? Il est vrai que l'abbé de Villars, à la fin de sa *Critique de Bérénice*, laisse entendre « qu'on blâme [Racine] d'avoir voulu entrer en lice avec Corneille[31] ». Mais le même abbé, au début de sa *Critique de Tite et Bérénice*, regrette que « la Muse du Cothurne […] l'a [Corneille] fait entrer en lice avec un aventurier qui ne lui en contait que depuis trois jours[32] ». En clair, l'abbé ne se préoccupe guère de savoir lequel des deux a provoqué le duel en choisissant le même sujet. L'abbé de Saint-Ussans dans sa *Réponse à la critique de Bérénice* reprend textuellement l'expression utilisée par l'abbé de Villars : « à moins qu'il ne prétende, qu'on ne peut faire un poème dramatique, sans vouloir entrer en lice avec M. Corneille[33]. » On conçoit que le milieu théâtral a pu frémir, non pas à cause d'un éventuel « vol de sujet[34] », mais à cause d'un apparent déséquilibre

---

29   « À bien examiner toutes choses, on se persuade donc que Racine n'a point reçu son sujet de Madame, mais que – ne pouvant guère l'avoir choisi en même temps que Corneille par un hasard trop surprenant – il le lui a pris de propos délibéré et pour entrer en lutte avec lui. » (Michaut, *op. cit.*, p. 133.)

30   Picard, *op. cit.*, p. 159. L. Herrmann soutient au contraire que c'est Corneille qui se serait emparé du sujet choisi par Racine. (« Vers une solution du problème des deux *Bérénices* », *Mercure de France*, CCIII [1928], p. 313-337.) A. Adam soutient que Madame a chargé Racine de traiter le sujet, mais écarte la thèse du concours organisé (*op. cit.*, t. III, p. 335, n. 1.)

31   Abbé de Villars, *La Critique de Bérénice* [1671], repris dans Racine, *Œuvres complètes*, t. I, éd. cit., p. 519.

32   *Id.*, *La Critique de Tite et Bérénice* [le titre exact : *La Critique de Bérénice*, seconde partie, 1671], repris dans Michaut, *op. cit.*, p. 260-261.

33   Saint-Ussans, *Réponse à la critique de Bérénice* [1671], repris dans Racine, *Œuvres complètes*, t. I, éd. cit., p. 533.

34   Forestier, art. cit., p. 61.

d'expérience et de réputation qui existe entre les deux poètes et du résultat inattendu de la compétition[35]. Si l'abbé de Saint-Ussans ajoute que le seul point commun entre les deux pièces est le nom de Bérénice qui figure dans le titre, est-ce vraiment « reconnaître [...] la responsabilité de Racine dans la concurrence entre les deux pièces »[36]? Cela ne nous semble pas si évident. Ici encore, l'abbé ne s'intéresse pas tellement à la question de savoir qui a d'abord choisi le sujet ; d'ailleurs, le même sujet a été déjà traité au théâtre par Magnon en 1660 (*Tite*, tragi-comédie) et au collège des Jésuites de Rouen en 1663 (en latin). L'abbé de Saint-Ussans n'est-il pas plutôt en train de suggérer, au-delà d'une possible rencontre du sujet, la fondamentale différence de nature des deux poèmes qui constitue justement l'intérêt de cet affrontement[37] ?

Savoir s'il existait une « commande » ou, à défaut, savoir lequel des deux auteurs a conçu le premier le sujet apparaît comme un problème secondaire lorsqu'il s'agit d'interpréter les textes. Ce qui nous semble important, c'est que chacun des deux auteurs dramatiques, comme le remarque Couton[38], n'aurait pu longtemps ignorer que son rival était à l'œuvre sur le même sujet, contrairement à la *légende* (version de Fontenelle) qui veut que Madame ait souhaité que chacun des deux poètes travaillât dans l'ignorance ; et que cette circonstance aurait poussé les deux dramaturges, non pas à s'imiter – car il est impensable que Corneille et Racine, arrivés à ce stade de maturité et de maîtrise techniques, sans parler de rivalité professionnelle, marchent sur les traces de l'autre –, mais à se démarquer de l'autre, à affirmer leur propre originalité. « Ainsi s'explique, note justement Couton, que chacun soit dans

---

35 Il faut noter tout de même que la pièce de Corneille était loin d'être un « échec » (Couton, « Notice » de *Tite et Bérénice*, éd. cit., t. III, p. 1606), avec 21 représentations pour la période du 28 novembre 1670 au 8 mars 1671, en alternance avec *le Bourgeois Gentilhomme*. Voir J. Clarke, « Pierre Corneille dans les répertoires des troupes de Molière et de l'Hôtel Guénégaud », *Revue d'histoire littéraire de la France*, 2006/3 (vol. 109), p. 576-577.

36 Forestier, art. cit., p. 65.

37 D'ailleurs, Racine lui-même utilisera le même argument – que l'on peut considérer comme sincère – dans la seconde préface d'*Andromaque* (1676) : « C'est [le caractère d'Hermione] presque la seule chose que j'emprunte ici de cet auteur [Euripide]. Car, quoique ma tragédie porte le même nom que la sienne, le sujet en est cependant très différent. » (*Œuvres complètes*, éd. cit., t. I, p. 297.) A. Viala, de son côté, note : « Concurrence, oui, mais conflit non : la querelle entre Racine et Corneille à propos de leurs *Bérénice* n'a pas eu lieu ». (« La querelle des *Bérénice* n'a pas eu lieu », *Littératures classiques*, n° 81, 2013, p. 97.)

38 Corneille, *Œuvres complètes*, éd. cit., t. III, p. 1615.

ces pièces si remarquablement lui-même[39]. »

* * *

Deux pièces, composées par deux dramaturges différents, mais sur le même sujet, présentées à quelques semaines ou mois d'intervalle sur deux scènes parisiennes distinctes – ce phénomène fréquemment observé au XVIIe siècle témoigne d'abord d'une extrême vitalité du théâtre sous les règnes de Louis XIII et de Louis XIV. La sortie concomitante des deux pièces d'un même titre relève d'une rivalité accrue, et même d'une confrontation délibérée, entre les auteurs dramatiques et les troupes théâtrales de l'époque. La rivalité, la confrontation et surtout l'émulation peuvent mettre en lumière des prises de position esthétiques divergentes, comme on l'a vu avec les *Phèdre* de Racine et de Pradon, puis avec les *Bérénice* de Racine et de Corneille.

D'autre part, cette pratique de réécriture dramatique met en valeur la primauté de la *disposition* sur l'*invention* : l'important est de construire une intrigue dynamique et intéressante, à partir d'un sujet bien connu du public, avec des épisodes que le dramaturge prend la liberté d'insérer. Avec la perfection de la *dramaturgie classique française*, l'*invention* au sens rhétorique peut s'assimiler ainsi à l'idée de *répertoire* dramatique, qui est liée à son tour à une double pratique : celle de la *reprise* et celle de l'*alternance*, deux principes qui constituent la vie quotidienne des théâtres parisiens du XVIIe siècle et qui préparent et justifient la fondation de la Comédie-Française en 1680.

---

39 *Loc. cit.*

Two Late Imperial Chinese Opera Scandals: 1689 and 1874[1]

Judith T. Zeitlin

The University of Chicago

Résumé :

Deux scandales dans l'opéra chinois de la dynastie Qing : 1689 et 1874.
Cet article analyse deux représentations désastreuses données à Beijing,
sous la dynastie Qing, à l'apogée de l'opéra chinois. Par « représentations
désastreuses », j'entends des représentations qui provoquent un outrage qui
déclenche punition et représailles, avec de considérables répercutions. Le
premier cas est célèbre ; il concerne une représentation privée du chef d'œuvre
de Hong Sheng, *Le Palais de longue vie* (1689). Le second, très peu connu,
concerne une représentation sur la scène d'un club et implique un puissant
général. Ce petit échantillon permet de dégager trois traits récurrents dans
les scandales de théâtre sous la dernière dynastie chinoise. Ils sont fortement
liés à l'autorité impériale, aux pressions politiques et aux tensions partisanes
en coulisse. Ils supposent une lecture symbolique, que ce soit dans l'outrage
initial, dans les commentaires contemporains ou dans la reconstruction des
historiens par la suite. Enfin, ils montrent que le scandale se développe dans
un lieu qui n'est pas totalement ouvert (comme un théâtre commercial)
ni totalement fermé (comme la cité interdite) mais qui occupe un espace
intermédiaire entre la sphère publique et la sphère privée.

---

1   My deep gratitude to Andrea Goldman, Ashton Lazarus, and Paize Keulemans
    for generously sharing their expertise, to my research assistant Jiayi Chen for her
    indispensable help, and to Goldman, Keulemans, Martha Feldman, and Wu Hung for
    their astute comments on drafts of this essay. I also thank François Lecercle and Hirotaka
    Ogura for graciously inviting me to participate in the conference that engendered this
    volume. Unless otherwise indicated, all translations are mine.

Abstract :

This essay examines two disastrous performances that took place in the Qing dynasty capital of Beijing during a heyday of Chinese opera. By "disastrous performance" I mean *a theatrical event that gives offense and results in punishment and retaliation, bringing calamity on someone or something, with tangible, measurable repercussions.* The first case from 1689 (the early Qing), an ill-fated salon performance of Hong Sheng's masterpiece *Palace of Lasting Life,* is quite famous. The second from 1874 (the late Qing), a brawl at the Hunan-Hubei Native Place Club theater involving the general Zeng Guoquan, is quite obscure. Though a tiny sample, together they reveal some common patterns in the way theatrical scandals operated in late imperial China. First, both cases have a strong connection to Qing imperial authority and betray political pressures and partisan infighting behind the scenes. Second, both cases entail some sort of allegorical or symbolic reading between the lines, either as part of the initial triggering offense, in the public discourse on the incident, or in enabling later scholars to reconstruct the scandal at all. Finally, both cases show how scandals can develop in "in-between performance spaces" that are neither fully open (like a commercial playhouse) or fully closed (like the Forbidden City), but straddle a borderland between private and public spheres.

Scandal is a rich topic for any historian of Chinese theater, but it has not been much researched in this field, at least frontally. My essay will make a first attempt to scratch the surface. François Lecercle's and Clotilde Thouret's excellent survey of the French term "scandale" in their introduction to a special issue of *Fabula* on "Théâtre et Scandale" shows the complexity of scandal as a word and a concept and demonstrates how its usages and meanings have changed over time.[2] We would certainly not expect full overlap in Chinese, linguistically, historically, or conceptually, yet we also find quite a few commonalities with the European cases they describe.

---

2   François Lecercle et Clotilde Thouret, "Introduction. Une autre histoire de la scène occidentale", *Fabula / Les colloque*s, Théâtre et scandale, URL: http://www.fabula.org/colloques/document6293.php. (Consulted April 02, 2020, no pagination) My approaches to scandal in this essay are indebted to their very thorough survey and analysis.

An account of how you say "scandal" in Modern Chinese is revealing and will set the stage, so to speak, for a consideration of operatic scandal. On the poster for the conference on "Théâtre et Scandale" held in Tokyo in October, 2019, the Japanese title simply uses *sukyandaru* スキャンダル, a transliteration of the occidental word "scandal/e" written in the Katakana syllabary. This is a modern usage of early twentieth-century vintage, but it is only one of several Japanese words past and present to designate this concept, with the other possible choices rendered in Kanji (Chinese characters). Chinese tends not to transliterate western terms directly, so in the later nineteenth century and first part of the twentieth, many new Japanese Kanji coinages that had already translated modern ideas and inventions into Chinese characters were adopted. The most common way to say "scandal" in Mandarin today – *chou-wen* 醜聞 (*shūbun* in Japanese pronunciation)—is likely one such compound borrowed from Japanese.[3] According to Ashton Lazarus, "it seems that *shūbun*'s earliest appearance is in an 1874 dictionary called *Kōeki jukujiten*, where it is defined as an 'indecent/ dirty story.'" The earliest usage of *chou-wen* I have found appears in the Chinese newspaper *Shen Bao* (Jan 16, 1913 issue), where it is used interchangeably with the now obsolete term *chou-shi*[a] 醜史 (disgraceful history) to mean scandal.[4] *Hanyu dacidian,* the most comprehensive Chinese dictionary, cites only a 1935 usage from an article by the famous writer Lu Xun denouncing the malicious tabloid coverage that drove Shanghai film star Ruan Lingyu to take her own life.[5] The date and context of this later citation anchor the term to a familiar global mass culture where the local media dishes up dirt on celebrities to feed an avid public.

Chou-wen is composed of two Chinese characters. *Chou* 醜 on its own, as an adjective or noun, means "ugly; physically or morally deformed," and

---

3   Lazarus observes that in contrast to *shūbun*, "*sukyandaru* looks to have emerged a bit later in time," with one dictionary entry citing a text from 1916 (private correspondence, October 10, 2019).

4   "Esheng nü jie xin chou-shi[a]," *Shen Bao,* Jan. 16, 1913, 6. For another instance of *chou-shi*[a] [disgraceful history] to mean scandal, see *Shen Bao,* Mar 11, 1911, 10.

5   *Hanyu dacidian* (Shanghai: Hanyu dacidian chubanshe, 2001), vol. 9, 1435. The brief entry defines *chou-wen* by expanding each of the characters into a compound: "rumors circulating (*chuan-wen*) about something disgraceful (*chou-shi*)." On Lu Xun's article, see Jack W. Chen, "Introduction" to *Idle Talk: Gossip and Anecdote in Traditional China,* ed. Jack W. Chen and David Schaberg (Berkeley and Los Angeles: University of California Press, 2014), 1-3.

by extension, something "shameless, disgraceful, scandalous."[6] *Wen* 聞 on its own means "to hear; what is heard or known," and hence, hearsay, rumor, information, reputation, including both oral and written accounts thereof.[7] (For instance, *xin-wen* 新聞, literally, the "newest information," is today a blanket term meaning "news" in the modern media sense, but in earlier times could simply mean the latest hearsay.) As a compound, *chou-wen* indicates the two conditions that must be satisfied for a scandal to ensue: rumors must be circulating publicly about some incident commonly deemed disgraceful.

Chou also appears in other compounds translatable as scandal, such as *chou-hua* 醜話 (disgraceful talk) or *chou-shi* 醜事 (disgraceful matter). But my preliminary survey has found that like *chou-wen*, none of these compounds has much traction in classical Chinese texts.[8] More productive for tracing earlier concepts and cases of scandal are the cluster of nouns *chou* modifies related to rumor, hearsay, and gossip, as in *wen* (see above) or *hua* 話, which means "talk" or "stories," as in *xian hua* 閒話 – idle gossip or chatter. Also relevant is the cluster of ancient metereological metaphors for rumor and popular opinion like *feng* 風 ("wind," "influence") or *feng-yu* 風雨 ("storm," literally "wind and rain") to convey the fast-moving and forceful nature of public opinion. To "create wind" (*sheng feng*), for instance, means to "stir up gossip or scandal." But probably the most common usage is a neutral word, like *shi* 事: "affair, incident, matter," or *an* 案: "case" (in the sense of a legal case, though no legal proceedings are required). Either can be deployed as a single character, or

---

6   For the first definition, see *Mathews' Chinese-English Dictionary* (Rev. American ed. Cambridge, MA: Harvard University Press, 1963), p. 185; for the second, see *New Century Chinese English Dictionary* (*Xin shiji Hanying dacidian*), second edition, (Beijing: Waiyu jiaoxue yu yanjiu chubanshe, 2016), 241.

7   On *wen* in the context of rumor, gossip, and news, see Paize Keulemans "Tales of an Open World: The Fall of the Ming Dynasty as Dutch Tragedy, Chinese Gossip, and Global News," *Frontiers of Literary Studies in China* 2015, 9 (2): 190−234 and his book *Idle Chatter: The Productive Uses of Rumor and Gossip in Seventeenth-Century Chinese Literature* (forthcoming). On *chou-wen* (taken literally as "ugly or dirty hearing") see his "*Jin Ping Mei* chongtan: cong liuyan dao chouwen" in *Zhongguo dianji yu wenhua guoji xueshu yantao hui* (Beijing: Peking University Press, 2011), 395-411.

8   *Hanyu dacidian*'s examples for *chou-shi* are all from Qing dynasty vernacular novels; *Shen Bao*'s earliest usage of the term dates to Feb. 25, 1873, 2 (only a year after the newspaper was founded). For the now obsolete usage of *chou-hua* to mean scandal, see *Lin Yutang's Chinese-English Dictionary of Modern Usage* (URL: http://humanum.arts. cuhk.edu.hk/, accessed Apr 10, 2020). It is clear that the terminology for "scandal" was quite fluid in the late Qing and Republican era press.

with a short phrase like a date or a name modifying the "incident" or the "case" to identify it. (The Dreyfus affair or the Dreyfus case would be analogous.) According to Paize Keulemans, who has worked extensively on rumor, gossip, and news in seventeenth-century Chinese literature, "the terms for 'scandal' most often employed seem deliberately unscandalous."[9]

There are many fertile areas in Chinese opera history to pursue specific scandals, along with the mechanism and outlets for triggering, disseminating, and reacting to them. In this essay, to narrow the field, I explore a particular type of scandal that I call "a disastrous performance," which I define as *a theatrical event that gives offense and results in punishment and retaliation, bringing calamity on someone or something, with tangible, measurable repercussions.* The Chinese character *huo* 禍 (disaster, catastrophe, misfortune) is often applied in such situations. Because my focus is on the theatrical event, I deliberately rule out the abundance of purely literary cases in which the writing or publishing of a play was censored or banned. I also rule out the multitude of general cases in which a blanket prohibition was issued against acting troupes, specific types of operas, or opera performances *in toto.*[10] Instead, I have chosen two incidents from the Manchu-ruled Qing dynasty (1644-1911)—whose reign encompassed a heyday of Chinese opera—as test cases. (I use opera and theater interchangeably because there was no purely spoken Chinese drama prior to the twentieth century and virtually all plays were built around extensive passages of sung verse.)

These two disastrous performances are spatially connected by being located in the imperial capital of Beijing, but temporally they belong to quite separate historical moments and occurred in very different venues and theatrical contexts. The first case from 1689 (the early Qing) is quite famous; the second from 1874 (the late Qing) is quite obscure. Although a tiny sample, together they reveal some common patterns in the way theatrical scandals operated in late imperial China. First, as a corollary of being set in

---

9 Quotation from personal communication, October 21, 2019.

10 Histories and compilations of materials related to the banning of stages, actors, plays, and playwrights provide ample sources. For the late imperial period, see Wang Liqi, *Yuan Ming Qing sandai jinhui xiaoshuo xiqu shiliao* (Beijing: Zuojia chubanshe, 1958); Ding Shumei, *Zhongguo gudai jinhui xiju shilun* (Beijing: Zhongguo shehui kexue chubanshe, 2008) and *Zhongguo gudai jinhui xiju biannian shi* (Chongqing: Chongqing daxue chubanshe, 2014).

the capital, both disasters have a strong connection to Qing imperial authority and betray or invoke political pressures and vulnerabilities, political attacks and infighting behind the scenes. Second, both cases entail some sort of allegorical, metaphorical, or symbolic reading between the lines, either as part of the initial triggering offense, in the public discourse on the incident, or in enabling later scholars to reconstruct the scandal at all. In other words, neither of these incidents is straightforward or obvious. This obliqueness tells us something important not only about the operations of Chinese political and literary discourse, but also about the dangerous liabilities of the theatrical event. Finally, both cases show how scandals can develop in "in-between performance spaces" that are neither fully open (like a commercial playhouse) or fully closed (like the Forbidden City), but straddle a borderland between private and public spheres.

CASE I: An ill-fated performance of *Palace of Lasting Life*, 1689

In 1688, the playwright Hong Sheng (1645-1704) completed his masterpiece *Palace of Lasting Life* (*Changsheng dian*) after ten years of work and revision. This historical drama retells the tragic love story of Emperor Minghuang of the Tang dynasty and his most favored consort Lady Yang. During a rebellion in the mid-eighth century, the emperor was forced to acquiesce to his beloved being put to death after his palace troops mutinied on their flight from the capital. The text runs fifty acts long—not an unreasonable length for *chuanqi* drama, a literary genre that was intended both for reading and for adaptation into operatic performance. The play premiered as a Kunqu opera in Beijing that year to great acclaim and became a big hit. But which troupe of actors performed it? Where precisely was it performed? Who sponsored the performance? How much of the play was performed? (*Chuanqi* plays were so long they were seldom staged in their entirety).

We know none of the answers to these crucial questions. One reason is that although an extensive commercial printing industry existed, and published plays were numerous and easily available, there was no periodical press carrying reviews, notices, or advertisements, and very little theatrical ephemera survives in print or manuscript before the late nineteenth century. In addition to the low status of professional actors, the second reason is that in the 1680s there were no commercial playhouses in Beijing, the likes of which would not gain a firm foothold in the capital for another two decades or so.[11] Instead of public theaters, professional acting troupes were engaged to perform in different kind of venues: in private residences, in restaurants and drinking establishments, in guild halls, at temple festivals, even on the street. This diffuse, varied, and vibrant theater scene was highly mobile in part because no built stage sets or stage scenery were required. Although there were some permanent stages, most notably attached to temples for religious and ritual celebrations, most performances spaces were temporary. The most prestigious of them (apart from the imperial court, which constitutes its own eco-system and which I won't treat here) consisted of "salon performances" (*tanghui*) held in private homes at banquets.[12] This is the kind of venue and occasion at which the disastrous performance of *Palace of Lasting Life* would have been held. For a salon performance, even a grand one, all that was required was a rug as a designated stage, a seating space for the spectators to watch or listen, and a path for actors to enter and exit some sort of designated offstage space. **(Fig. 1)**

We know few concrete details about the scandal that engulfed Hong Sheng and his friends after attending a performance of the play in 1689. *The Cambridge History of Chinese Literature* provides a brief, bare summary of the facts:

> As a result of court factional struggles, accusations that Hong Sheng's *Palace of Lasting Life* was performed during national mourning for Empress Dong in 1689 led to Hong's imprisonment and expulsion from the Imperial Academy. Among those implicated were the poets Zha Shenxing and Zhao Zhixin.[13]

The men swept up in this scandal were expelled from the Academy or dismissed from office for life, but did not suffer more dire consequences. By Qing imperial standards this was very mild punishment. Other famous

---

11　It is possible that commercial theaters were already appearing under the radar. That might explain why it was necessary to issue an edict in 1671 forbidding the construction of playhouses in both the Inner and Outer Cities in perpetuity. See Ding Shumei, *Zhongguo gudai jinhui xiju biannian shi,* 307-308.

12　Andrea Goldman argues that we consider court performances as extreme forms of "salon performances." See her *Opera in the City: The Politics of Culture in Beijing, 1770-1900* (Stanford, CA: Stanford University Press, 2012), 65.

13　Wai-yee Li, "The Early Qing" in *The Cambridge History of China,* ed. Kang-i Sun Chang and Stephen Owen (Cambridge, UK: Cambridge University Press, 2010), vol. 2, 167 (quotation slightly modified).

Fig. 1 Salon performance depicting the 1657 premiere of You Tong's opera *Celestial Court Music* from his *Autobiography in Pictures and Verse* (ca. 1694).

cases of literary inquisitions resulted in the executions and wide reprisals against those found guilty of "alleged defamations" against the Manchus, as in the infamous Ming history case of 1661-1663 a few years earlier. Nor did Hong Sheng's play itself suffer. It was never banned, continued to circulate in manuscript, and to be frequently performed. In 1704, the year of the playwright's accidental death by drowning, he had just been guest of honor at a three-day, three-night salon performance of his play in Nanjing hosted by Cao Yin, the rich and powerful Textile Commissioner and a personal friend of the Kangxi Emperor. That same year, *Palace of Lasting Life* was finally published by the playwright, financed and annotated by his friends. The play went on to be widely reprinted and read over the centuries. Excerpts from the opera continued to be performed, including in the Qing palace, and still remain in the Kunqu opera repertory today.[14]

We can detect and measure a scandal by the noise it generates. For historians of the past that means written sources. For the disastrous performance of *Palace of Lasting Life* and its consequences, we have a lot scattered in private writings, but nothing in official sources.[15] The dense 33-page study by Zhang Peiheng (1934-2011), Hong Sheng's mid-twentieth-century biographer, is the most thorough and nuanced. He cites nine major prose accounts in Qing miscellaneous jottings, as well as numerous social and occasional poems by friends or acquaintances of the playwright, including several implicated in the scandal. Zhang maintains that the performance was held at Hong Sheng's own residence in Beijing and staged by one of the city's major opera troupes; that many famous literati were in the audience, but only five men were actually charged and punished; and that the formal charge was brought by an imperial censor named Huang Liuhong.[16]

The further away in time from the event, the more blown up and detailed the reports of the performance grow in the anecdotal literature. It was a gala performance held at a great mansion; fifty officials were dismissed from office. Some scholars ascribe to reports that the Emperor himself read the play and loved it, which spurred the play's initial success on the stage; others claim that he detested it and so was responsible for the playwright's downfall. What's most enigmatic is what caused the Censor to bring charges against the performance if it were not a flamboyant affair. Hong Sheng himself, while very well-connected and enjoying a high reputation as a talented poet and playwright, was politically small potatoes. At the time of the scandal, he had been a student on the rolls of the Imperial Academy for twenty years with no

---

14 Near full-length versions of the opera have been mounted in the past decades, probably the first time since that performance in 1704. The Suzhou Kunqu Opera Theatre of Jiangsu Province premiered its "full-length" version (28 out of 50 acts) over three nights (Feb. 17th-19th, 2004) at the Taipei New Theater; the Shanghai Kunqu Opera Troupe premiered their "full-length" version (43 out of 50 acts) over four nights (starting on May 29th, 2007) at the Shanghai Lanxin Grand Opera Theater.

15 Official sources only corroborate the name of the Empress and the date of her death.

16 Zhang Peiheng, "Yan *Changsheng dian* zhi huo kao*" in his *Hong Sheng nianpu* (Shanghai: Shanghai guji chubanshe, 1979), 371-404. Other studies include Chen Wannai, "*Changsheng dian* chuanqi yanchu zhi huo" in *Hong Sheng yanjiju* (Taipei: Xuesheng shuju, 1961), 119-134 and Zhu Jinhua, "*Changsheng dian* yanchu jianshi" in *Changsheng dian: yanchu yu yanjiu*, ed. Ye Changhai et al. (Shanghai: Shanghai chubanshe, 2009), 326-347.

official position in sight. It is this disconnect between the charge, the culprit, and the punishment, I believe, that was most scandalous and that helped trigger all the rumors and gossip about the incident, especially since the punishment meted out was not severe enough to silence entirely the wagging tongues. Much of what we know about early performances of the play comes from Hong Sheng's own prefaces to his play, which understandably make no allusion to the calamity that the 1689 performance provoked.

The assumption shared by every writer on the case, then as now, is that the charge of violating the mourning period was only a pretext, and their general tone is one of sympathy toward the playwright. Although it is possible that either Hong Sheng or friends of his who attended the performance had personally offended someone (such as the Censor who brought the charges), the general view is that the playwright was only a scapegoat. But by whom and why was he scapegoated? By someone, perhaps an uninvited guest, envious of Hong Sheng's success as a dramatist? By someone simply bearing a personal grudge against him or other attendees? Or by high officials at court aiming to strike at more powerful political enemies in party infighting (the current consensus)? An unusually straightforward poem written to Hong Sheng in 1691 by a close friend implies all of these reasons:

> Your forthright nature put you at odds with the times,
> Your lofty talent incited the jealousy of the crowd.
> Who would expect a political clique to grow angry?
> It was nothing more than actors in a play.[17]

Some scholars like Zhang Peiheng believe that there was also something politically seditious in the content of the play that aroused the Kangxi Emperor's hostility toward it, but this point is far from proven. The one potential charge that Hong Sheng himself is anxious to forestall and refute about the play is that of obscenity (a frequent reason for banning plays in edicts). Hong emphasizes in his prefaces that he has purged his play of the kinds of salacious details found in earlier dramatic treatments of the story.[18]

---

17 Wang Zehong (1626-1708), "Upon Seeing Off Hong Sheng on his Return Home to Hangzhou" ("Song Hong Fangsi gui Wulin") in his *Heling shangren shiji, juan* 12. In *Qingdai shiwen ji huibian,* vol. 101, 573 (Shanghai: Shanghai guji chubanshe, 2010), 573.

18 Hong Sheng, "Zixu" and "Liyan" in *Changsheng dian jianzhu,* ed. Takemura Noriyuki and Kang Baocheng (Zhengzhou: Zhongzhou guji, 1999), 1-6.

Suppose, then, that we concede that the surviving archive of writings related to the case is disappointing or at least unenlightening. One document in particular stands out because it addresses not just this particular scandal but the nature of scandal itself. This 1695 preface to the play by the prominent Qing dynasty scholar Mao Qiling (1623-1716) is especially valuable because it was written upon request during a personal visit from the playwright, only six or seven years after the events. The preamble lays out Mao's commiseration with the author's misfortune in general terms:

> The talented man of letters, unable to realize his ambitions because of the times, often resorts to songs and arias as a form of solace and release for the oppression and obstacles he faces. Originally, the writer was doing nothing more than expressing this predicament; he never bore a grudge against a particular person. But people jealous of his talent, apprehending the feelings of injustice in the work, will actually turn the writer's words against him to add to the oppression and obstacles he encounters. *Yet, it is often on the basis of this very thing that his work circulates and lasts* (italics mine).[19]

The opening lines are boilerplate in terms of traditional Chinese ideas of authorship and the defense of the high-minded gentleman misunderstood and persecuted by petty men. What is novel and significant for us is Mao's argument that using a writer's work to harm him often rebounds to his ultimate advantage. Then follows an account of the circumstances that led to the play's debacle, spread by "those who talk of the 'latest news' (*xin-wen*) in the capital." Without naming names, Mao deploys coded historical allusions to explain the underlying motives, concealing and revealing in equal measure: "Someone said: Su Shunqin was blameless; in directing animosity toward Shunqin, the intent was not Shunqin."[20] The reference is to the case of a Song dynasty poet and official from the eleventh century, who was brought down for a minor offense at a banquet as a result of partisan infighting by his political enemies to strike at more powerful higher-ups.

The preface concludes by circling back to the general theme of scandal: "It's simply that society loves 'the latest news' (*xin-wen*). It was on the basis

---

19 Mao Qiling, "*Changsheng dian* yuanben xu" in *Changsheng dian jianzhu,* 366-367.
20 Mao uses Su Shunqin's cognomens Canglang and Zimei here. The same allusion was also deployed by Zha Zhenxing, one of the poets punished in the scandal, in complaining about "busybodies who stirred up trouble, and bystanders who added blame." Cited in Zhang Peiheng, "Yan *Changsheng dian* zhi huo kao," 379.

of his play that this 'affair' (*shi*) ensued, but then it was on the basis of this 'affair' that everyone sought out his play." I think we are justified here in considering both "the latest news" and the "affair" as related to what he criticizes as society's taste for gossip and scandal. Mao makes a familiar sounding point – familiar to us in our media saturated age – that scandal is actually good because it stirs up public interest and attention, and can lead to the widespread, lasting repute of a work.[21] (Mao uses another historical allusion to compare the fate of Hong Sheng's play to an "elephant whose body is burned for its precious tusks" but whose tusks are never consumed by the flames.)[22] The continued fame of the work thus produces a feedback loop in which people keep becoming newly interested in the old scandal, which provides it a kind of "lasting life" along with the play that provoked it. This certainly proved true in the case of Hong Sheng's masterpiece.

CASE II: A brawl at the Huguang Native Place Club, 1874[23]

We must jump almost two hundred years forward to our second case. This is a much juicier incident, but it generates much less noise in terms of measurable public reaction. To borrow Lecercle's and Thouret's distinctions, it isn't clear that there was much "social amplification" that "enlarged it to the public sphere" at the time—in 1874 or even at the tail end of its consequences in 1892.[24] Thus although the incident was certainly scandalous, it barely qualifies as a scandal. Nonetheless this case showcases the role that theatrical architecture can play in shaping a scandal in its entirety, from triggering offense, to retaliation, to dissemination and interpretation. The case also highlights how the close connection between Chinese opera performance and

---

21 For echoes of this view in modern scholarship, see Zhu Jinhua, "*Changsheng dian yanchu jianzhi*," 327-328.

22 See *The Zuo Tradition,* ed. Stephen W. Durrant *et al.* (Seattle: University of Washington Press, 2016), 1126-1127.

23 I thank Andrea Goldman for bringing this incident and the sources to my attention. Much of my discussion of Beijing theaters in this section is based on her *Opera and the City,* chapter 2.

24 Lecercle and Thouret ("Introduction") distinguish between the scandalous (the offense) and the scandal (the indignation and/or punishment). They maintain that a theatrical scandal in the modern sense of the word requires 1) a triggering factor (a performance that shocks or offends); 2) a negative reaction by some spectators (real or imagined); 3) a reaction to the reaction that enlarges it and brings it to the public space: "There is no scandal without social amplification."

ritual occasion, on the one hand, and the habit of allegorical reading, on the other, greatly increase the disastrous possibilities of a theatrical event.

As far as I know, we have only two sources for this case: a novel entitled *An Unofficial History of the Opera World* (*Liyuan waishi,* 1930), and a memoir called *Sketches from a Lifetime of Watching Opera* (*Guanju shenghuo sumiao,* serialized 1933-1934). Both were written decades after the alleged events by Chen Moxiang (1884-1943), a prolific playwright, theorist, and historian of Peking opera as well as an accomplished amateur performer of female Peking opera roles.[25] In the framing of the story, there are some differences between the novel and the memoir, but they don't so much contradict as repeat and amplify each other. The memoir recounts some events that occurred before the author's birth, while the novel involves many real people, and verifiable places, dates, and events. I believe it's fair to consider both of these sources as semi-fictionalized histories.

In his memoir, Chen, writing from his own point of view as a child, recalls having heard the story from a friend of his father's when he was eight years old. The occasion for the story was the completion of the renovations of the Huguang Native Place Club (for Hubei and Hunan provinces) in 1892, to explain how it happened that the renovations were required in the first place.[26] (Chen's family was from Hubei, and his father was a high Qing official residing in Beijing; his father's friend was one of the main Qing officials who sponsored the renovations.)

The key to the incident is the theatrical venue itself: the Huguang Native Place Club, whose reconfigured theater is still in use today. By the 1870s, Beijing had had a vigorous commercial playhouse district for more

---

25 Novel: Pan Jingfu and Chen Moxiang, *Liyuan waishi* (Beijing: Zhongguo xiju chubanshe, 2015), chapter 29,179-183. The first 12 chapters of the novel were published under pseudonyms (Beijing: Jinghua yishuju, 1925). The completed novel in 30 chapters appeared under the authors' real names (Tianjin: Baicheng shuju, 1930), two years after Pan's death; since the incident appears in the penultimate chapter, Chen was probably the sole author. Memoir: Chen Moxiang, *Guanju shenghuo sumiao,* first installment, 192-199. Originally published in *Juxue yuekan (Theater Monthly)* (March 1933, vol. 2, issue 3).

26 On native place clubs in Beijing, see Richard Belsky, *Localities At the Center: Native Place, Space, and Power in Late Imperial Beijing.* (Cambridge, Mass.: Harvard University Asia Center, 2005). For historical confirmation of 1892 for the renovation's completion, see *Beiping Huguang huiguan zhilüe* in *Hunan Huiguan shiliao jiuzong,* ed. Yuan Dexuan *et al.* (Changsha: Yuelu shushe, 2012), 250; 348-350.

than a century, which was restricted to the Outer City just south of the Inner City gates. Playhouses were more heavily regulated in Beijing than in other Chinese cities because it was the capital and the seat of imperial power. Native place clubs were also located in the Outer City but a little further to the west. **(Fig. 2)** As the social, religious, and entertainment hubs for the many officials and businessmen from the provinces sojourning in the capital or just visiting, the clubs typically included both lodgings and a theater on the premises.

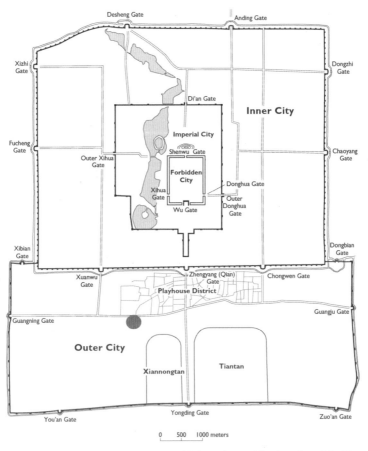

Fig. 2 Map of Beijing, 18th-19th centuries, with large dot marking location of the Huguang Native Place Club vis à vis the theater district. Courtesy of Andrea Goldman.

Unlike regular playhouses, the native place club theaters were not commercial venues where you could just buy a ticket to see a show. They more resembled "salon performances" hosted by the members collectively or individually, and you usually needed some sort of connection or invitation to attend. On the other hand, they were much less exclusive than the salons that held performances in private homes, also still common at the time. We may think of the native place clubs—of which there were many in late imperial Beijing as well as in other cities across the empire—as intermediate spaces lying somewhere on the spectrum between the public and the private spheres. And significantly for this incident, unlike the commercial playhouses in Beijing at the time, which not only forbade women on the stage but also in the audience, the attendance laws were laxly enforced for native place club theaters. Female relatives of members and their friends were naturally keen spectators of the opera performances held there, but would be seated up in the balcony to preserve the separation of the sexes. **(Fig. 3)**

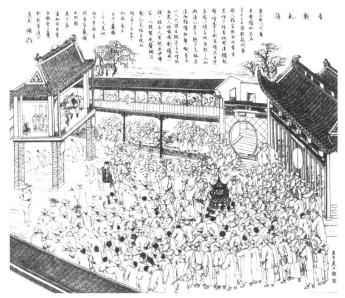

Fig. 3 Caption reads: "Trampled to Death at the Opera." Illustration by Wu Youru shows the Canton Native Place Club Theater in Jinjiang City, Jiangsu during the birthday celebration of Guangdi, God of War. *Dianshizhai Illustrated News*, May 13, 1884. Source: *Dianshizhai huabao*. Shanghai: Shanghai huabao chubanshe, 2001, vol. 1, 50.

The particular occasion that provoked the incident was a grand one. A famous military commander Zeng Guoquan (1824-1890), whose nickname was "The Ninth Marshal," was in the capital for an audience in the Forbidden City.[27] Since he was from Hunan, his fellow provincials feted him by inviting him to a series of Peking opera plays at the Huguang Native Place Club. (By this time, Chinese opera had become a repertory theater where a program consisted of a mixed bill of excerpts adapted from famous operas rather than an opera performed in its entirety, and Peking opera had eclipsed Kunqu opera in popularity.)

Imagine the scene. The place is jammed with spectators, rather than limited to a select few. As is typical for salon type performances, the Ninth Marshal, as guest of honor, is presented with a "menu of opera excerpts" in the troupe's repertoire and asked to choose a play to be performed. Unfortunately, the Marshal is no opera connoisseur. He quickly peruses the long list of titles and randomly selects one that sounds auspicious for the occasion and appropriate to his military accomplishments: *Pacifying the Realm (Ding Zhongyuan)*.[28] Once the opera has begun, the Marshal quickly realizes he's made a terrible mistake—his choice turns out to be an alternative title for a history play called *General Sima Threatens the Imperial Court (Sima shi bigong)*.[29]

Horrified that by choosing this opera he has just laid himself open to the

---

27 Zeng Guoquan's annalistic biography (*nianpu*) confirms that he made two visits to Beijing from Hunan in 1874 (Tongzhi 13). See Mei Yingjie *et al.*, "Zeng Guoquan nianpu" in *Xiang jun renwu nianpu* (Changsha: Yuelu shushe, 1987), vol. 1, 467-538; on 496. The novel (182) says Zeng had just been appointed Governor of Shaanxi, but according to the *nianpu* (497), he did not receive that appointment until 1875 (Guangxu 1), two months after the Tongzhi Emperor's death in 1874. Zeng's older brother Zeng Guofan, who had died earlier that year, was a towering late Qing military leader and statesman, and the entire Zeng family was extraordinarily powerful.

28 The title is particularly apt because as a commander of Hunan Army forces during the Taiping Rebellion (1850-1864), Zeng played an instrumental role in subduing the rebels and thus "pacifying the realm" for the Qing government during the blood siege of Nanjing when his forces recaptured the city in 1864. But Zeng earned notoriety for allowing his troops to run amok in the city. The appalling massacre of the inhabitants and scale of the destruction were considered excessive even for those violent times. See Chuck Wooldridge, *City of Virtues : Nanjing in an Age of Utopian Visions* (University of Washington Press, 2015), 117.

29 Peking opera excerpts often circulated under more than one title; changing the title was a common practice for acting troupes as a way of avoiding censorship and enticing audiences with what seemed like a new play.

charge of harboring seditious intentions, he stands up and heads for the exit to make a show of political loyalty. As he is walking out of the theater courtyard, his face is suddenly drenched with some sort of putrid liquid. He looks up and sees an official's wife in the balcony holding up a little boy who is pissing off the side. Even more embarrassed, the Marshal begins cursing at the woman, who curses him back (much embellished in the novel). Other spectators join in, and soon there is total mayhem on the theater grounds. Someone hurls a large tobacco or opium pipe from the balcony, which hits the Marshal in a very sensitive place. His aides, outraged, leap to his defense, crying: "How dare you strike His Excellency's testicles?" The Club officials apologize profusely, the Marshal leaves in a fury, and peace is finally restored. But the next morning, ostensibly on the pretext of violating the ban on women in theaters, the Marshal sends his guards with orders to demolish the theater.

The guards manage to pull down the buildings on three sides,[30] leaving only the principal building with the stage before the Club officials are able to persuade them to stop **(Fig. 4)**. A main difference in the telling between the

Fig. 4 The Shanxi Native Place Club theater in Suzhou, now part of the China Kunqu Museum, approximating the Huguang Native Place Club Theater layout in 1874. Photo by Jiayi Chen.

30　The novel (*Liyuan waishi,* 183) says there were buildings on three sides; the memoir (*Guanju shenghuo,* 194) says there were only two.

novel and the memoir is that the novel adds a twist to explain why the Marshal halted his vendetta in time. The wily officer in charge of the Club sends him a piece of paper with only six words written on it: "General Sima Threatens the Imperial Court," thus implicitly threatening to denounce him to the authorities or his political enemies and create a real scandal unless he desists. (The Ninth Marshal was well-known to be embroiled in major partisan infighting and instantly got the message.)

The effectiveness of this threat depends on the mutual recognition that there is no "symbolic mediation" separating the Ninth Marshal and his operatic avatar General Sima. It confirms Lecercle's and Thouret's insight that "the abolition of the distance between the real and representation, between reality and the theater" is a frequent ingredient in a "scandal cocktail."[31] In this case, however, the potential scandal is effectively suppressed from being publicly amplified and is averted. But the novel adds one final flourish. News (*xin-wen*) of the Marshal's having demolished three-quarters of the Huguang Native Place Club theater circulated all over town, but now it is the city folk's turn to offer an allegorical interpretation. They treat the demolition as a political omen: "Tearing down a theater not far from the Emperor's feet *for no reason* is inauspicious (my itals)." Here lack of knowledge due to the suppression of the real reasons behind the destruction is what enables the allegorical reading. This interpretation proved prophetic, concludes the novel (with the benefit of hindsight), since the reigning Tongzhi Emperor had died that very year without providing an heir.

What is most striking in this case is that the direct retaliation and punishment for the disastrous performance is not meted out against persons— the officials for hosting the event, the actors for having the play in their repertoire, or the badly-behaved spectators—but against the theater buildings themselves: only the main stage, the culprit "that caused the disaster," as the novel puts it, is left standing.[32] The story gleefully exposes why the Qing state was so anxious to police not only gender distinctions but status distinctions in regulating opera audiences in the capital. Both the novel and the memoir delight in presenting an unruly female attack on a male bastion of state authority, both military and civil, first through the pollution of bodily fluids

---

31   Lecercle and Thouret, "Introduction."
32   *Liyuan waishi*, 183.

from the mother's child, then through a barrage of her verbal obscenities, and finally through the flying missile that strikes his groin and "emasculates" him.

To conclude, I want to raise the issue of a historical scandal's "shelf-life" and broach how the changing circumstances behind its reconstruction influence its interpretation and reception. By the time Chen Moxiang's novel and memoir recounting the scandalous affair of the Huguang Native Place Club was published in the early 1930s, not only were all the major participants long dead, but the Qing dynasty had been toppled and with it the entire dynastic system. Beijing was no longer the capital and even the city's name had been changed.[33] So the affair could no longer pack a scandalous punch. Instead it only elicited comic nostalgia, enhanced by Chen's exuberant narration.

To return to our first case, although it took place so much earlier than our second, for Hong Sheng's biographer Zhang Peiheng, writing in the wake of the Anti-Rightist campaign in the People's Republic of China, the machinations behind the scene that caused the *Palace of Lasting Life* scandal must have seemed depressingly familiar. It is no surprise that he devoted so much effort to uncovering party infighting and assumed that the content of the play must have offended the Emperor—the leadership at the highest level. Although Zhang completed his manuscript in 1962, he was only able to publish it in 1979 after the Cultural Revolution had ended, when normal academic life had resumed and when traditional operas like *Palace of Lasting Life* could once again return to the stage. But that is the occasion for another story.

List of Figures

Fig. 1 Salon performance depicting the 1657 premiere of You Tong's opera *Celestial Court Music* from his *Autobiography in Pictures and Verse* (ca. 1694). Source: *Performing Images: Opera in Chinese Visual Culture*, ed. Judith T. Zeitlin and Yuhang Li. Chicago: Smart Museum of Art, 2014, 141-142.

Fig. 2 Map of Beijing, 18th-19th centuries, with large dot marking location of the Huguang

---

33   The city's name was changed from Beijing (Northern Capital) to Beiping (Northern Peace) in 1928.

Native Place Club vis à vis the theater district. Courtesy of Andrea Goldman.

Fig. 3 Caption reads: "Trampled to Death at the Opera." Illustration by Wu Youru shows the Canton Native Place Club Theater in Jinjiang City, Jiangsu during the birthday celebration of Guangdi, God of War. *Dianshizhai Illustrated News*, May 13, 1884. Source: *Dianshizhai huabao*. Shanghai: Shanghai huabao chubanshe, 2001, vol. 1, 50.

Fig. 4 The Shanxi Native Place Club theater in Suzhou, now part of the China Kunqu Museum, approximating the Huguang Native Place Club Theater layout in 1874. Photo by Jiayi Chen, with permission.

IIIème partie : La scène contemporaine

Poétiques du scandale
sur la scène britannique contemporaine

Elisabeth Angel-Perez
Sorbonne Université

Résumé :

Cet article porte sur la manière dont les scandales de théâtre impulsent, dès les années 1960, une esthétique qui va informer voire réformer le théâtre politique britannique contemporain de manière durable. La scène scandaleuse définit les termes d'une poétique dont on tâchera ici de dégager les spécificités en en évoquant tour à tour la genèse, quelques-unes des caractéristiques formelles et enfin en interrogeant ce que cette poétique dit du théâtre et de sa capacité à faire scandale aujourd'hui.

Abstract :

In this article I contend that theatre scandals, from the 1960s onwards, promoted an aesthetic that shaped and even reformed contemporary British political theatre in depth. The scandalous stages define the terms of a poetics, the specifics of which I will bring into light by focusing in turn on its genesis, by analysing some of its formal characteristics and finally by asking what this poetics tells us about the theatre and its ability to create scandals today.

Résultat du concours de forces apolliniennes donc épiphaniques et de forces dionysiaques et souterraines, le théâtre, lieu de renversements, a vocation à donner à voir (*thea* signifie la vue) ce qui ne s'exhibe pas naturellement. Parce que « c'est le travail de l'artiste d'être brutal. Préserver la brutalité, voilà ce qui est difficile »[1], le théâtre place des obstacles (*skandalon*) sur la route du spectateur – il scandalise donc le spectateur – qui trébuche (se scandalise). Le scandale, quant à lui, mène à l'esclandre (également associé au latin *scandere*/monter, gravir, de *scala*, l'échelle) jusqu'au point où la limite du supportable est franchie) – l'esclandre est donc le point de rupture où le « faire scandale » se met en signes – et on perçoit bien à quel point le scandale a partie liée, presque ontologiquement, avec le théâtre et déplace le spectacle du centre (le théâtre) vers la périphérie (la rue, la presse, les réseaux sociaux). Du point de vue de la réception, le scandale, à la fois mortifère et redynamisant, menace soit de vider ou de fermer les salles soit, au contraire, de les remplir. Il s'inscrit donc en équilibre entre ce qui repousse – l'abject – mais qui néanmoins attire. Il est donc toujours double, puisqu'il conjugue le scandale de la chose abjecte en soi (ce qui fait scandale) mais aussi le scandale de l'attirance qu'on éprouve pour l'abject et qui souvent conduit tout droit à l'esclandre ou au « faire un scandale » exorcisant.

La place de Paris a, en ce début de XXIe siècle, été secouée par des scandales notoires liés au théâtre ou à la performance. Outre le scandale causé par la mise en scène des *Suppliantes* par Philippe Brunet à la Sorbonne (2019), rappelons au hasard, quelques-uns des manifestations publiques les plus marquantes à l'occasion des pièces de Romeo Castellucci (*Sur le concept du visage du fils de Dieu*, 2011 et 2012), des performances de Steven Cohen (2013, « Cock-coq », sur le parvis du Trocadero) ou de Deborah de Robertis au musée d'Orsay devant l'« Origine du monde » de Gustave Courbet (2014). Si ces actions posent la question de la place de l'art dans l'espace public, dans l'enceinte du théâtre ou dans le cadre d'une exposition (et non pas dans l'espace public ou réputé tel), le débat se pose autrement. Au Royaume-Uni, c'est essentiellement sur une scène « avertie », dans un lieu balisé donc, que les scandales ont éclaté depuis la fin du XXe siècle. Retranché derrière leur sens de la retenue, c'est le terme de « controverse » qui vient, au Royaume-Uni, qualifier une pièce scandaleuse[2]. On sait ce qu'on « risque » en allant au

---

1   C'est ce que proclame Howard Barker, après Antonin Artaud, dans *Tableau d'un exécution*. H. Barker, *Tableau d'une exécution*, trad. J.-M. Déprats, Montreuil, éditions Théâtrales, 2001, p. 35. « It's an artist's job to be coarse. Preserving coarseness, that's the problem », *Scenes from an Execution, Collected Plays: One,* London, Methuen, 1990, p. 271.

2   On notera que la première pièce de Mark Ravenhill, *Shopping and Fucking* (1996), est pudiquement désignée en anglais par la presse sous le titre partiellement censuré de *Shopping and F***ing*. Le seul titre fait scandale et précède la pièce où qu'elle aille et, comme l'explique le *Times* : « The F-word still strikes many people with the crack of

Royal Court et ce qu'on ne risque pas, en règle générale, en allant au Prince of Wales dans le West End de Londres. Les pièces de Sarah Kane, qui ont déclenché des scandales notoires (notamment *Blasted* qualifiée de « *filthy feast of filth* » dans le *Daily Mail*), choquent dans un cadre où on s'attend pourtant à être choqué ; les œuvres scandaleuses de Damian Hirst (« In the Name of The Father » ou « A Thousand Years ») ne s'exposent pas dans la rue, à quelques exceptions près (dont la poupée géante mutilée par une mine antipersonnel, « Charity »), mais à la Saatchi, à la Serpentine ou à la Tate Modern, c'est-à-dire dans des lieux que l'on sait avant-gardistes et expérimentaux. C'est peut-être ce qui explique que lorsque le lieu n'est pas signalé comme « à risque », le Barbican par exemple, le spectacle puisse être annulé : ce fut le cas du zoo humain du Sud-African Brett Bailey, « Exhibit B », programmé puis annulé au Barbican en 2014 (à la suite de quoi la performance/installation fut annulée à Paris, au TGP et au *104*) alors que l'œuvre avait déjà été montrée à Avignon et au *104* à Paris, sans scandale, l'année précédente.

Pourtant, on doit beaucoup au scandale de théâtre et on s'intéressera ici à la manière dont les scandales de théâtre impulsent, dès les années 1960, une esthétique qui va informer voire réformer le théâtre politique contemporain de manière durable. La scène scandaleuse définit les termes d'une poétique, fondée sur ce que François Lecercle appelle « l'injonction de scandale[3] », et dont on tâchera ici de dégager les spécificités en en évoquant tour à tour la genèse, quelques-unes des caractéristiques formelles et enfin en interrogeant ce que cette poétique dit du théâtre et de sa capacité à faire scandale aujourd'hui.

Genèse d'un théâtre de scandale

En Angleterre, la censure d'État mise en place en 1737 et remaniée en 1843, perdure jusqu'en 1968 : entre 1945 et 1965, quelque 21 000 pièces sont examinées et 79 censurées dans leur intégralité, dont certaines furent néanmoins jouées[4] ! Toutes relèvent d'une poétique homogène qui, si elle se

---

a rifle shot. There is still no consensus about its printability. The Times favors the f*** formula ». Lorsque la pièce s'est donnée à New York, le *New York Times* a opté pour la suppression pure et simple du terme controversé : « *Shopping and...* ».

3 F. Lecercle, « La représentation de la violence », n.p., in *Le Spectacle de la violence*, F. Lecercle dir., *Comparatismes en Sorbonne* 2 (2011). http://www.crlc.paris-sorbonne. fr/pdf_revue/revue2/Spectacle1.pdf

donne plusieurs noms – depuis les « *dirty plays* » des années 1960 en passant par le « *New Brutalism* » et jusqu'au « *In-Yer-Face*[5] » du tournant du siècle –, se définit néanmoins un périmètre commun. Deux institutions se font fort de promouvoir le scandale et de faire bouger les marges : le Royal Court Theatre (qui abrite la English Stage Company) et, contre toute attente, la Royal Shakespeare Company qui, parce qu'elle met à l'affiche de très grands noms, est plus à l'abri que d'autres instances du couperet de la censure, même si elle voit ses subventions diminuer. Très vite, les « *dirty plays* » adoptent un style identifiable entre tous et la presse de l'époque s'étonne, non pas lorsqu'il y a scandale, mais lorsque, précisément, il fait défaut !

En 1963, sous l'impulsion de Charles Marowitz et de Peter Brook, et suite à la parution du *Théâtre et son double* d'Artaud en anglais (1958), la RSC lance un cycle expérimental, baptisé « *Theatre of Cruelty season* ». Ces pièces défient la censure sur le plan politique et sur le plan moral : scandale politique avec *The Blood of the Bambergs* (1962), une pièce de John Osborne sur les mœurs dépravés de la famille royale, ou surtout *US* que Peter Brook monte en 1966, sur la guerre au Vietnam, très à charge contre les États-Unis (alors qu'officiellement tout, en Angleterre, était fait pour préserver ceux-ci de la critique) ; scandale moral ou sexuel avec des pièces très vite baptisées « *dirty plays* » à cause de la technique frontale adoptée[6].

Quant au Royal Court Theatre, il opte pour davantage d'agression visuelle et articule sexe, violence et politique. Il pose ainsi les termes d'une redéfinition du théâtre politique qui rend la satire et autres formules de contournement caduques. Le scandale éclate avec, à nouveau, une pièce de John Osborne, *A Patriot for Me* (1964), qui met en scène un officier

---

4 N. Boireau, *Théâtre et société en Angleterre des années 1950 à nos jours*, Paris, PUF, 2000, p. 29.

5 On doit cette expression, maintenant consacrée, au critique et universitaire Aleks Sierz qui définit cette esthétique dans son livre : A. Sierz, *In-Yer-Face Theatre*, London, Faber, 2001.

6 On y voit par exemple Glenda Jackson nue incarner le rôle de Christine Keeler (une call girl dont la relation avec un Tory de l'époque, John Profumo, avait fait scandale : « l'affaire Profumo ») entrer dans une baignoire et en ressortir en Jacky Kennedy. Le directeur de la RSC, Peter Hall, avait aussi réussi à programmer *The Homecoming* (*Le Retour*) de Harold Pinter (cette pièce très controversée dans laquelle la seule femme du plateau devient la putain consentante de la famille de son mari). Mais comme il s'agit de Harold Pinter, joué pour une des premières fois dans un théâtre subventionné, personne chez le Lord Chamberlain, n'osera vraiment contester.

homosexuel de l'état-major austro-hongrois, harcelé et acculé au suicide[7]. Peu de temps après, Edward Bond, en 1965 refuse de rayer de sa pièce *Saved* les mots et situations jugés choquants par le Lord Chamberlain : on exige du dramaturge qu'il efface purement et simplement la scène de la lapidation du bébé dans son berceau, et un moment jugé sexuellement agressif (« *sexually aggressive* ») durant lequel on voit un jeune homme remailler le bas d'une femme plus mûre ; il aurait aussi fallu que Bond expurgeât son texte d'une série de mots jugés inacceptables[8]. Bond refuse tout net : « J'ai rarement été autant offensé dans ma vie que par ça », déclare-t-il[9]. Il est couvert dans son refus par le directeur du Royal Court, William Gaskill qui, pour pouvoir monter ces deux pièces, décide de changer le statut du Royal Court Theatre et le déclare « club privé » dans lequel on ne peut donc entrer que si on est membre. La pièce est jouée et, sans surprise, un soir de décembre, en pleine représentation, Gaskill est appréhendé par la police. Trois mois plus tard, en mars, le juge – plutôt bienveillant – déclare que le théâtre était en tort mais ne condamne Gaskill qu'à une amende dérisoire de £50. Deux ans plus tard, Bond réitère avec *Early Morning*, une des dernières pièces à avoir été intégralement censurées, qui met en scène la Reine Victoria en lesbienne anthropophage dont les « coupables relations » avec Florence Nightingale sont plus qu'explicites. On affuble Edward Bond d'un « esprit complètement dérangé » et d'une « imagination détraquée[10] ». La pièce fait à nouveau l'objet d'une interruption par la police… mais cette fois, le *Theatre Act* est voté qui abolit la censure officielle (à défaut de celle émanant des groupes de pression qui, bien sûr, continue de s'exercer). Le scandale fait changer la loi.

La matrice de cette nouvelle esthétique est donc posée, qui sert de socle, dans les années 70 et 80, à la résurgence néo-jacobéenne (Neo-Jacobeanism). Le théâtre politique doit dire les choses : il ne peut pas se contenter de les suggérer ou de les laisser entendre. La frontalité explicite est nécessaire à la

---

7 Boireau, *op. cit.*, p. 29.

8 Il s'agit des mots « *arse* », « *bugger* », « *crap* » and « *shag* » qui signifient, respectivement « cul », « pédé », « merde », « baiser ».

9 « I have rarely been as offended in my life as I was by that. », entretien avec Maddy Costa https://www.theguardian.com/stage/2011/oct/09/edward-bond-saved-original-cast.

10 « a very sick mind and a diseased imagination », in Lord Chamberlain's Correspondence Files, *Early Morning:* LR 1968, cité par S. Nicholson, « Theatre Censorship in Britain (1909-1968) », in Laurent Martin (dir.), *La Censure du théâtre en Grande-Bretagne (1909-1968),* Rennes, PUR, 2016, p. 109-118.

prise de conscience et les spectateurs doivent être frappés en plein ventre s'ils doivent prendre conscience des situations dénoncées. Cette esthétique néo-jacobéenne déclenche quelques scandales notoires dont le procès pour outrage à la pudeur (*gross indecency*) de *The Romans in Britain*, de Howard Brenton. La pièce, qui met en scène au National Theatre le premier viol homosexuel de l'histoire du théâtre anglais contemporain, vaut à son metteur en scène Mikael Bogdanov, un procès intenté par une ligue chrétienne pour « atteinte à la moralité des familles[11] ». La pièce de Brenton, boycottée dès les répétitions par les ouvreuses qui font délibérément fuiter son contenu, sera enterrée jusqu'en 2006, date à laquelle elle est reprise par Samuel West au Crucible Theatre de Sheffield.

Cette esthétique, déjà très « *dirty* » et agressive, se radicalise plus encore dans les années 90. Agression frontale, monstration du corps obscène ou du corps souffrant, actes de barbarie sexuelle et guerrière constituent le fondement de cette esthétique « néo-brutaliste ». Ce théâtre qui « monstre » entraîne des tribunes ordurières dans la presse et frappe par son jusqu'au-boutisme : les pièces du *In-Yer-Face* deviennent comme une caricature d'elles-mêmes et ce faisant, à force de violence exacerbée, mettent justement en danger leur capacité à choquer.

Si l'un des effets importants de ces scandales est donc d'avoir permis de dessiner les lignes d'une poétique ambitionnant de refonder le théâtre politique, le scandale permet également de théoriser les méthodes qui la construisent. Edward Bond est un des principaux acteurs de cette théorisation.

Des « *aggro-effects* » au « *In-Yer-Face* » : théorisation d'une esthétique scandaleuse

Le théâtre du choc viscéral n'a pas attendu Rodrigo Garcia, ni même Antonin Artaud : rappelons que même avant la violence néo-sénéquéenne ou les épisodes scandaleux du théâtre élisabéthain et jacobéen qui entraînèrent la fermeture des théâtres sous le Commonwealth puritain de Cromwell, le premier théâtre vernaculaire du moyen-âge mettait déjà en scène des *happenings* scatologiques et sexuels. Le corps en rut ou encore le corps déféquant sont fréquents sur les scènes médiévales et on pense en particulier à la moralité anglaise du XVe siècle, *Mankind*, dans laquelle les diables

---

11   https://www.theguardian.com/stage/2005/oct/28/theatre.

concrétisent sur scène le *kakos*, c'est-à-dire le mal qui habite toute corporéité dans un monde où se dénonce le scandale du péché. C'est néanmoins avec Edward Bond et sa révolte contre la censure que l'esthétique du scandale commence à se théoriser. Sommé de s'expliquer sur le caractère selon lui indispensable des scènes scandaleuses, Bond élabore plus finement sa théorie du choc et l'expose dans les préfaces, toujours plus abondantes, de ses pièces. Il y parle de ce que le théâtre fait à la réalité et montre que la scène va toujours au plus extrême ; dans un article de 2011, Bond explique : « Quand j'ai commencé à écrire *Sauvés*, je n'avais pas l'intention de faire mourir le bébé : les jeunes allaient seulement mettre le feu à quelque chose dans le parc. Mais ce que fait le théâtre c'est qu'il pousse les choses à l'extrême[12] ». La poétique scandaleuse met en lumière la dimension fondamentalement photogénique du théâtre[13] : le théâtre ne fait pas seulement fonction de sismographe en enregistrant les mouvements de terrain, il donne à la réalité un surcroît d'être.

C'est précisément ce qui pousse Bond à concevoir l'*aggro-effect* comme une méthode politique. Bond forge l'expression « *aggro-effect* » (*aggressivity effect*) sur le modèle du *Verfremdungseffekt* brechtien (en anglais *alienation effect*), invitant ainsi à penser la distanciation et la prise de conscience politique, mais la conjugue avec le théâtre viscéral d'Artaud. Il pose, avec ce premier concept, les prémisses de ce qu'il appellera ensuite un événement de théâtre (un É.T, en anglais *theatre event* ou *T.E.*)[14]. Choc à la manière d'Artaud et distance analytique à la manière de Brecht, réunis, libèrent la puissance imageante et dérangeante du théâtre. Bond fait de ces points d'extrême tension

---

12   « When I started writing *Saved*, I didn't intend the baby to die: the young men were merely going to set fire to something in a park. But what drama does is push things to an extreme », entretien avec Maddy Costa, *op. cit.*

13   Le photogénique, écrit Jean Epstein, recouvre « tout aspect des choses, des êtres et des âmes qui accroît sa qualité morale par la reproduction cinématographique. Et tout aspect qui n'est pas majoré par la reproduction cinématographique n'est pas photogénique, ne fait pas partie de l'art cinématographique », cité par J. Aumont *et al.*, *Esthétique du film*, Paris, Nathan, 1983, p. 115.

14   L'*aggro-effect* contribue à créer un « Événement de Théâtre », autre concept-clé, c'est-à-dire un moment où le spectateur est amené à comprendre que ce qu'il y a de plus humain dans l'homme peut se loger/lover ou se révéler au cœur de l'inhumanité : l'exemple type est celui du soldant de *Coffee*, une pièce qui traite de Babi-Yar et de la Shoah par balles, qui renverse sa tasse de café lorsqu'il apprend qu'il y a encore un camion de Juifs à assassiner. L'infime détail – la tasse de café renversée – fonctionne alors comme une métonymie de la Shoah.

la clef de voûte de sa dramaturgie. Il structure ses pièces autour d'un, ou tout au plus de deux, *aggro-effects* qui constituent les moments forts de la pièce et obligent le spectateur à penser à partir de l'exceptionnel : à titre d'exemple, on pourra dire que *Saved* se lit ou se voit entièrement à partir de la lapidation du bébé dans son berceau, ou encore que *Coffee* se pense à partir de l'épisode de la tasse de café violemment renversée par le soldat à qui on amène un nouveau lot de Juifs à fusiller devant la fosse de Babi Yar. Avec la technique des *aggro-effects*, Bond ouvre la voie à ce qui deviendra le *In-Yer-Face Theatre*. Ce style théâtral fondé sur une hypervisualité agressive explose dans les années 1990 et transforme l'*aggro-effect*, qui a statut d'exception chez Bond, en régime de croisière, comme en témoigne, par exemple, la scène 5 de *Blasted* de Sarah Kane dont voici un extrait :

> IAN.
> Con con con con con con con con con con con.
>
> *Noir.*
> *Lumière.*
>
> *IAN en train de s'étrangler.*
>
> *Noir.*
> *Lumière.*
>
> *IAN en train de chier.*[15]

Sexe, politique et violence sont les piliers de cette esthétique qui fleurit dans les années 90 et jusqu'au tournant du millénaire.

Il convient néanmoins de savoir ce qui fait scandale et pourquoi sur la scène anglaise du tournant du siècle. A l'évidence, le seuil de tolérance ou de réaction est éminemment changeant en fonction des époques et des doxas. Comme le dit Roland Barthes :

> Tout dépend de la « doxa » à laquelle on s'adresse : si c'est une doxa de droite (bourgeoise ou petite-bourgeoise : institutions, lois, presse), c'est le privé sexuel qui expose le plus. Mais si c'est une doxa de gauche, l'exposition

---

15 Kane, *op. cit.*, p. 88. « *Darkness./ Light.* / **Ian** *masturbating* / **Ian**. cunt cunt cunt cunt cunt cunt cunt cunt cunt cunt cunt cunt / *Darkness. / Light.* / **Ian** *strangling himself* / *Darkness./ Light.* / **Ian** *shitting* » (*Blasted, op. cit.*, p. 56.).

du sexuel ne transgresse rien : le « privé », ici, ce sont les pratiques futiles, les traces d'idéologie bourgeoise dont le sujet fait la confidence.[16]

La scène londonienne des deux dernières décennies du XXᵉ siècle enchaîne scènes de viol (depuis le viol d'un fils par sa mère chez Joe Orton en 1967), de sodomie (la première scène de cette nature remonte à 1980 avec *The Romans in Britain* de Howard Brenton), de fellation, de masturbation. La doxa dominante est bien une doxa de droite, perpétuée par les successeurs de celle que Steven Berkoff baptise « Maggot Scratcher » : c'est ce que montre Mark Ravenhill qui dénonce l'hypercapitalisme et la marchandisation de tout par tous dans *Shopping and Fucking* dans laquelle les partenaires sexuels s'achètent au « rayon yaourts » du supermarché.

Dans ce théâtre *In-Yer-Face*, l'agression scandaleuse jaillit donc de la rencontre avec le corps intime, d'autant qu'au théâtre, la scène primitive est bien celle, comme le rappelle à nouveau Barthes, qui met en présence le corps du comédien et le corps du spectateur :

> ... lui seul [le théâtre], de tous les arts figuratifs (cinéma, peinture), donne les corps, et non leur représentation. Le corps de théâtre est à la fois contingent et essentiel : essentiel, vous ne pouvez le posséder (il est magnifié par le prestige du désir nostalgique) ; contingent, vous le pourriez, car il vous suffirait d'être fou un moment (ce qui est en votre pouvoir) pour sauter sur la scène et toucher ce que vous désirez. Le cinéma au contraire, exclut par une fatalité de nature, tout passage à l'acte : l'image y est l'absence irrémédiable du corps représenté.[17]

Radicalisant ce que les *dirty plays* des années 60 avaient déjà laissé voir, le corps dans le théâtre *In-Yer-Face* ne se contient pas : on pense au début de *Phaedra's Love* de Sarah Kane (pièce reprise, à l'Odéon, dans la mise en scène des *Phèdres* de Krzysztof Warlikowski) où un Hippolyte particulièrement « grunge » se masturbe, entre deux hamburgers, dans des chaussettes dans lesquelles il s'est au préalable mouché. Dans *Phaedra's Love* où s'affrontent des personnages masculins quasi aphasiques, le sperme se fait souvent le substitut de la parole. De façon générale, chez Kane, l'expression devient excrétion : la défécation (la première réplique de *Blasted* est « J'ai chié dans des endroits mieux que ça[18] »), les larmes (dont on est habitué à

---

16 R. Barthes, *Roland Barthes par Roland Barthes*, Paris, Seuil, 1975, p. 80.
17 *Ibid.*

ce qu'elles échappent à la souillure pour se rattacher le plus souvent à une problématique purificatrice voire baptismale), le sperme, les menstrues (*Crave*), les vomissures (Marc rend ses tripes dès la première minute de *Shopping and Fucking*), mettent en scène un corps qui ne contrôle plus ses propres frontières. Le corps exhibe son intériorité ; il se fissure ; il craque et sème le parcours du spectateur d'autant d'obstacles.

Quel est aujourd'hui le devenir de ces pièces qui défrayent la chronique dans les années 90 ? Les pièces *In-Yer-Face*, quoique souvent moquées (comme dans *The Author* de Tim Crouch, 2009, ou encore, de façon totalement explicite, dans *Crush* de l'Irlandais Chris Lee[19]), ou encore remplacées par un théâtre narrativisé et verbal qui relocalise la violence graphique dans la langue (*In-Yer-Ear*, plus que *In-Yer-Face*, donc, comme déjà chez Steven Berkoff mais surtout chez Martin Crimp ou debbie tucker green[20]), continuent aujourd'hui d'être programmées mais devant un public, cette fois averti, et donc différent. Cette poétique, sursaturée par l'obscène, fait-elle toujours et encore scandale ? Et si oui quel est le sujet de ce scandale, puisqu'on sait bien que la capacité du sexuel *per se* à faire scandale a disparu : on remarquera que même Broadway accueille sur ses scènes des textes à scandale comme ceux de Paula Vogel (*Indecent*) ou ceux du dramaturge performer noir et gay Tarrell Alvin McCraney (*Moonlight, Wig Out, Choir Boy*) ! Quel est donc l'objectif des reprises très récentes des pièces *In-Yer-Face* ?

Le scandale aujourd'hui : La raison du scandale et le nouveau théâtre politique

On ne peut que s'étonner des reprises très controversées et largement commentées par la presse de *Saved* de Bond en 2011 au Lyric Hammersmith, de *The Romans in Britain* de Howard Brenton au Crucible Theatre de Sheffield ou encore de *Cleansed* (*Purifiés*) de Sarah Kane par Katie Mitchell

---

18   *Anéantis*, Trad. Lucien Marchal, Paris, L'Arche, 1998, p. 13 (« I've shat in better places than this. », *Blasted*, 1995.)

19   Tim Crouch, *The Author*, London, Oberon, 2009. La parodie d'*Anéantis* de Sarah Kane par Chris Lee, *Crush*, n'est pas publiée. Alek Sierz en donne une description dans plusieurs articles ou communications, dont : « New Writing in Britain : How do we define the contemporary ? », http://theatrefutures.org.uk/sidcup_papers/2008/12/17/new-writing-in-britain-how-do-we-define-the-contemporary/

20   debbie tucker green, dont le nom s'orthographie sans majuscules, intitule sa dernière pièce *ear for eye* (2019).

au National Theatre de Londres (Dorfman, 2016). Ces reprises signalent que la matrice scandaleuse fonctionne toujours et prouvent que cette esthétique est toujours pertinente : si le sexe, désenchâssé de la violence, ne déchaîne plus l'ire d'un certain public, ce qui continue de faire scandale, c'est la mise au jour non plus d'une transgression au nom d'une morale donnée mais d'un inhumain universel. Trente ans après sa création, Samuel West tire la parabole de Brenton, *The Romans in Britain*, de son purgatoire et donne un sens nouveau au parallèle que Brenton traçait entre l'invasion par Jules César de l'Angleterre Celtique et l'action impérialiste de l'Angleterre en Irlande :

> La pièce parle l'incapacité des opprimés à se défendre contre l'invasion. Elle parle des laissés pour compte de l'histoire ; de notre relation à notre terre, à notre pays, de la manière dont on s'est persuadé que l'invasion romaine était une bonne chose (...) Et ça ne peut pas ne pas faire signe vers l'Afghanistan, l'Irak, Abu Ghraib, l'Iran, et l'attitude impérialiste qui prétend qu'entrer dans un autre pays sans y avoir été invité ne pose aucun problème.[21]

Et Samuel West d'ajouter à propos de la représentation *In-Yer-Face* du viol homosexuel : « Si on avait dû cacher cela derrière un arbre, cela aurait été plus excitant mais ça aurait eu moins de force en tant que crime violent »[22].

Bond, quant à lui, explique que ce qui fait scandale dans *Saved*, c'est le constat que la « violence d'Auschwitz et d'Hiroshima n'est pas enfermée dans le passé mais faufilée dans le tissu même de la société britannique, prête à ressortir au sein d'un lumpen prolétariat frustré[23] ». C'est toujours le cas – la société britannique creuse de plus en plus les écarts sociaux – et c'est la raison pour laquelle Bond autorise la reprise de la pièce par Sean Holmes en 2011 :

> … si on créé une société injuste, dans laquelle ceux qui sont en bas de l'échelle

---

21 « It's about the inability of the oppressed to defend themselves against invasion. It's about people who've been ignored by history; about our relationship with our land, our soil; about how we convinced ourselves that the Roman invasion was a good thing [...] And it can't not be about Afghanistan, Iraq, Abu Ghraib, Iran, and the imperial attitude that says it's OK to go into another country without being asked. » L. Walker, « *The Romans in Britain*, A Controversial Revival », *The Independent*, 26.01.2006, https://www.independent.co.uk/arts-entertainment/theatre-dance/features/the-romans-in-britain-a-controversial-revival-6110748.html

22 *Ibid.*

23 Voir Maddy Costa : « …the violence of Auschwitz and Hiroshima was not locked in the past but embedded in the fabric of British society, ready to erupt from a frustrated underclass. », *op. cit.*

sont condamnés à une vie de matérialisme imbécile, alors on fait le lit des problèmes à venir. [...] C'est précisément vers l'avenir que je regardais.[24]

Bond est marxiste, optimiste et sa pièce s'intitule *Sauvés*. Elle est donc animée par un sens de rédemption ou en termes laïques, de progrès. Toutefois, pour changer l'humanité, encore faut-il réformer l'organisation de la société : « Je voulais montrer qu'on est les destructeurs des valeurs humaines », déclare Bond. « Ceux qui tuent le bébé le font par respect de soi, parce qu'ils veulent affirmer des valeurs humaines[25]. »

C'est aussi ce qui motive la reprise de *Cleansed* de Sarah Kane au National en 2016 quelque vingt ans après sa création. On se souvient que Sarah Kane s'explique clairement sur cette mobilisation systématique d'une esthétique du scandale dans son premier théâtre. Pour Kane, il faut faire scandale pour que « la violence du monde reste un scandale[26] » :

> When I read *Saved*, I was deeply shocked by the baby being stoned. But then I thought ... if you are saying you can't represent something, then... you are denying its existence, and that's an extraordinarily ignorant thing to do.[27]

La scène a une portée performative voire ontologique. En mettant en scène le scandale, Kane défie la morale pour refonder l'éthique. A l'opposé de la création par James McDonald en 1998, qui misait sur la stylisation, Katie Mitchell livre une version à la lettre de la pièce et toute la violence suggérée par le texte est bel et bien graphiquement représentée :

> Tout dans la mise en scène de Mitchell est explicite et montré. On voit Carl quand on lui coupe la langue, quand on lui enfonce un pieu dans le rectum, quand on mutile ses mains et ses pieds. Grace subit une opération qui la transforme en son frère et on voit clairement ses organes génitaux. Tout ceci a dépassé les bornes pour une poignée de spectateurs qui, on l'a rapporté, se sont évanouis. Mais je ne retiendrai pas, contre la pièce pas plus que contre

---

24 « [...] if you create an unjust society, in which those at the bottom of the heap are condemned to a life of meaningless materialism, then you are simply laying up trouble for the future. (...) I was actually pointing to the future. », *ibid.*

25 « I wanted to show that we are destructive of human values [...] The people who are killing the baby are doing it to gain their self-respect, because they want to assert human values. », *ibid.*

26 Lecercle, *op. cit.*

27 S. Kane, in *The Times*, January 1995. Cité en avant propos à *Shopping and F***** de Mark Ravenhill, London, Methuen, 1996.

la mise en scène dans laquelle sexe et violence sont tous deux explicitement montrés, l'accusation de sensationnalisme. Kane dit là quelque chose de la boucherie d'État.[28]

Pour certains, c'est l'engourdissement des sens garanti (Michael Billington), pour d'autres, c'est le choc violent, encore et toujours : évanouissements, mouvement d'humeur de spectateurs en colère et indignés, démontrant une fois de plus que la violence en scène continue de susciter des réactions fortes. Après cette mise en scène d'une violence rarement égalée, Katie Mitchell ne reviendra au National Theatre qu'après une période de trois ans, en 2019, avec la réécriture ultra-féministe et déconstructionniste de la *Pamela* de Richardson par Martin Crimp (*When we Have Sufficiently Tortured Each Other*, 2019) dont elle fait une mise scène plus radicale encore dans laquelle Pamela, équipée d'un godemichet – renverse et la situation et son prédateur sur le capot d'une voiture. La pièce s'est donnée à guichets fermés au National, les billets étant distribués par tirage au sort !

* * *

Le succès de pièces qui font scandale dans un théâtre patrimonial tel que le National Theatre, invite à s'interroger sur les lieux où se jouent et se rejouent les pièces qui firent, et parfois font toujours, scandale. Donner à voir une des pièces les plus scandaleuses sur la scène d'un théâtre national financé par les fonds publics consiste en une entreprise d'institutionnalisation du scandale. A quelles fins ? Quel est le sens de ce scandale institutionnalisé ? Cette politique de programmation a-t-elle pour objectif de faire rentrer les artistes dans le rang ? S'agit-il de tenter de contrôler la parole scandaleuse ?

Il va de soi que les publics du National Theatre aujourd'hui ne sont pas les mêmes que les publics du Royal Court il y a 20 ans et que l'esthétique

---

28 « Everything in Mitchell's production is clear and explicit. We see Carl's tongue cut out, a pole inserted in his rectum, and his hands and feet brutally mangled. Grace undergoes an operation in which she mutates into her brother with visible genitalia. All this has proved too much for a handful of audience members who have, according to reports, fainted. But I would absolve both the play and the production, in which the sex is as graphic as the violence, of the charge of easy sensationalism. Kane is ultimately making a moral point about sanctioned butchery », M. Billington dans *The Guardian*, https://www.theguardian.com/stage/2016/feb/24/cleansed-review-katie-mitchell-sarah-kane-dorfman-national-theatre-london

choc de Sarah Kane (comme l'esthétique choc de Katie Mitchell), si elle continue de faire scandale, a néanmoins fini de surprendre. Aller voir – et les publics sont hétéroclites, puisque se mêlent abonnés et spectateurs ponctuels – *Cleansed* dans la mise en scène de Mitchell, dont on sait d'avance qu'elle déploie une violence sexuelle et politique qui choque et dégoute, relève-t-il du seul plaisir masochiste ou voyeuriste ? On sait que l'opération mimétique transforme en source de plaisir (même si le terme demande à être redéfini) un événement quel qu'il soit, fût-il des plus barbares, dès lors qu'il est mis en spectacle. Au scandale des situations scéniques, s'ajoute alors le scandale de la jouissance esthétique de l'horreur. C'est ce que plusieurs dramaturges se sont récemment employés à dénoncer, en optant pour un retour au théâtre verbal[29]. On préfèrera penser que, si l'on continue à aller voir le scandale au théâtre, c'est que le théâtre politique *In-Yer-Face* a gagné : nous sommes maintenant convaincus d'être éthiquement impliqués dans la barbarie du monde. Le « pacte éthique », que théorise Michael Rothberg, se met en place[30] et cette scène, aujourd'hui, nous regarde.

---

29 C'est le cas de debbie tucker green (*Random*), de Chris Thorpe (*There Has Possibly Been An Incident*) ou encore de Simon Stephens (*Pornography*) et Lucy Kirkwood (*It Felt Empty When the Heart Went At First But It's Alright Now*), pour n'en citer que quelques-uns. Ces dramaturgies oblitèrent l'agression graphique et trouent le visible (et on se souvient que trauma et trouée partagent la même étymologie).

30 « Le réalisme traumatique est une tentative de convertir un événement traumatique en objet de savoir et de programmer, et donc de transformer, ses lecteurs de sorte qu'ils soient contraints à se reconnaître dans leur relation à la culture post-traumatique. » M. Rothberg, *Traumatic Realism*, Minneapolis, U of Minnesota P, 2000, p. 103.

La nouvelle donne du scandale

François Lecercle
Sorbonne Université

Résumé :

Depuis dix ans, le théâtre a vu se multiplier des scandales essentiellement politiques. Cette inflation s'est accompagnée d'un renversement : de scandales qui renforçaient les clivages politiques existants, on est passé à des scandales qui les fractionnent, l'attaque ne venant plus de groupes d'extrême droite qui défendent des valeurs qu'ils voudraient sanctuariser, mais de groupes antiracistes qui dénoncent des artistes qui sont pourtant du même bord. Ce sont ces mécanismes que l'article s'efforce de cerner et d'expliquer à partir de quatre exemples : *Sul concetto di volto nel figlio di Dio* (2011), *Golgota Picnic* (2011), *Exhibit B.* (2014) et *Les Suppliantes* (2019).

Abstract :

Over the last decade, the theater has witnessed a strong rise in the number of essentially political scandals. This increase has been accompanied by a reversal, a shift from scandals that reinforce existing political differences to scandals that divide those groups. The attack no longer comes from groups on the far right that defend values they seek to protect, but from anti-racism groups that denounce artists who share their values. The article seeks to describe and explain the mechanisms at work on the basis of four examples: *Sul concetto di volto nel figlio di Dio* (2011), *Golgota Picnic* (2011), *Exhibit B.* (2014) and *Les Suppliantes* (2019).

Le scandale est, en Occident, aussi vieux que le théâtre : le premier scandale a été déclenché, en 492 avant notre ère, par la plus ancienne pièce dont on ait gardé plus que le nom : la tragédie de Phrynichos *La Prise de Milet*. On n'a pas gardé trace ensuite de beaucoup d'affaires analogues, jusqu'à ce que, entre 1550 et 1850, le théâtre devienne intrinsèquement un scandale, au triple sens du terme, c'est-à-dire une incitation au péché (c'est le sens de *skandalon* dans la Bible des Septante), un manquement grave propre à susciter une indignation publique, et la réaction à ce manquement. Vers 1850, il y a eu un complet retournement de situation : on ne fustige plus le théâtre comme scandaleux, car le scandale devient un impératif pour tout artiste qui se respecte. Quiconque se réclame d'une avant-garde esthétique, en quelque domaine artistique que ce soit, se doit d'épater et choquer le bourgeois. Cette injonction au scandale est affichée en particulier chez les surréalistes : Aragon proclame en 1924 : « Je n'ai jamais cherché autre chose que le scandale et je l'ai cherché pour lui-même[1] » mais elle a particulièrement touché les gens de théâtre, d'Antonin Artaud à Carmelo Bene.

Les scandales qui ont émaillé la vie théâtrale du XXe siècle répondaient à une triple motivation. Tout d'abord, une finalité publicitaire : faire scandale, c'est polariser l'attention du public – au point que certains dramaturges se désolent quand leur spectacle ne suscite pas de réaction outragée (c'est le cas de Gide, quand son *Saül* ne suscite pas de réaction, en dépit de la coloration homosexuelle qu'il prête à l'amitié de David et de Jonathan[2]). Ensuite, une finalité esthétique : faire scandale est la vocation d'une avant-garde qui défie les normes et éprouve les seuils de tolérance, comme Artaud le préconise. Enfin, une finalité éthico-politique : faire scandale est un moyen de faire évoluer le rapport de forces, d'ébranler les normes des conduites admises et de faire bouger les systèmes de valeurs[3]. C'est quand le scandale touche à des questions politiques qu'il touche le plus large public et suscite des réactions fortes bien au-delà du théâtre. Un exemple éclatant est l'un des scandales les

---

1 Préface de *Le Libertinage* [1924], Paris, Gallimard, L'Imaginaire, 1977, p. 274. La phrase figurait déjà, en 1921, dans un placard de la revue *Littérature* intitulé « Le Scandale pour le scandale ».

2 Voir C. Debard, « Les créations françaises au Vieux-Colombier (1913-1924) : entre innovation et provocation », *Théâtre et scandale*, éd. F. Lecercle et C. Thouret, 2018, en ligne https://www.fabula.org/colloques/document6050.php.

3 Pour de plus amples considérations sur le scandale, voir l'introduction au colloque cité n. 2, https://www.fabula.org/colloques/sommaire5759.php.

plus retentissants du XXe s. en France, celui des *Paravents* de Genet, que j'ai analysé dans un précédent colloque[4].

Une nouvelle ère

Je voudrais me pencher aujourd'hui sur les dix dernières années, pour souligner un complet renversement dans les mécanismes des scandales de théâtre. L'ère de la provocation avant-gardiste semble révolue : à l'injonction à choquer et à mettre à l'épreuve les seuils se sont substituées des formes insidieuses de censure et d'autocensure. D'une position offensive, les dramaturges passent souvent à une position défensive : avant, ils provoquaient, désormais, ils sont attaqués. Pour observer ces changements, quatre scandales intervenus entre 2011 et 2019 sont particulièrement indiqués. Leur examen met en lumière un deuxième renversement : de scandales qui renforçaient les clivages politiques existants, on est passé à des scandales qui les fractionnent. Traditionnellement, la protestation et la demande d'interdiction venaient de groupes très marqués à l'extrême droite qui, au nom de traditions, de valeurs et de modes de vie qu'ils voudraient sanctuariser, recouraient à des stratégies d'intimidation. C'est le cas des deux premiers scandales de l'automne 2011. En octobre 2011, est créé à Paris *Sul concetto di volto nel figlio di Dio*, de Romeo Castellucci, qui montre, devant une énorme reproduction d'un Christ d'Antonello da Messina, un vieil homme incontinent et son fils, jeune cadre totalement dépassé par la déchéance de son père. Le spectacle avait largement circulé en Europe sans vraiment susciter d'indignation, mais à Paris, il est interrompu dès la première, par un groupe de jeunes activistes chrétiens qui montent sur scène, s'agenouillent et s'enchaînent en chantant des cantiques et en déployant une banderole « Halte à la Christophobie ». Le mois suivant, est monté à Toulouse *Golgota* Picnic, de Rodrigo García, qui montre le dernier repas et la crucifixion d'un Christ version trash, sur une scène pavée de petits pains à hamburger. Créé à Madrid, le spectacle avait circulé sans incident en Europe et au Brésil. Mais l'annonce de la représentation à Toulouse suscite des manifestations, à l'initiative de groupes catholiques extrémistes, comme Civitas. Elles reprennent de plus belle, en dépassant largement les milieux intégristes, quand la pièce est montée, en décembre à Paris : une veillée de

---

4   « Continuer la guerre par d'autres moyens : l'exemple des *Paravents* », *Théâtre et scandale, op. cit.*, http://www.fabula.org/colloques/document5842.php.

prière est organisée à Notre-Dame par l'archevêché[5].

Ces affaires reposaient sur un évident antagonisme, les artistes et les activistes étant on ne peut plus éloignés idéologiquement. Depuis quelques années, on a vu prospérer un nouveau type de scandale où un groupe de pression attaque un spectacle qui est, en principe, du même bord idéologique. J'en prendrai deux exemples. Le premier est *Exhibit B.*, du Sud-Africain blanc Brett Bailey, qui évoque l'esclavage, la colonisation et les déportations violentes d'immigrés par une série de tableaux vivants où des performeurs noirs, muets, suivent du regard les spectateurs admis par petits groupes. Cette performance fait partie d'une série de spectacles sur le racisme et le colonialisme montés par B. Bailey, qui a formé une remarquable troupe composée d'acteurs noirs souvent arrachés à des conditions effroyables (anciens enfants soldats, anciennes prostituées, femmes battues, etc.). A partir de 2010, elle a circulé en Europe, suscitant quelques protestations à Berlin. En septembre 2014 une pétition largement signée provoque l'annulation au Barbican de Londres. Une nouvelle pétition, « Déprogrammer le zoo humain » est lancée en France (20 000 signatures) avant que la performance ne soit donnée à Paris (Théâtre Gérard Philipe puis 104), sous la protection de la police. Le second exemple est la mise en scène des *Suppliantes* d'Eschyle par Philippe Brunet et sa compagnie Demodocos. La pièce est donnée, à Paris, en 2016, 2017 et 2018, en grec ancien et en français, dans le cadre d'un festival universitaire de théâtre antique. Les actrices ont un maquillage cuivré. En 2018, on commence à parler de *blackface*. La pièce est à nouveau programmée en mars 2019, des organisations étudiantes protestent contre le *blackface* et alertent le CRAN (Conseil Représentatif des Associations Noires), qui dénonce une mise en scène raciste et appelle au boycott. Que le metteur en scène soit un helléniste connu pour mettre en valeur les liens culturels, dans l'antiquité, entre la Grèce et l'Afrique et qu'il fasse savoir que la représentation se donnera avec des masques, ne change rien. La première, en Sorbonne, est annulée, de peur de troubles, car des étudiants bloquent l'entrée. Des associations antiracistes – CRAN, LDNA (Ligue de Défense Noire Africaine) – se félicitent de cette victoire. Une vaste polémique suit. Quand la pièce est enfin jouée, en mai, avec des masques – comme il était

---

5 Pour plus d'informations sur ces quatre scandales, voir le *Guide pratique de l'Observatoire de la liberté de création*, A. Tricoire, D. Véron, G. Lageira (dir.), La Scène, s. l., 2019, p. 74 *sq.*, 94 *sq.*, 114 *sq.*, 258 *sq.* et les annexes correspondantes.

prévu au départ – le CRAN ne s'en félicite pas moins d'avoir eu gain de cause.

Quelques caractéristiques récurrentes

Ces scandales présentent un certain nombre de traits communs. Le premier est que les spectacles ont circulé largement avant de déclencher des réactions négatives, pendant des mois, voire des années, en France (*Les Suppliantes*), en Europe (*Il Concetto, Golgota*), voire dans le monde (*Exhibit B.*) Le deuxième est que, à partir de la dénonciation publique lancée par un groupe de pression, le spectacle commence à susciter le scandale là où il passe[6]. Le scandale appelle le scandale, et souvent par-delà les frontières, où un groupe d'activistes du même bord prend le relai, en escomptant tirer le même bénéfice, quand le scandale a eu un grand écho médiatique. C'est ainsi que le *Concetto*, qui avait tourné dans plusieurs villes d'Italie sans susciter de remous, y provoque plusieurs scandales après Paris, notamment à Milan trois mois plus tard, en suscitant de vives condamnations de hiérarques du Vatican[7]. Pour *Exhibit B.*, la protestation a pareillement franchi les frontières, la pétition française prenant la suite d'une pétition anglaise, mais sans produire le même effet, puisqu'il n'y a pas eu déprogrammation[8].

Troisième trait : même si le spectacle a été donné avant, les protestataires, dans leur immense majorité, ne le connaissent pas. Ils dénoncent à partir de la conviction qu'ils ont que le spectacle les lèse gravement. *Il Concetto* et *Golgota* portent atteinte à la dignité des chrétiens, à un moment où ceux-ci sont persécutés au Moyen Orient. *Exhibit B.* et *Les Suppliantes* portent atteinte à celle des noirs. Le premier en mettant en scène un « zoo humain » comme au XIXe s. où des noirs sont exhibés en cage[9]. Le deuxième en pratiquant un

---

6   Sauf pour les *Suppliantes*, dans la mesure où le scandale s'est éteint, semble-t-il, avec le revirement du CRAN.

7   A Milan, les « protestations » sont allées jusqu'à des injures antisémites assorties de menaces de mort contre la directrice du théâtre. La condamnation est allée haut dans la hiérarchie vaticane, jusqu'à l'assesseur aux affaires générales, troisième personnage du secrétariat d'État.

8   Les toutes dernières représentations, au 104, ont été toutefois annulées, sur ordre, disait la direction, de la préfecture de police, de peur de trouble à l'ordre public. Mais la chose est passée inaperçue des médias.

9   L'accusation est lancée par la pétition anglaise de septembre 2014 (https://www.change. org/p/withdraw-the-racist-exhibition-exhibition-b-the-human-zoo). C'est littéralement faux : s'il y avait des grillages entre les tableaux, les performeurs n'étaient nullement enfermés.

maquillage raciste qui ridiculise les noirs. On pourrait penser que les activistes du *Concetto* avaient au moins une connaissance partielle du spectacle, puisqu'ils étaient dans la salle, mais ils sont montés à l'assaut au bout de dix minutes, bien avant que ne se produise sur scène quoi que ce soit qui justifie l'intervention. Un exemple spectaculaire de ce manque d'information est fourni par *Les Suppliantes* : les quelques militants de la LDNA qui manifestaient devant l'entrée de la Sorbonne, le soir de la première, ne connaissait même pas le titre de la pièce : ils savaient seulement qu'il y avait du *blackface*, que c'était donc un spectacle raciste, et par conséquent illégal. Et ils s'indignaient d'avoir dû se déplacer alors que le spectacle aurait dû être interdit sur leur simple demande[10].

Dans la plupart de ces cas, il y a une évidente instrumentalisation du spectacle. On peut sans doute supposer que la plupart des protestataires étaient authentiquement indignés de ce qu'ils condamnaient sans l'avoir vu. Mais la dimension publicitaire n'en devient pas moins une composante essentielle du scandale. Le mouvement Civitas, jusque là inconnu du public, a été « lancé » par le double scandale de 2011, avant d'élargir son audience dans la Manif pour tous, pour finalement se constituer en parti politique en juin 2016[11]. Le scandale théâtral est un bon moyen de capter l'attention des médias. Les mêmes groupes intégristes s'étaient déchaînés, au printemps 2011, contre une exposition de photos d'Andres Serrano, à la Fondation Lambert en Avignon[12]. Cela ne leur avait valu que quelques petits articles de presse, alors que l'interruption du *Concetto* avait occupé le journal télévisé de 20 heures pendant une bonne semaine. Un signe encore plus manifeste de la rentabilité publicitaire du scandale est la concurrence ouverte, pour *Les Suppliantes*, entre deux associations rivales, le CRAN, plus ancien, plus reconnu et plus médiatisé, et la LDNA. Le soir de l'annulation, elles se disputaient sur les réseaux sociaux l'honneur de la victoire.

L'impact n'est pas seulement publicitaire, le scandale offre un moyen

---

10 Comme elle en avait coutume, la LDNA a filmé cette intervention et plusieurs vidéos étaient visibles sur son site dans les jours qui suivaient, où les propos du leader étaient très explicites. Il en reste une sur leur page Facebook : https://www.facebook. com/2175793055981710/videos/316736838986652/

11 Cette promotion médiatique réussie a fini en échec politique : le nouveau parti a obtenu moins de 0,5 % des voix aux municipales de 2017.

12 Ils avaient organisé une manifestation avec l'appui de l'archevêché et un petit groupe avait fracassé deux photos dans le musée, dont le célèbre « Piss Christ ».

de faire avancer un programme politique. C'est particulièrement évident pour le double scandale de 2011, qui est directement lié à une situation politique particulière. Dans un contexte de déchristianisation et de crise de l'Eglise, les activistes catholiques trouvent un bouc émissaire : ils accusent les artistes d'être le pendant culturel de l'islamisme radical et de répandre la christianophobie, au moment où les fidèles coptes sont massacrés dans les églises égyptiennes. Les activistes ont un double objectif. Le premier est d'obtenir une pénalisation de fait du blasphème et de l'atteinte à une religion, alors que la loi française ne connaît que les atteintes à des individus. Le second est de changer les modes de financement public du spectacle vivant : alors que les pouvoirs publics désignent les responsables des institutions culturelles, sur la base de leur compétence et d'un projet et, après la nomination, n'interviennent plus dans leurs choix, on veut instaurer un droit de regard et de contrôle qui permette d'arrêter tout projet qui heurterait la sensibilité de tel ou tel groupe.

Si l'objectif des activistes est politique, il n'est pas étonnant que le retentissement le soit aussi. Les autorités gouvernementales réagissent, et en particulier les ministres de la culture, par des communiqués qui prennent la défense des spectacles au nom de la liberté d'expression[13]. Mais il y a, selon les cas, de notables différences. Frédéric Mitterrand, a réagi assez vivement aux attaques contre le *Concetto* et très discrètement à celles contre *Golgota* – il faut dire que, à la différence de Castellucci, Garcia a mobilisé contre lui les milieux catholiques bien au-delà des intégristes. Fleur Pellerin apporte son soutien à Brett Bailey en condamnant fermement les « tentatives d'intimidation et de censure » et en annonçant un projet de loi (celle de 2016 sur la liberté de création)[14], mais, quelques semaines plus tard, les dernières représentations n'en seront pas moins annulées, de peur de trouble à l'ordre public.

Le personnel politique intervient également, avec parfois des retournements spectaculaires. Ainsi, la responsable d'une organisation de la droite chrétienne, Christine Boutin, dénonce d'emblée *Golgota* comme « une œuvre volontairement provocatrice et blessante » mais, un peu plus tard,

---

13　En 2019, Franck Riester, qui publie un communiqué commun avec la ministre de l'Enseignement supérieur, ajoute la liberté de création, reconnue par la loi en 2016. On trouvera une grande partie des documents dans les annexes du *Guide pratique de l'Observatoire de la liberté de création, op. cit.*

14　Communiqué du ministère de la culture du 26 novembre 2014.

elle opère un revirement en faveur de la liberté d'expression, quand certains députés de l'UMP rapprochent la persécution des chrétiens du Moyen-Orient et la « christianophobie en Occident[15] ».

Différences

Malgré ces traits récurrents, ces scandales présentent des différences éclatantes, qui tiennent à la fois à l'évolution du contexte sociologique et technique aussi bien qu'idéologique.

Le mécanisme des scandales a profondément changé à cause d'un phénomène qui a changé la donne dans la propagation des nouvelles. Le développement des réseaux sociaux a fortement amplifié les capacités de mobilisation : leur influence était déjà sensible avec *Exhibit B.*, mais elle est devenue éclatante avec *Les Suppliantes* et d'autres scandales récents, comme l'affaire *Kanata*[16]. Les réseaux sociaux n'ont pas seulement décuplé la capacité des activistes à mobiliser très rapidement des sympathisants, voire à porter leur indignation bien au-delà de leur audience habituelle, ils ont provoqué une explosion d'affects hyperboliques et une libération de la parole censurée. Répondre à chaud favorise une réactivité inflammatoire, attisée par le développement des *fake news* : des réactions épidermiques et émotives se déversent sans recul critique ni censure. Dans l'univers des *likes*, on retrouve les réponses manichéennes du cirque romain, en levant ou baissant le pouce sans toujours y regarder de près. En outre, dans la solitude de l'écran, on n'hésite plus à proclamer ce qui était plus au moins interdit et (auto-) censuré. Dans un univers où le discours de haine (raciste, xénophobe, sexiste, homophobe) s'est libéré avec l'essor de l'extrême droite, les accusations se font plus implacables et s'imposent plus volontiers comme des faits avérés.

Les évolutions ne sont pas seulement technologiques, elles sont également idéologiques. Depuis quelques années s'est développée une sensibilité accrue au préjudice moral, dans le monde en général mais en particulier dans celui de la culture : une attention à ne pas blesser les susceptibilités de groupes minoritaires – de tous ordres : sexuel, social, ethnique – au point de limiter sérieusement la latitude des humoristes[17]. Et du

---

15 Voir le texte sur le site du député Marc Le Fur, http://marclefur.bzh/christianophobieenorient-maisaussienoccident/.

16 Voir, ici même, l'article de Florence Naugrette.

17 Voir E. Viain, *Humour, subversion et crise de la réception dans la création théâtrale*

côté desdites minorités, les réactions de défense, dans la montée des discours de haine, mènent au développement de politiques identitaires.

Les effets de ces évolutions sont frappants : les attaques contre le théâtre ne sont plus l'apanage ou le quasi-apanage des groupes d'extrême droite. Les accusations de racisme se multiplient, lancées par des militants antiracistes, contre toutes sortes de cibles – spectacles, publicité, photographie, fêtes et carnavals. Certaines pratiques sont à bon droit accusées de véhiculer des stéréotypes racistes, à des fins évidentes de dérision[18]. Mais d'autres sont taxées de *blackface* qui, du moins dans l'esprit des protagonistes, n'avaient aucun rapport avec cette pratique[19]. En décembre 2017, le footballer A. Griezmann a déchaîné une polémique violente sur les réseaux sociaux en diffusant une photo de lui déguisé en Harlem Globetrotter : accusé de *blackface* et de racisme, il a retiré la photo et présenté ses excuses en expliquant qu'il ne voulait que manifester son admiration pour l'équipe new-yorkaise[20]. Ce contexte d'hypersensibilisation modifie la donne. En janvier 2020, la vidéo d'une soirée privée suscite un tollé sur les réseaux sociaux : elle montre des employés du « Slip français », l'un déguisé en singe et l'autre maquillée en noir et pratiquant une danse saccadée qui se veut grotesque. Le

---

contemporaine, thèse de doctorat, Paris-Sorbonne, 2019, à paraître.

18 C'est le cas notamment de quelques fêtes traditionnelles, comme « La nuit des noirs » du festival de Dunkerque, avec ses caricatures de « cannibales ». La demande d'annulation déposée par des associations antiracistes a été rejetée par le tribunal administratif en mars 2018. En mars 2019, le carnaval d'Alost, en Belgique, a défrayé la chronique avec des chars violemment antisémites où des juifs orthodoxes étaient assis sur des sacs d'or. En décembre suivant, l'UNESCO l'a retiré de sa liste représentative du Patrimoine culturel immatériel de l'humanité.

19 Sur la pratique américaine du *blackface*, qui est plus complexe qu'on ne le dit car elle a parfois été retournée contre ses finalités racistes, voir John Strausbaugh, *Black Like You : Blackface, Whiteface, Insult and Imitation in American Popular Culture*, New York-London, Jeremy P. Tarcher/Penguin, 2006 et William T. Lhamon Jr, *Raising Cain: Blackface Performance from Jim Crow to Hip Hop*, London-Cambridge, Harvard UP, 1998 (trad. fr., *Peaux blanches, masques noirs : Performances du Blackface de Jim Crow à Michael Jackson*, Paris, Éditions de l'Éclat, 2008). Sur les polémiques sur le maquillage « racial » sur les scènes européennes, voir E. Viain, « Le scandale du *blackface* sur les scènes de théâtre : le nouveau regard des publics contemporains en Allemagne, en France et en Angleterre », *Théâtre et scandale*, F. Lecercle et C. Thouret (dir.), 2019, en ligne, https://www.fabula.org/colloques/document5818.php.

20 Voir le HuffPost du 17/12/2017, https://www.huffingtonpost.fr/2017/12/17/la-blackface-dantoine-griezmann-provoque-lindignation_a_23310029/.

blackface raciste est caractérisé, et l'entreprise sanctionne ses deux salariés[21].

L'intention était, dans le *blackface*, un élément essentiel : la volonté de dérision signait la charge raciste. En France, où une telle tradition n'existait pas, on pouvait, comme Griezmann, plaider l'innocence. Mais la perception des phénomènes change. Les affaires se multipliant, nul ne peut plus ignorer les précédents racistes ; ce qui auparavant pouvait se vouloir ludique se transforme nécessairement en provocation. Ce changement important du contexte a produit une sorte de dérive logique qui a fait que, aux yeux de beaucoup de militants antiracistes, tout maquillage coloré, quels qu'en soient le contexte et les formes spécifiques, est devenu du *blackface*. Et l'idée s'est installée qu'il n'était pas besoin de vérification. C'est par une telle logique qu'on en est arrivé à l'annulation des *Suppliantes*, obtenus par des militants dont les plus déterminés ne savaient rien du spectacle dont ils demandaient l'interdiction[22]. Du *blackface*, on conclut au racisme, du racisme à l'illégalité et de l'illégalité à une interdiction automatique. Un tel raisonnement est parfaitement correct, pour autant qu'il s'agit effectivement d'un maquillage qui ridiculise les noirs. Mais, dans le cas des *Suppliantes*, le raisonnement posait un double problème. Le premier est l'inférence abusive : quand on objectait qu'il n'y aurait plus de maquillage mais des masques, certains des opposants rétorquaient que les masques étaient tout aussi racistes[23]. Le second est que le *blackface* était supposé. Il est difficile de prêter des finalités de dérision à un maquillage cuivré, dans une tragédie où un groupe de femmes à la peau brûlée par le soleil d'Egypte demande asile à Argos, demandant à être reconnues comme grecques puisque descendant d'une lignée argienne. Loin de mettre en scène une opposition raciale entre « noirs » et « blancs », la pièce met en cause le clivage entre l'autochtone et l'étranger, c'est une réflexion sur l'identité et sur l'accueil de l'autre – et elle avait été sciemment choisie pour

---

21 Voir *L'Obs* du 3/1/2020, https://www.nouvelobs.com/societe/20200103.OBS23012/des-employes-du-slip-francais-grimes-en-noir-dans-une-video-sanctionnes-par-la-marque.html.

22 Voir supra n. 10.

23 Argument qui m'a été donné par des étudiants bloquant l'entrée de l'amphithéâtre, le soir de la première. Il a été assez répandu pour qu'une helléniste ait besoin, quelques jours après, de rappeler que la pratique des masques, avec une bouche déformée, n'a rien à voir avec une caricature raciste, dans une culture grecque antique où n'existe pas d'opposition entre « noirs » et « blancs », voir Anne-Sophie Noel, « Non, le masque grec n'est pas un "blackface" », *Le Monde*, 30 mars 2019.

résonner avec la crise des réfugiés.

Le problème de ces nouveaux scandales est justement qu'ils visent essentiellement des dramaturges et metteurs en scène qui sont notoirement antiracistes. Avec une conséquence très importante : au lieu de creuser des clivages politiques existants, ces scandales créent de nouveaux clivages à l'intérieur d'un même camp idéologique. Alors que, depuis l'affaire Dreyfus, le combat antiraciste s'efforçait de mobiliser, en France, des pans entiers de l'opinion publique, ces affaires créent des conflits fratricides. Des associations antiracistes attaquent des artistes antiracistes, en les accusant de racisme (conscient ou inconscient), créant ainsi des conflits au sein même des groupes antiracistes. L'affaire des *Suppliantes* a suscité, au sein de la Sorbonne, un conflit entre syndicats de gauche traditionnellement antiracistes : les uns – notamment l'UNEF – attaquant le spectacle, tandis que d'autres, notamment la CGT – rétorquaient vivement. Le tout sous l'œil narquois des organisations d'extrême droite vecteurs traditionnels des thèses racistes : le soir de la première des *Suppliantes*, une organisation étudiante d'extrême droite observait en se frottant les mains, sans doute confirmée dans l'idée que les organisations de défense des noirs et leurs soutiens blancs sont des barbares qui veulent abattre, avec Eschyle, les fondements de la culture occidentale[24].

Effet de ces attaques fratricides, la culpabilisation des artistes, confrontés à l'accusation d'être ce contre quoi ils ont toujours lutté. Certains ont réagi par la déstabilisation culpabilisée : Brett Bailey s'est excusé d'avoir pu blesser des spectateurs – mais il serait sans doute plus juste de parler de non-spectateurs puisque s'indignaient surtout des gens qui refusaient de voir, tandis que les spectateurs, eux, sortaient éprouvés de l'installation. D'autres ont réagi par l'indignation. Philippe Brunet s'est dit ulcéré de la réaction des étudiants interloqués quand, voulant parler au metteur en scène des *Suppliantes*, ils ont découvert que celui-ci n'était pas totalement « blanc », sa mère étant japonaise. Il s'indignait que la couleur de peau pût faire une différence[25].

Censure ou non ? Les stratégies d'empêchement

Ces scandales posent enfin deux questions importantes, celle du non-

---

24 Les réactions des sites de droite et surtout d'extrême droite sont éloquentes à cet égard. Voir par exemple Causeur (https://www.causeur.fr/eschyle-piece-blackface-suppliantes-cran-160189) et Novopress (https://fr.novopress.info/novopress-actu/eschyle/).
25 Témoignage recueilli par moi-même le jour même de la première.

public et celle des nouvelles modalités de censure. Les deux sont liées. En s'efforçant d'interdire l'accès à une œuvre, les activistes tombent sous le coup de la nouvelle loi qui, en 2016, reconnaissait un régime spécifique pour l'art, en distinguant la liberté de création de la simple liberté d'expression[26]. Mais plus problématique encore que le recours à l'action illégale est de se dispenser de toute vérification en vertu d'une sorte de droit d'ignorance. Libre à quiconque de refuser d'aller voir un spectacle sur la base de ce qu'il croit savoir de lui, mais c'est tout autre chose que de prétendre interdire à quiconque de le voir. Or on s'est mis à justifier cette prétention en faisant du « non-public » (en sociologie du spectacle, ceux qui ne fréquentent pas tel type de salle, soit par refus soit à cause d'une barrière socio-culturelle) un « public oppositionnel » qui, exclu par nature, serait fondé à récuser sans même prendre connaissance de ce qu'il rejette[27].

En saisissant la justice pour obtenir l'interdiction des spectacles qui les indignaient, les activistes d'extrême droite agissaient dans le cadre légal : ils faisaient ouvertement appel à la censure, tout en prenant parallèlement les choses en main, en interrompant les spectacles et en tentant d'en bloquer l'accès[28]. Dans leur cas, il n'y avait aucune répugnance idéologique à se réclamer de mesures autoritaires et à recourir à tous les moyens disponibles, légaux ou non. A quelques exceptions près, les associations antiracistes répugnent à demander la censure, elles recourent plutôt aux pétitions – « Non au zoo humain » proclamait une pétition contre *Exhibit B*[29] – aux demandes de boycott[30] et aux manifestations – toutes choses légitimes. Mais elles ne se

---

26 La « loi du 7 juillet 2016 relative à la liberté de la création, à l'architecture et au patrimoine », dans ses articles 1 et 2, distingue un droit spécifique pour les œuvres et leur diffusion. Le fondement implicite est que les restrictions à la liberté d'expression (incitation à la haine raciale, etc.) ne l'est pas dans le cadre d'une fiction, car un énoncé condamnable mis dans la bouche d'un personnage n'est pas imputable à l'auteur.

27 Sur cette notion voir M. Cervulle, « Exposer le racisme. *Exhibit B* et le public oppositionnel », et sa critique dans le *Guide pratique*, *op. cit.*, p. 125-127.

28 Ils ont toujours été déboutés dans leur demande d'interdiction et condamnés pour leurs interventions violentes. Le recours au tribunal administratif est une des armes habituelles des associations d'extrême droite.

29 Notons, même si ça importe peu ici, que la performance, si elle évoquait les zoos humains du XIXe s. entre autres choses (apartheid et expulsions violentes d'immigrés), n'en était pas une reconstitution et n'appelait pas un regard jouisseur et sadique mais recherchait plutôt une sorte de culpabilisation mémorielle.

30 Le CRAN y a appelé, pour *Les Suppliantes*, en mars 2019.

bornent pas à protester, refuser de voir un spectacle et inviter autrui à faire de même, l'objectif est bien, en général, d'empêcher quiconque de le voir. Et il y a deux façons d'y parvenir.

La première est un partage des rôles[31] : l'annulation des *Suppliantes* a été obtenue par l'intervention de trois groupes. Le premier est le CRAN qui, contacté par des associations étudiantes, a alerté militants et sympathisants en appelant au boycott ; le deuxième est la LDNA qui, peut-être pour surenchérir sur le CRAN, a fait le siège de la Sorbonne, le soir de la première, en réclamant l'interdiction, sans pouvoir franchir la porte faute d'avoir des cartes d'étudiant ou des billets pour le spectacle ; le dernier est un groupe d'étudiants qui, en bloquant la porte de l'amphithéâtre, l'a finalement emporté, le doyen annulant de peur de troubles et de violences.

La seconde est une stratégie indirecte. La pression des réseaux sociaux et leur capacité à mobiliser instantanément permettent de faire planer la menace de troubles. Les violences peuvent être évitées ou rester modérées mais elles n'en poussent pas moins les pouvoirs publics à prendre des mesures, de crainte de troubles plus sérieux. A Londres, une pétition contre *Exhibit B.* a recueilli plus de 20 000 signatures, mais il a fallu une manifestation avec des violences – modérées – pour que le Barbican déprogramme la performance[32]. A Paris, après quelques violences, la ministre de la culture a publié un communiqué de soutien résolu aux artistes, et les représentations ont continué sous la protection de la police, mais le 104 n'en a pas moins annulé les dernières, de peur de troubles, en invoquant un ordre du préfet.

Il arrive que les militants antiracistes fassent appel aux autorités : deux associations ont demandé l'interdiction d'*Exhibit B.* au tribunal administratif [33]. Mais la plupart se défendent de réclamer la censure et rétorquent à qui les accuse d'en pratiquer des formes indirectes, qu'il n'y a censure que lorsqu'une interdiction est imposée par une autorité légitime et que les pressions qu'ils exercent relèvent des moyens de lutte des masses populaires. Peu importe, au fond, le nom qu'on met sur cette interdiction de fait. Le problème est qu'elle ne s'embarrasse pas de la moindre vérification ni du moindre débat – les polémiques qu'elle déclenche relevant plutôt du dialogue de sourds – et

---

31   Un partage de fait : il n'y a pas de raison de voir une stratégie concertée.
32   Voir notamment https://www.independent.co.uk/arts-entertainment/art/news/exhibit-b-human-zoo-show-cancelled-by-the-barbican-following-protest-9753519.html
33   Elles ont été déboutées et ont introduit un recours au Conseil d'Etat, également rejeté.

qu'elle se fonde, le plus souvent, sur des erreurs factuelles.

* * *

Faut-il déplorer le malheur des temps et conclure à un avenir sombre ? Pas tout à fait, car ces nouvelles formes de scandale ne sont pas sans bénéfices. Elles ont attiré l'attention sur des questions nouvelles ou négligées : *Exhibit B.* a souligné l'importance de prêter attention au contexte local, la nécessité de préparer le public à un spectacle potentiellement sensible et de mettre sur pied des formes de médiation. Elles ont éclairé d'un nouveau jour l'échec des tentatives de démocratisation amorcées après la deuxième guerre mondiale : à une question pensée en termes exclusivement socio-culturels, elles ont ajouté une dimension ethnique. Mais elles n'ont pas seulement mis en valeur le problème, elles ont sans doute aussi contribué à un changement très visible sur les scènes d'aujourd'hui.

Traditionnellement, les « minorités » ou ce qu'on appelle aujourd'hui « la diversité » – ceux qui n'entrent pas dans le moule de cette France blanche et chrétienne que les intégristes voudraient préserver – étaient absentes du théâtre, dans la salle et plus encore sur scène. Frappants, désormais, sont le nombre et la qualité des acteurs issus de la diversité. C'est sans doute le fruit des efforts pour faire entrer dans les écoles de théâtre des jeunes gens qui, il y a peu, n'auraient même pas songé à monter sur les planches. C'est aussi sans doute le produit des nouvelles sensibilités qui ont suscité les scandales de *blackface* et qui ont, en retour, été aiguisées par ces scandales mêmes. Cela a permis des expériences encore impensables il y a peu : après une série de polémiques suscitées, dans toute l'Europe et aux USA, par le recours au maquillage noir pour le personnage d'Othello, on peut voir *Othello* jouée par une troupe entièrement noire, à l'exception du rôle titre, joué par un blanc[34]. Au prix de quelques modifications du texte, cette inversion des couleurs de peau donnait un relief inhabituel au rejet et à la haine de l'autre. Les stéréotypes racistes dont la pièce est tissée prenaient une force inédite, donnant au spectateur blanc un aperçu de ce que peut être le racisme au quotidien.

---

34 *Othello*, mis en scène par Arnaud Churin, joué à Paris, au théâtre des Abbesses, du 3 au 19 octobre 2019.

Le théâtre est-il compatible avec la revendication identitaire ?

Florence Naugrette
Sorbonne Université

Résumé :

La revendication d'une plus grande représentativité des personnes racisées ou invisibilisées dans le monde du spectacle est assurément justifiée. Jusqu'où peut-elle aller ? On examine ici ce que la posture identitaire-communautaire-victimaire fait au théâtre lorsqu'elle se focalise sur la question du droit à la représentation : en confondant les deux sens de « représentant » (figure mimétique et délégué) pour parler du rapport de l'acteur à son personnage, ne risque-t-on pas de renouer avec de très anciennes formes de condamnation de l'art du théâtre ? On propose l'idée que la réussite d'un spectacle adoptant sur cette question une posture militante (ou non) dépend moins de l'identité (terme lui-même problématique) respective des artistes que du dispositif esthétique mis en œuvre et de sa réalisation.

Abstract :

Demand for greater representation of those who, because of race or for other reasons, are absent from the world of the theater, is certainly justified. How far can it go? This paper examines what the effect of an identity-community-victim-based posture is on the theater when it is focused on the right to be represented. By conflating the two meanings of "representing" (acting as, acting for) to speak of the relation between the actor/actress and his/her character, there may be the risk of a return to early forms of condemnation of the theater. The paper argues that the success of a performance that adopts a militant or neutral position depends less on the artist's identity (in itself a problematic term) than on the aesthetic choices made and carried out.

La plupart des grands scandales du théâtre ont partie liée avec trois tabous anthropologiques : le tabou de la religion (peut-on défier les dieux ? ne pas croire en Dieu ?) ; le tabou de la sexualité, de la famille et de la génération (qui a-t-on le droit d'aimer ? quelles lois élémentaires de la parenté ne doit-on pas enfreindre ?) ; le tabou de la mort (que nous commandent nos aïeux ? peut-on leur désobéir ? dans quelle mesure faut-il honorer leur mémoire ?) Liés entre eux, ce sont ceux-là même que la mythologie et l'art, en Orient comme en Occident, ont pour mission d'exprimer et de conjurer. Tous les trois semblent se réunir, de nos jours, en une espèce de tabou syncrétique et paradigmatique de tous les autres : le tabou d'une identité conçue comme appartenance à un groupe se percevant comme victime. Les récents scandales du théâtre mettent en cause des spectacles accusés de toucher au tabou de l'identité en faisant offense, du simple fait qu'ils la représentent, à une communauté qui se définirait elle-même par ses racines (la fidélité aux ancêtres), ses pratiques religieuses, sexuelles ou culturelles et qui, sur le critère même de cette « identité », non seulement se vit, mais aussi se revendique comme victime. Cette association étroite entre discours identitaire, discours communautaire et discours victimaire relève évidemment d'abord d'un fait anthropologique plus vaste. Les torts et les crimes historiques (esclavage, colonisation, discrimination sexuelle, persécutions religieuses, génocide, exclusion) dont ils ont été victimes, de plus en plus de groupes humains estiment nécessaire de les prendre à bras-le-corps de manière radicale, sans attendre que le cours de l'histoire prenne seul le temps trop long de leur reconnaissance et de leur réparation. Aussi revendiquent-ils leur droit à la parole non seulement en combattant pour gagner des lieux et occasions d'expression directe mais aussi, pour certains, en déniant le droit de parler d'eux à ceux qu'ils estiment responsables de leur malheur, sinon directement, du moins par héritage ancestral[1].

Le théâtre est le lieu où cette posture peut sembler à la fois la plus

---

1   Je renvoie aux travaux du colloque « Légitimité et illégitimité de la littérature et du théâtre – Qui a le droit d'écrire quoi ? Qui a le droit de montrer quoi ? », colloque international jeunes chercheurs, Sorbonne Université et Sorbonne Nouvelle, 28 et 29 juin 2019, organisé par Jean-Christophe Corrado, Esther Demoulin, Alice Desquilibet, Marco Doudin, Agathe Giraud, Charlotte Laure, Clément Scotto di Clemente et Marie Vigy. Je remercie Agathe Giraud et Clément Scotto di Clemente de leur intervention « Les acteurs sur scène, représentatifs de la cité ? » dans mon séminaire « Le Théâtre, laboratoire du vivre-ensemble ? », en Sorbonne, 14 février 2020.

évidente et la moins légitime. En effet, le théâtre est justement, de tous les arts mimétiques et du récit, parce qu'il est interprété par des hommes pour des hommes dans un cadre public, celui où l'on dénonce les injustices, où l'on distingue le droit et la loi, où l'on met à plat les conflits, où l'on déplore les grands crimes anthropologiques... Les thèmes de l'identité, de la communauté, et de la réparation des torts lui sont quasi consubstantiels, dans toutes les civilisations. Mais précisément, le principe du théâtre est de chercher l'identité de l'homme tout en la questionnant ; de souder dialectiquement la communauté en relativisant ses dissensus externes, trop évidents, trop sommaires, et en exhibant ses contradictions internes, plus subtiles ; de soigner les traumas par leur expression même, fonction homéopathique première de la catharsis. La posture identitaire-communautaire-victimaire semble donc incompatible avec l'art du théâtre parce qu'elle affirme l'identité au lieu de la remettre en doute, parce qu'elle soude une communauté en creusant ses dissensus externes et en résorbant ses dissensus internes, parce qu'elle ne recherche pas la cure du trauma – de peur que cette cure ne l'efface ou le résorbe – mais tout au contraire son exposition accusatrice.

Or, précisément, si la revendication identitaire est encore plus vive, semble-t-il, dans les arts du spectacle – où elle déclenche des scandales – que dans la littérature, c'est que l'énonciation y est atomisée en beaucoup plus de locuteurs prenant en charge la production du spectacle : l'auteur, le metteur en scène, les acteurs (eux-mêmes démultipliés en divers personnages), les spectateurs, qui, collectivement, par leurs réactions à chaud (rejet, admiration, rires hostiles ou complices, frémissements, émotion sacrée), orientent la manière dont le discours tenu par le spectacle sera reçu, et qui contribuent donc à tenir ce discours. Cette démultiplication des agents du sens rend justement improbable, en principe, une posture identitaire : la pièce de théâtre est vouée à échapper aux intentions premières de son auteur et à s'offrir à la réappropriation des metteurs en scène dont l'identité est par nature différente de la sienne ; les acteurs, par définition, ne sont pas les personnages qu'ils interprètent – Sylvie Chalaye le rappelle dans son bel ouvrage *Race et Théâtre. Un impensé politique* (Actes sud Papiers, 2020), qui fait le tour complexe de cette question d'actualité. Par définition, un « interprète » est précisément étranger à celui dont il véhicule le discours. L'acteur « représente » un personnage, mais n'est pas pour autant son « représentant ».

Au reste, les revendications identitaires qui ont donné lieu à des scandales récents ne réclament que rarement l'identité intégrale (c'est-à-dire l'appartenance à une même communauté) de l'auteur, du metteur en scène, des interprètes et du public. Même si le but légitime du combat à mener est une représentativité plus conforme à la société elle-même des personnes racisées ou invisibilisées à *tous* les niveaux de la production artistique, ces revendications tolèrent à la rigueur (mais pas toujours), que l'auteur du spectacle et/ou le metteur en scène n'appartiennent pas à la communauté à laquelle appartiennent les personnages et ceux qui, en créant le scandale, les défendent. De même, que le public du spectacle n'appartienne pas à cette communauté est d'autant moins un problème que le discours des communautés qui se sentent victimisées vise généralement la conscientisation de ce public même qui les méconnaît. En revanche, là où interviennent les crispations les plus fortes, c'est sur l'identité communautaire (ou non) du comédien avec son personnage.

Aux exemples développés par François Lecercle[2], on pourrait en ajouter d'autres, qui concernent, dans leur grande majorité, une plainte contre des spectacles ayant choisi de *ne pas* figurer un représentant de la communauté qu'ils défendent par un acteur issu de cette communauté : la reprise, à la Comédie-Française, du *Retour au désert* de Bernard-Marie Koltès, en 2007 a été interrompue à la suite des pressions exercées par le frère et ayant-droit moral de l'auteur, parce que l'acteur qui jouait le rôle de l'arabe Aziz n'était pas tenu par un arabe (en réalité, Michel Favory, qui jouait le rôle, a des origines kabyles par sa mère, mais celles-ci ne se « voient » pas). Toujours à la Comédie-Française, en 2015, quand la pièce de Mark Medoff *Les Enfants du silence*, qui représente un groupe de sourds-muets et qui a été créée en France par des sourds-muets a été reprise par des acteurs entendants, des pressions se sont (vainement) exercées pour empêcher le spectacle. En juillet 2018, au festival de jazz de Montréal, Robert Lepage, avec sa compagnie Ex Machina, monte *SLĀV*. Le spectacle, qui repose sur des chants d'esclaves des plantations, comprend deux actrices noires, mais la chanteuse principale, Betty Bonifassi, étant blanche, une fronde accuse Lepage d'appropriation culturelle et pousse le théâtre à suspendre les représentations. Quelques jours plus tard, à l'annonce de la prochaine création à Paris du même Robert Lepage, *Kanata*, sur l'histoire de la conquête du Canada, au motif que la troupe d'Ariane

---

2   Voir sa contribution au présent volume.

Mnouchkine ne comprend aucun acteur canadien autochtone, la polémique reprend, et la troupe de Lepage se voit refuser les subventions publiques dont elle dépendait jusqu'alors. S'ensuit un scandale durable qui dure pendant tout l'automne, jusqu'à la création de la pièce en France.

Dans ces quatre cas, le tort ou le crime au nom duquel se formule la revendication identitaire est de nature variable : l'exploitation des peuples colonisés pour *Le Retour au désert* et *Kanata,* l'exclusion des handicapés pour *Les Enfants du silence,* l'esclavage pour *SLĀV.* Mais les mécanismes des scandales sont semblables. Aussi n'en analyserai-je qu'un[3].

À l'encontre de *Kanata,* des associations de défense des peuples autochtones, constituées de descendants des premiers indiens spoliés ou massacrés, et de descendants de colons sympathisant avec eux ont dénoncé le principe du spectacle et demandé le retrait de sa subvention. L'accusation d'appropriation culturelle s'exerce ici à l'encontre de Blancs d'origine européenne suspectés, sous couvert de curiosité, d'ouverture à l'autre et de travail de mémoire, voire de repentance collective, de tirer gloire et profit de la représentation et de la mise en récit de l'histoire de peuples colonisés par leurs ancêtres et qu'ils prétendent défendre : en dénonçant l'oppression dont leurs propres aïeux se sont rendus coupables, ils se rendraient coupables eux-mêmes de ce qu'ils prétendent dénoncer en exploitant à leur tour l'histoire de ces mêmes peuples.

Une pétition parue dans le quotidien *Le Devoir* le 11 juillet 2018 émet une triple revendication[4]. Dans un premier temps, on reproche à Mnouchkine et Lepage d'ajouter leur discours à celui de tous les Blancs dominants (marins, aventuriers, prêtres, penseurs des Lumières, écrivains) qui ont décrit et raconté l'histoire des Autochtones dominés d'un point de vue ethnographique. Puis est revendiquée une place dans la production du spectacle : que la troupe du Soleil engage des artistes autochtones. Enfin, est réclamée une politique culturelle volontariste qui fasse valoir le droit à la parole des Autochtones dans l'espace public. Pour Lepage et Mnouchkine, sensibles au dernier argument, la première et la deuxième revendication ne sont en revanche pas

---

3 Je résume et reprends partiellement dans les paragraphes suivants les analyses que j'ai élaborées avec Agathe Giraud dans « Raconter l'histoire de l'opprimé, est-ce encore l'opprimer ? La polémique *Kanata* », *Écrire l'histoire,* n° 19, 2019, p. 207-211.

4 « Lettre ouverte : Odeiwin, la réplique à Ariane Mnouchkine », *Le Devoir,* 11 juillet 2018.

recevables. Ils constituent même une forme de négation de l'art et du théâtre, d'autant qu'on ne saurait accuser Mnouchkine d'européocentrisme, elle dont la troupe comprend des dizaines de nationalités différentes venues de tous les continents, et qui a embauché plusieurs exilés.

Néanmoins, la souffrance et le sentiment d'humiliation exprimés par les plaignants méritent qu'on les considère. La virulence de la polémique autour de *Kanata* s'explique par le contexte québécois, où les Premières Nations, après la dépossession territoriale, l'humiliation, le génocide, et l'acculturation forcée subies jadis, doivent affronter leurs conséquences actuelles toujours dramatiques (dépression, suicide, alcoolisme, prostitution, trafic de drogue, expropriation, etc.). Pour autant – et d'autres autochtones, majoritaires, selon l'un d'eux[5], s'en inquiètent – brandir l'argument de l'appropriation culturelle, c'est se définir comme éternelle victime, donc s'enfermer dans ce statut symbolique dont on veut à toute force se libérer.

*   *   *

Reconnaissons néanmoins que les distributions, aujourd'hui de plus en plus nombreuses, qui prennent en considération l'identité culturelle ou les origines des acteurs jouant le rôle d'un personnage représentant d'une communauté victimisée et invisibilisée ont donné de grandes réussites. Ce fut le cas, jadis, de *Rwanda 94*, qui raconte les massacres et la guerre civile et la responsabilité des gouvernements occidentaux, notamment belge et français, dans la guerre civile rwandaise. Yolande Mukagasana, co-auteur du spectacle avec Jacques Delculvellerie et le Groupov, y raconte sa propre expérience vécue dans un monologue intégré dans l'ensemble. Dans ce spectacle, la couture entre fiction et témoignage et la distribution réaliste des acteurs selon leur origine, donnaient un dispositif saisissant permettant la compréhension, la compassion et la conscientisation du public. Plus récemment, pour leur pièce *Les Oubliés. Alger-Paris* (2019), histoire d'un mariage mixte entrecroisée d'images d'archives et de reconstitutions de dialogues entre personnages historiques, sur les séquelles familiales sous-terraines laissées plusieurs générations plus tard par la guerre d'Algérie, Julie Bertin et Jade Herbulot

---

5   Bryan Decontie, « Cessons de nous "faire valoir" comme victimes de la société », *La Presse*, 28 juillet 2018.

(Birgit Ensemble) ont choisi délibérément de confier le rôle du marié à Nâzim Boudjenah, ce choix, qui s'imposait à elles, contribuant à la justesse du spectacle, à l'émotion historique et à la prise de conscience du poids des non-dits encore attachés à la Guerre d'Algérie.

* * *

Mais cette identité, si elle peut s'avérer efficace et signifiante, ne suffit pas *en elle-même* à garantir la réussite esthétique et morale d'un spectacle politiquement bien intentionné. J'en veux pour preuve un spectacle dont le propos obvie était radicalement antiraciste, mais dont le résultat, manqué, dans un haut lieu du théâtre mondial comme le festival d'Avignon, produisait en réalité, par un défaut majeur du dispositif, l'effet inverse à celui qu'on cherchait. Il s'agit de *Very Wetr* de Régine Chopinot (2012), avec une troupe de danseurs kanaks interprétant des danses traditionnelles de Nouvelle-Calédonie insérées dans une autofiction de la chorégraphe. Les intentions de Régine Chopinot sont bonnes : il s'agit pour elle de donner de la visibilité, via la danse traditionnelle, à la culture kanak, d'enrichir l'expérience du spectateur occidental en lui donnant à contempler un art supposé primitif resté intact et méconnu en métropole, de mettre à l'honneur les artistes kanaks en leur permettant de se produire dans le cadre prestigieux du Festival d'Avignon.

Régine Chopinot réalise précisément ce que Lepage et Mnouchkine refusent de faire : faire jouer leur propre rôle à des artistes « indigènes » dans un spectacle qui n'est pas à strictement parler une démonstration de danse traditionnelle (elle n'eût pas eu sa place au Festival d'Avignon, et n'aurait pas suffi à l'ambition artistique personnelle de la chorégraphe), mais une histoire, le récit de la rencontre entre la chorégraphe française et la troupe kanak, mise en scène sous une forme hybride de diégèse et performance mêlées. Mais ces bonnes intentions ne suffisaient pas à prémunir le spectacle contre l'accomplissement malheureux du risque pris par la chorégraphe : manquer son effet, et produire le discours contraire. Tout dépend en effet du régime de la représentation, et de la manière de s'adresser au spectateur, en prenant ou non en compte le phénomène de dénégation qui s'applique à la vérité qu'on prétend lui montrer.

D'où une réaction scandalisée d'une grande partie du public, dont on peut ainsi caractériser les ingrédients : malaise devant le geste paternaliste et comme ethnologique de la chorégraphe donnant à voir des hommes colonisés en exploitant leur art à son profit (et, certes, aussi, au leur, puisqu'ils ont reçu un cachet comme tout artiste embauché au festival d'Avignon) ; paradant au milieu de la troupe dont elle vante les mérites, Régine Chopinot, sans le vouloir, semble jouer le même rôle que les imprésarios des zoos humains – telle n'est évidemment pas son intention ; gêne devant la complaisance narcissique de la chorégraphe se mettant en scène elle-même, dans l'autofiction de *Very Wetr*, en une amie autoproclamée du peuple colonisé qui lui voue un culte comme à une déesse allogène ; dégoût devant le ridicule de costumes composites, hybridant les pagnes traditionnels avec des tenues cuir-rock et des formes dans lesquelles on reconnaissait les modèles de leur créateur de haute couture française Jean-Paul Gaultier ; colère de se sentir obligé d'applaudir, afin d'honorer le travail des danseurs kanaks, alors qu'on voudrait marquer son improbation à l'auteur-chorégraphe. D'où le sentiment profond de scandale partagé par quasiment le public entier, mais un scandale qui ne pouvait éclater, puisqu'il aurait été exprimé par les descendants des colons reprochant à l'une des leurs de produire un discours raciste auquel sans s'en rendre compte les victimes involontaires de ce discours contribuaient du simple fait de leur participation au spectacle. Dans le cas de *Very Wetr*, c'est l'échec du dispositif (insertion de la danse traditionnelle dans une narration autobiographique à visée didactique) qui produisait, contre l'intention de la chorégraphe, des performeurs et des spectateurs, le discours raciste qu'elle prétendait dénoncer.

L'erreur artistique consiste à poser d'emblée le spectateur en faux ennemi nécessairement blanc, à s'adresser à lui en offensant sa face interne, c'est-à-dire en prétendant avoir sur lui une longueur d'avance, connaître et manipuler ses pensées, et à se poser comme grand ordonnateur et maître du discours sans interroger cette position de maîtrise.

* * *

À l'inverse, selon moi, *Exhibit B* du sud-africain blanc Brett Bailey ne relevait en rien de l'appropriation culturelle. Performée uniquement par des acteurs noirs, qui figuraient dans diverses situations historiques (expliquées dans des cartouches) leurs ancêtres exploités, humiliés, martyrisés, ou jouaient simplement leur propre rôle rien qu'en étant eux-mêmes posés face au spectateur, cette installation échappait à la facilité, au prêche, comme à la récupération grâce à son dispositif : par la reprise fictive et au carré (ce qui change tout) du zoo humain, cette exhibition d'exhibition était une poignante dénonciation du colonialisme, de l'esclavage et du racisme criminels des Européens. Jouée d'abord dans plusieurs villes (dont Avignon en 2013) sans faire scandale, la performance-installation se vit reprocher en arrivant à Paris en 2014 de se livrer au racisme même qu'elle prétendait dénoncer, du simple fait qu'elle exhibait à son tour des acteurs noirs, au point qu'on demanda sa censure. Mais en réalité, parce qu'elle reposait sur un dispositif solennel et terrifiant rendant la réciprocité du regard entre performeurs et spectateurs impossible à soutenir pour ces derniers, c'est par cette inversion du regard que passaient l'émotion, la dénonciation, et la culpabilisation du spectateur quand celui-ci était blanc. Aucune lecture, aucun cours, aucun discours anti-raciste n'avait jusque là eu sur moi, spectatrice blanche descendante d'une nation esclavagiste, un effet aussi puissamment culpabilisant qu'*Exhibit B*. À quoi s'ajoutait que contrairement à *Very Wetr*, où l'on sollicitait les applaudissements du public comme pour n'importe quel spectacle de fiction ou de danse, applaudir en sortant d'*Exhibit B* était non seulement impossible (à cause du dispositif), mais aussi impensable.

* * *

On le voit, le racisme ne réside pas intrinsèquement dans l'attribution ou non d'un rôle à un interprète partageant l'identité culturelle ou ethnique de son personnage (d'autant que maints personnages de théâtre n'en ont aucune), puisque dans un cas, ce qui est reproché au metteur en scène, c'est de ne pas faire jouer d'acteur « indigène » ou d'origine indigène pour jouer le rôle d'un indigène (*Kanata*) ; dans l'autre, ce qui est reproché au concepteur du spectacle, c'est précisément, de la part d'un Blanc, d'employer des acteurs noirs pour dénoncer la colonisation et le racisme (mon jugement – discutable –, sur *Very Wetr*, le jugement – que je ne partage pas – des censeurs d'*Exhibit B*). Ce qui doit être interrogé, analysé finement, en tenant compte des émotions ressenties (donc après avoir vu le spectacle et non pas *a priori*), c'est l'effet moral (qu'on peut discuter, et qui peut être différent d'un spectateur à l'autre) produit par le dispositif esthétique, lequel comporte une myriade de gestes artistiques imprévisibles.

Le débat sur l'appropriation culturelle, qui a été au cœur de maintes controverses sur l'épistémologie de l'ethnographie, de polémiques sur l'écriture de l'histoire, s'invite dans le champ artistique sous la forme du scandale, renouant avec des formes anciennes de théâtrophobie quand c'est la censure du spectacle qu'on exige (geste très différent de sa critique, fût-elle virulente et radicale). Il est certain, comme le montre Sylvie Chalaye dans l'ouvrage cité au début de cette contribution, que l'espace artistique doit s'ouvrir à une plus grande représentativité des auteurs, metteurs en scène, directeurs de structures et acteurs dans le champ théâtral contemporain, et que ce mouvement, amorcé ici ou là, est encore bien trop timide. Les progrès qui restent à accomplir dans cette direction sont considérables, comme en témoigne aussi l'ouvrage collectif *Noire n'est pas mon métier*[6]. Mais le problème est d'une tout autre nature quand on confond mécaniquement représentation et représentativité, qu'on rabat la morale sur l'art en niant les puissances de l'imaginaire, en réinstruisant à nouveaux frais le procès de la *mimesis* mené par Platon contre les poètes, et en se réappropriant les vieux arguments de la religion contre le théâtre[7].

La posture à la fois identitaire, communautariste et victimaire pose trois problèmes théoriques, l'un de nature philosophique, l'autre de nature esthétique, le troisième de nature morale.

Le problème philosophique, c'est l'impensé du rapprochement entre identité et communauté. Où réside l'identité d'un individu ? dans son nom ? ses empreintes digitales ? son ADN ? la couleur de sa peau dont Sylvie Chalaye rappelle l'infinie palette ? le sentiment de sa permanence et de son adéquation à lui-même qu'on appellerait alors plutôt, en philosophie, son ipséité, qui le ferait sortir alors du groupe, précisément comme individu ; ou bien l'identité est-elle une appartenance patriotique, ethnique, religieuse, sexuelle ou familiale qui me relie à un groupe ? cette appartenance engage-t-elle tout individu de ce groupe à représenter le groupe, à parler ou être figuré

---

6   Aïssa Maïga (dir.), *Noire n'est pas mon métier*, Paris, Seuil, 2018.
7   Voir notamment François Lecercle et Clotilde Thouret (dir.), *La Haine du théâtre. Controverses européennes sur le spectacle*, vol. 1 "Controverses et polémiques" et vol. 2 "Discours et arguments", Presses Universitaires du Midi, coll. "Littératures classiques", 2019. Clotilde Thouret, *Le Théâtre réinventé. Défenses de la scène dans l'Europe de la première modernité*, Presses Universitaires de Rennes, 2019. Voir aussi la bibliographie établie par François Lecercle dans le cadre du Projet Haine du théâtre de l'OBVIL: http://obvil.sorbonne-universite.site/corpus/haine-theatre/bibliographie_querelle-france_2018.

en son nom ? Jusqu'où ma communauté, à supposer que j'en aie une (c'est-à-dire que je me reconnaisse comme appartenant à une certaine communauté) définit-elle mon identité ? Ai-je plusieurs identités ? religieuse, sexuelle, familiale, sociale, ethnique, patriotique, etc… ? Quelle place est laissée à mon tempérament, à mon caractère, à ma sensibilité, à ma psychologie dans cette identité, que je peux partager avec des êtres humains qui n'ont pourtant ni la même religion, ni la même sexualité, ni les mêmes origines que moi ? Jusqu'où dois-je fidélité à ma communauté ? Et à supposer que je lui doive fidélité (ce qui ne va pas de soi), en quoi cette fidélité consiste-t-elle ?

Le problème esthétique – et c'est la raison même pour laquelle l'art, dans les dictatures, est étroitement surveillé et censuré –, c'est que, contrairement au discours militant, de propagande ou dogmatique qui vise à convaincre via la raison, l'expression artistique, même quand elle concerne des sujets religieux, politiques ou sociétaux, ouvre la voie au questionnement à travers l'émotion, qui ne surgit pas sans la subtilité, l'efficacité et la réussite d'un dispositif artistique élaboré, complexe. Y entrent en ligne de compte des éléments aussi impondérables et non sémiotisables que la grâce, la profondeur, le « moment prégnant » dont parle Lessing, le rythme, la justesse, l'horreur sacrée, la distanciation, le subtil, l'inouï, la communion électrique des âmes, ou tout au contraire le sentiment d'ennui, de grossièreté, de ridicule, d'imposture, de manipulation, de déjà-vu, de contresens, d'insensibilité, de sottise, d'approximation, de lourdeur, bref, de « ratage ».

Certes, la raison n'est pas tout entière et exclusivement du côté du discours, qui comporte aussi une dimension émotionnelle (le *pathos* de la rhétorique ancienne), et l'œuvre d'art est aussi accessible à notre entendement. Néanmoins, là où les sermons visent à prêcher, les harangues à convaincre et les pétitions à transformer une conviction en décision collective, l'art donne à contempler, réfléchir, méditer les grandes questions anthropologiques liées au bien et au mal via l'épreuve sensible, tout autant, voire plus, que par la raison raisonnante.

Le problème moral, enfin, c'est la définition de soi ou de l'autre comme victime. On peut avoir été victime d'un traumatisme, soi-même ou ses ascendants, ce traumatisme nous définit-il pour autant ? Ne suis-je rien d'autre que mon traumatisme ? Puis-je tolérer qu'on m'y réduise ? Y ai-je même intérêt ? Si je m'y enferme et que je m'y identifie, je me prive de la résilience. Si j'y enferme l'autre, si je l'y identifie, je lui interdis la résilience. Enfin, en dressant, comme le fait la pratique pédagogique du *trigger warning*, une liste finie, reconnaissable, identifiée des traumatismes liés aux tabous de la religion, de la génération et de la mort que je mentionnais au début de cette contribution, on prive les spectateurs de la possibilité d'en surmonter d'autres, non identifiés, subtils, pernicieux, inaccessibles aux limites de la raison mais rendus accessibles par les sortilèges du théâtre, qui, au-delà de la morale, peut nous donner des armes pour combattre d'abord en nous-mêmes les formes infinies du mal ordinaire.

Ce que le théâtre peut faire.
Quelques scandales dans le domaine des arts du spectacle

Silvia Bottiroli

Université Bocconi (Milan) / DAS Theatre (Amsterdam)

Résumé :

L'article revient sur les scandales déclenchés – ou non – par quelques performances récentes, à Amsterdam en 2014 (*Wanna Play ?* de D. Verhoeven), à Santarcangelo (Italie) en 2015 (*Breivik's Statement* de Milo Rau et (*untitled*) de T. Sehgal) et à Londres en 2012 (*Exhibit B*. de B. Bailey). Ces scandales (ou absence de scandale dans le cas de Milo Rau) invitent à réfléchir sur ce que le théâtre est capable ou a le droit de faire, surtout lorsqu'il traite d'événements réels et traumatisants. Ils posent aussi la question de l'espace public : une œuvre d'art perd-elle ses caractéristiques dès qu'elle sort des lieux institutionnels qui lui sont réservés ?

Abstract :

The article examines the scandals which a few recent performances provoked (or failed to provoke), in Amsterdam in 2014 (*Wanna Play?* de D. Verhoeven), in Santarcangelo (Italy) in 2015 (*Breivik's Statement* by Milo Rau and (*untitled*) by T. Sehgal), and in London in 2012 (*Exhibit B*. by B. Bailey). These scandals (or the absence thereof, in the case of Milo Rau) invite us to meditate on what theater can and may do, especially when dealing with real and traumatizing events. They also raise the question of public space: does a work of art lose its characteristics as soon as it leaves its designated institutional space?

Cette contribution porte sur les multiples relations que le théâtre peut entretenir avec le réel et elle se propose d'examiner ce que, dans les sociétés occidentales contemporaines, le théâtre est capable de faire et a le droit de faire[1].

Ces questions sont directement liées à la façon dont le théâtre, ou l'art en général, traite la réalité historique et politique, au-delà du contenu explicitement politique ou de l'approche documentaire, en utilisant tous les moyens offerts par la fiction pour interroger l'appareil de représentation. En fait, poser la question de ce que le théâtre est capable de faire ou a le droit de faire signifie aussi se demander comment il peut dépasser la simple représentation et quelles en sont les conséquences, surtout dans le cas de performances qui se produisent hors du cadre conventionnellement reconnu comme le domaine de l'art.

En commençant cette recherche, la notion de scandale a immédiatement surgi, suggérée par des performances qui ont récemment secoué l'opinion publique et provoqué des réactions fortes et parfois assez violentes, chez les spectateurs, professionnels ou non. Ces réactions ont souvent largement dépassé la sphère artistique, amenant le théâtre aux premières pages des journaux et nourrissant les conversations, même de gens qui n'avaient pas assisté à la performance et qui n'en savaient rien.

La sphère publique est apparemment touchée quand une œuvre d'art controversée semble, par sa hardiesse, toucher un nerf en estompant la frontière entre ce que l'art peut faire et a le droit de faire, surtout par la façon de traiter l'histoire, les imaginaires, les croyances et préventions collectives, les images et leur pouvoir symbolique. Dans toutes ces œuvres, ce qui est en jeu est avant tout la liberté de l'art, liée aux libertés de base, telles que la liberté de pensée et d'expression, celle de se réunir et d'interagir socialement.

---

1   Ce texte émane de mon article *Che cosa può fare l'arte / What Art Can Do*, écrit pour l'ouvrage publié pour l'édition 2015 du Festival de Santarcangelo (Silvia Bottiroli et Giulia Polenta (dir.), *How to Build a Manifesto for the Future of a Festival. Take the Floor*, Santarcangelo dei Teatri & Maggioli Editore 2015, p. 42-49) et de ma contribution à la journée d'étude *Théâtre et scandale aujourd'hui* organisée par Bruna Filippi, François Lecercle and Clotilde Thouret (Labex OBVIL, projet « La haine du théâtre ») à Paris, Sorbonne Université, le 8 juin 2016. En le révisant pour cette publication, j'ai ajouté quelques cas récents qui permettent de faire avancer les questions ici soulevées. Je remercie Filippo Colombo pour sa précieuse contribution à cette recherche et à la révision des parties nouvelles.

D'un autre côté, et de façon peut-être plus intéressante, est en jeu la place que nous accordons à l'art dans la culture et la société d'aujourd'hui : comment nous comprenons la représentation et la création artistique, comment nous traitons la fiction, en relation avec le soi-disant « réel » et sa complexité, et comment la performance et la performativité soulèvent, en profondeur, des questions liées à la façon dont nous comprenons et pratiquons la politique.

Plusieurs des œuvres que je vais considérer ont été présentées dans un lieu public et non dans un lieu assigné. On découvre ici un autre facteur qui intensifie cette dynamique et pose question sur ce qu'est la dimension « publique » et sur la façon d'habiter l'espace public, de l'expérimenter, de le tester et de le défier. L'espace public – qu'il soit physique ou virtuel – est par définition un espace où chacun est potentiellement libre d'entrer, de circuler, de prendre la parole. Il n'appartient à personne mais est ouvert à tous. Déployer ses traits et ses relations complexes avec le politique amène à élargir notre compréhension des relations subtiles entre fiction et réalité, au sein des arts contemporains. Nous travaillons et pensons dans une société néolibérale qui tend à gommer le fait que toute réalité est construite par des fictions et que la production de fictions – qui est la spécificité de l'art – est une façon de produire de possibles contre-récits et, en fin de compte, de possible réalités qui diffèrent de la réalité courante[2].

Dans ma contribution, je souhaite m'attaquer à cette question en déployant quelques cas où des performances théâtrales ont suscité un « scandale » en Europe de l'Ouest, ces dernières années. La sélection que j'ai faite est naturellement partielle et subjective. J'ai choisi de me focaliser sur ces cas parce que je les ai rencontrés dans ma pratique de spectatrice, de directrice artistique, de chercheuse et d'enseignante dans le domaine des arts de la performance. Ils ont changé ma perspective, chacun d'une façon spécifique, et ensemble ils m'ont poussée à réfléchir sur ce que « rendre les choses publiques » peut signifier au théâtre, et sur les conséquences de cette imbrication entre réalité et fiction dans les pratiques artistiques contemporaines.

---

2   Voir Mark Fisher, *Capitalist realism: Is there no alternative?*, Ropley, John Hunt Publishing, 2009.

Performer l'espace public : une confrontation avec l'espace privé et l'espace de l'art.

Un point important souligné par la plupart des scandales de théâtre que j'ai rencontrés dans ma recherche tourne autour de la notion d'« espace public » : comment on peut le comprendre, le pratiquer et en explorer les limites. Un espace public qui est à penser en opposition, d'une part, à l'« espace privé » (et donc au privé, à la subjectivité et à toute cette partie de la vie humaine qui ne veut pas être exposée au regard public) et, d'autre part, à l'« espace de l'art » (et donc aux lieux dédiés à la production et présentation d'œuvres d'art, qui semblent bénéficier d'un statut particulier, celui d'une exception à la norme et d'un contexte soumis à des règles différentes).

Parmi les cas qui ont suscité cette interrogation, ces dernières années, il y a deux scandales à fort écho médiatique qui ont souligné les principales préoccupations sur l'art et ses limites, dans sa relation à la dimension publique. Le premier cas montre ce que signifie exposer l'espace privé dans l'espace public, il pointe la frontière entre les deux tout en amenant à s'interroger sur l'existence d'une telle frontière. Le second, lui, soulève d'importantes questions sur l'espace public par opposition au théâtre conçu comme le lieu légitime des œuvres d'art.

En octobre 2014, le théâtre HAU (Hebbel Am Ufer), à Berlin, a produit et accueilli la première de *Wanna Play?* (*Love in the time of Grindr*), nouvelle œuvre de l'artiste hollandais Dries Verhoeven, déjà connu pour ses installations provocatrices dans l'espace public, telles que *Ceci n'est pas...* (2013), et pour son travail sophistiqué sur des questions sociétales et politiques brûlantes. *Wanna Play?* consistait en l'installation d'un conteneur transparent dans un espace public (Heinrichplatz à Kreuzberg), pas loin de la direction et de la salle de spectacle du HAU. L'artiste allait vivre dans cet espace et utiliser Grindr, une application de *dating* en ligne particulièrement utilisée par les gays pour arranger des rencontres sexuelles. Etant lui-même gay, Dries Verhoeven voulait par cette œuvre poser la question de l'invisibilité de la communauté gay à Berlin, à cause de l'usage de plateformes de rencontre qui a conduit à la privatisation de la vie sexuelle ; il entendait interroger ainsi « les changements dans la vie amoureuse et l'influence du smartphone sur la vie en public[3] ».

---

3   Voir la présentation de la performance : https://driesverhoeven.com/en/project/wanna-play.

L'œuvre consistait en une installation performative, avec la présence en direct de l'artiste en train de chatter avec des types et de leur donner des rendez-vous par Grindr, les murs extérieurs du conteneur servant d'écran amplificateur à celui du smartphone, afin de le rendre visible au public. Le côté un peu problématique de l'œuvre était que c'est seulement au cours de leur conversation que l'artiste informait ses partenaires qu'ils faisaient partie d'un projet artistique, et certains étaient montrés au public avant de savoir que le chat auquel ils prenaient part faisait partie d'une œuvre et était exposé en public. L'image des partenaires était altérée par un effet « rayon X » et les chats étaient anonymes ; néanmoins un type s'est reconnu et une violente protestation s'est élevée contre le projet, au nom de la protection de la vie privée des gens impliqués dans *Wanna Play?*.

Ici surgit une première distinction subtile entre espace privé et espace public. Que signifie la transformation de quelque chose de privé en phénomène public, quand on est impliqué au premier chef ? A quel point cette confusion est-elle différente, plus scandaleuse et plus violente, quand cela vous arrive à vous ? Le fait que la protestation a été amorcée par quelqu'un qui, vraisemblablement malgré lui, a été impliqué par la performance, est en soi un signal fort de l'importance de cette question. La frontière entre espace public et espace privé est ici perçue de deux façons radicalement différentes. D'un côté, le public, qui peut réagir avec un certain détachement. De l'autre, ceux qui étaient directement impliqués, témoins d'une invasion sans autorisation de leur vie privée qui pouvait leur nuire, en révélant une part d'eux qu'ils auraient préféré cacher – situation banale dans les applications gay où les gens s'identifient généralement par des noms d'utilisateur et donnent des informations erronées sur eux, utilisant l'application comme un espace protégé, car ils n'ont pas encore fait leur *coming out* dans la vie quotidienne.

En réaction à la protestation, le HAU a décidé, en accord avec l'artiste, de fermer l'installation : le théâtre a ensuite organisé un débat public et l'institution, en la personne de la directrice, Annemie Vanackere, a assumé la responsabilité de ce qui était arrivé en publiant une lettre d'excuses adressée à quiconque se serait senti blessé par l'œuvre. Ce texte est particulièrement utile pour comprendre l'objet du scandale et l'impact qu'il a eu sur une des institutions les plus en vue du théâtre contemporain en Europe.

Wanna Play? était conçue comme une contribution à la question : comment l'amour, le sexe et le désir ont changé, à cause du triomphe des réseaux sociaux et comment les frontières entre l'espace digital et l'espace public sont devenues plus poreuses, par exemple à cause de l'utilisation d'application à base GPS. Pour cela, le 1er octobre, Dries Verhoeven s'est installé dans un conteneur en verre, sur Heinrichplatz à Kreuzberg. Son contact avec le monde extérieur, au départ, passait entièrement par l'application de rencontres sexuelles Grindr, dans l'intention d'inviter d'autres utilisateurs dans son habitat temporaire. Le choix de cette application de rencontre, qui est surtout utilisée par des hommes gay, était motivé par les expériences personnelles de l'artiste. Les photos de profil, altérées par un effet dit « de rayon X » et les chats anonymisés, étaient projetés sur le conteneur.

Pendant la conception, une composante essentielle du projet, pour l'artiste et pour la direction artistique du HAU Hebbel am Ufer, était que les droits personnels des participants au chat devaient être maintenus.

Après le démarrage du projet, toutefois, il devint évident que quelques utilisateurs étaient encore reconnaissables, en dépit des mesures technologiques prises pour altérer les images du profil ou pour anonymiser les chats. C'est aussi une erreur de notre part que, dans quelques cas, les utilisateurs participants n'ont pas été informés au début du chat qu'ils faisaient partie d'un projet artistique dans l'espace public et que les chats seraient visibles en public.

Nous regrettons profondément de n'avoir pas considéré plus soigneusement, durant la phase préparatoire, les problèmes qui pourraient survenir pendant l'exécution du projet, et surtout les conséquences qu'il entraînait pour les tiers. Ce sont des problèmes qui auraient dû être évités dès le début et nous sommes désolés d'avoir heurté les sentiments de certains. A aucun moment il n'a été dans notre intention d'exposer quiconque. Nous devons admettre que les questions que le projet voulait poser et qui sont encore pertinentes pour nous après cet échec, ont été traitées d'une façon inappropriée.[4]

La déclaration a été rédigée en commun par l'artiste créant l'œuvre et par l'institution qui la soutenait, la produisait et la présentait. Apparemment, les conséquences possibles de l'œuvre avaient été sous-estimées par les deux. On peut donc – et peut-être même le doit-on – se demander si les responsabilités sont partagées. L'artiste est-il entièrement à blâmer ? Ou la direction artistique du théâtre aurait-elle dû empêcher cette installation à l'avance,

---

4   Le texte est publié sur la page web du théâtre : https://www.hebbel-am-ufer.de/download/7875/20141007_notice_by_hau_hebbel_am_ufer_on_the_closure_of_dries_verhoeven_s_wanna_play_en.pdf (consulté le 12 octobre 2018).

s'ils percevaient l'éventualité d'une atteinte à la vie privée ? Mais encore, la « perception d'une éventualité » suffit-elle à empêcher ce qui devrait être – et ce qui est – de l'art ? Et sinon, quelles sont les mesures dont disposent les curateurs et les institutions d'art pour protéger à la fois la liberté d'expression des artistes et la liberté personnelle des spectateurs ou des participants ?

Le travail de Dries Verhoeven pose consciemment une question sur la porosité de l'espace public et privé, sur leur empiètement mutuel et leur constante transformation l'un en l'autre et il touche un nerf qui n'est pas si évident dans la société technologique actuelle : le fait que l'espace en ligne est, en soi, un espace public alors que la plupart de ses usagers tendent à le percevoir et l'habiter comme un espace privé, selon un malentendu qui peut avoir des conséquences sur leur intimité et leur vie privée. Le geste extrême de Verhoeven de projeter des chats sur un écran exposé sur une place publique est un moyen incroyablement puissant de rappeler combien est floue la limite entre le privé et le public, dans l'univers numérique. Cela rappelle que, si ce qui est généralement perçu comme privé peut si facilement être montré et exposé dans un lieu public, ce n'est pas privé du tout. De surcroît, cela montre à quel point l'univers numérique a estompé la limite entre les deux sphères et cela nous incite à ne jamais l'oublier. Dans l'espace numérique, la communication entre deux personnes n'est jamais une communication seul-à-seul et ce que nous utilisons à des fins personnelles a une dimension publique.

* * *

Créé par Tino Sehgal comme sa dernière œuvre chorégraphique avant de passer dans le champ des arts visuels en 2000, (*untitled*) (*2000*) a été ensuite transmis à Boris Charmatz pour faire partie de la « collection » de son Musée de la Danse. L'œuvre est partie en tournée, dansée par Charmatz lui-même et d'autres, parmi lesquels Franck Willens. Là où c'est possible, l'œuvre est présentée dans une double version : un danseur (souvent Willens) l'interprète dans un espace public près du théâtre où, tout de suite après cette performance, Charmatz la danse sur scène. L'œuvre consiste en une chorégraphie de 50 mn précisément réglée, composée d'extraits de célèbres spectacles de danse du XXᵉ siècle, depuis le *Sacre du Printemps* de Nijinski jusqu'au *Self Unfinished* de Xavier Le Roy et beaucoup d'autres (parmi lesquels Pina Bausch, Yvonne Rainer, Merce Cunningham, etc.) pour finir sur une citations de la performance de Jérôme Bel inspirée par la sculpture *Fountain* de Marcel Duchamp où, pour l'essentiel, le danseur prend son pénis en main et pisse en prononçant la phrase « je suis fontaine ».

La première, dans une triple version, avec trois interprètes différents, a eu lieu à Berlin, au HAU, en 2012, dans le cadre du Festival « Tanz im August » à Berlin. Le spectacle a tourné en Europe et aux USA et il a fait scandale à Santarcangelo, où il a été présenté en juillet 2015, dans le cadre d'une édition du festival qui se proposait de réfléchir sur la notion du corps comme archive et qui posait la question des limites de ce que l'art est capable de faire et a le droit de faire dans l'espace public.

Les violentes réactions déclenchées par un post Facebook écrit par un homme politique de la droite locale relevaient clairement d'une stratégie politique pour discréditer le festival, sa direction artistique et le maire de la petite ville, qui était aussi la présidente de l'association qui organise l'événement. Fondamentalement, ce que les accusateurs affirmaient, c'était que l'acte de pisser en public est un acte obscène et qui devrait être puni par la loi. Bien sûr, l'Italie a une loi contre « les actes obscènes commis dans l'espace public », mais une définition claire de ce qu'on doit considérer comme l'espace public n'est pas fournie : quelles sont les conditions qui font d'un espace (de tout espace) un espace public ? Est-ce que le théâtre comme institution artistique doit être considéré comme public aussi ? Et alors, l'acte doit-il être légalement sanctionné s'il prend place dans un théâtre ? Le théâtre – et l'institution artistique – doivent-ils être considérés comme des espaces publics ou des espaces privés ? Selon quels critères – l'intention, le financement, l'accessibilité – doit-on faire la différence, ou est-elle faite, non pas seulement par le droit mais, de façon plus intéressante pour nous dans ce contexte, par le public et par l'opinion publique ?

De fausses informations ont paru dans les journaux locaux sur un soi-disant performeur qui, disait-on, errait dans la ville et pissait çà et là. On tirait argument de ce que « des enfants et des femmes » auraient pu être accidentellement exposés à un acte si dérangeant et, en général, on contestait le statut d'œuvre d'art de cette performance. Après la première représentation, le Maire a ordonné d'annuler la deuxième, programmée pour le lendemain, au même endroit. J'étais à l'époque directrice artistique du festival et c'est en tant que telle que j'ai insisté pour garder la performance telle qu'elle devait être, en défendant le choix de présenter cette œuvre aussi bien à l'extérieur qu'à l'intérieur. La performance a pu avoir lieu à nouveau, comme prévu, devant un public nombreux, venu, au moins en partie, pour voir un « acte scandaleux » – qu'ils n'ont pas pu trouver dans l'œuvre. Néanmoins, l'agitation a continué de croître, les jours suivants, atteignant les médias nationaux et le champ politique. L'affaire a été inscrite non seulement à l'ordre du jour du conseil municipal, qui a consacré une session entière à discuter de l'affaire, mais aussi dans celui du conseil régional et du Parlement. Deux jours plus tard, j'ai écrit un texte intitulé *De quoi parle-t-on ?* pour situer l'œuvre dans son contexte et expliquer notre décision de la présenter. Dans le texte, qui a largement circulé, j'ai essayé d'attirer l'attention sur quelques-unes des questions posées par les réactions à la performance, et de me demander si l'œuvre devait être considérée comme « scandaleuse », comment elle pouvait l'être, et où se situait le « scandale », dans ce débat. Le texte mettait l'accent sur le fait que les accusateurs ne voulaient apparemment pas reconnaître la nature d'œuvre d'art de la performance ; en outre, ils semblaient ignorer complètement l'existence d'un contexte théâtral qui signifiait clairement que l'espace public était un espace de représentation théâtrale, conformément à une convention culturelle partagée par tous les habitants et visiteurs pendant un festival qui, depuis 1971, se déroule dans l'espace public de la ville. Un argument qui m'a frappée, dans les accusations, était que la performance serait admissible et légitime si elle prenait place dans un théâtre, pour des spectateurs payant leur billet, mais pas dans l'espace public, pour un public composé aussi de passants. Cela signifie-t-il que, quand des spectacles prennent place dans un lieu prescrit, leur statut artistique est intouchable, mais qu'ils le perdent quand le lieu est non conventionnel ? En d'autres termes, est-ce que le statut artistique est validé seulement par le lieu où l'événement prend place ? N'y a-t-il pas de place pour l'art hors des lieux dédiés ? Ou, plus fondamentalement encore, à quelles conditions l'art peut-il exister hors des murs des institutions d'art ?

Il est indéniable que le fait que la performance avait lieu dehors, dans l'espace public, fait une différence, mais les scènes de théâtre et les espaces artistiques sont toujours des espaces publics ouvert à tous et, en outre, dans ce cas, le festival avait appelé « théâtre » un lieu particulier, à l'extérieur, qui bien sûr n'avait pas perdu sa nature publique (ce qu'aucun geste ne peut et ne devrait pouvoir ôter à un lieu) mais qui avait acquis une nouvelle nature, cumulant ainsi les deux temporairement. Il y avait un contexte précis –

contexte de temps et d'espace et contexte culturel – mais ce contexte a rendu visible quelque chose qu'on tendrait à oublier quand on pénètre dans les lieux dédiés aux arts : le fait qu'ils ont une nature publique et sont ouverts et accessibles à chacun (ou devraient l'être).

La question est donc : qu'est-ce qui définit le caractère « public » de l'espace public ? Qu'advient-il quand l'art fait coïncider l'espace public et un cadre théâtral, ou bien estompe leurs frontières ? Peut-être que ce qui est à peine acceptable, dans une telle situation, est exactement le fait que la nature publique de l'espace – avec des passants, des gens assis aux tables des cafés, pas loin, etc. – ne disparaissait pas de la perception et que le théâtre se produisait précisément là où la vie quotidienne se déroule. Toutefois, étant donné que, effectivement, l'espace public ne disparaît pas, est-ce le devoir du théâtre – par quoi j'entends les artistes et les responsables artistiques – de protéger le public de quelques images qui pourraient le troubler ? Est-ce que le théâtre a une énorme responsabilité envers la sensibilité des gens qui pourraient survenir inopinément dans l'espace public ?

La politique de la reprise

La relation entre l'art et la réalité est bien plus complexe dans le cas d'une pratique artistique qui semble tout à fait pertinente sur la scène contemporaine, celle de la reprise (en anglais, *re-enactment*). La reprise est une expérimentation artistique qui joue sur le temps – ce en quoi elle est le symétrique de la pratique, en fait plus rare, de « l'anticipation » (*pre-enactment*). Dans les deux cas, l'art se présente comme « la même chose que la réalité, mais à un moment différent ». Ce faisant, il opère un déplacement significatif qui parvient à générer des significations nouvelles pour un fait historique avéré, afin de changer radicalement sa réalité par la distance dans le temps et dans l'espace. Dans le cas de l'anticipation, ce déplacement revendique la possibilité, pour l'art, de créer une réalité différente.

* * *

En septembre 2014, l'installation performative *Exhibit B*, de l'artiste Sud-Africain Brett Bailey a provoqué un incident à Londres dès l'annonce de sa présentation au Barbican, même s'il avait été auparavant présenté dans différentes villes d'Europe et soutenu par quelques institutions artistiques de premier plan.

Le débat a été déclenché par une pétition lancée par une journaliste britannique noire, Sara Myers, qui se sentait offensée. Il a été amplifié par l'intervention d'un groupe appelé « Boycottez le Zoo Humain » qui a organisé une manifestation devant le Barbican, le jour de la première. La manifestation a finalement obligé le Barbican à annuler l'exposition pour des raisons de sécurité.

Le principal déclencheur, dans cette affaire, était le fait que l'idée de recréer un zoo humain – une pratique répandue au début du XXᵉ siècle en Europe, qui consistait à exhiber des Africains comme des choses – revenait à un artiste Sud-Africain blanc qui faisait appel à des performeurs noirs. C'était, à l'évidence, un geste inacceptable pour ceux qui concevaient la performance comme une simple reproduction, c'est-à-dire une répétition à l'identique d'un des actes symboliquement les plus violents du passé colonial. Finalement, l'œuvre de Bailey a été considérée comme un geste raciste et le Barbican a réagi en conséquence.

La décision de ne pas ouvrir l'exposition n'a pas été prise en commun avec l'artiste. Bailey a écrit une belle et forte lettre publique pour expliquer les raisons de son œuvre et soulever la question des dangers politiques impliqués par la décision de l'institution d'annuler une œuvre d'art avant l'ouverture, à cause de polémiques déclenchées par des citoyens qui n'en avaient rien vu.

Au-delà de la question de l'alliance ou du conflit entre les institutions artistiques et les artistes (qui mérite de plus amples investigations dans un autre contexte), le problème, ici, est la nature même et le mode opératoire de la reprise et le déplacement que ça implique pour la réalité que l'œuvre d'art travaille.

Dans ce cas, le déplacement entre la réalité et sa reprise n'était ni remarqué ni compris par les accusateurs. Pourtant, ce déplacement existait et il faut poser la question de ce que le théâtre – ou plus largement l'art – fait à la réalité. Ce déplacement transforme-t-il en quelque manière la réalité à laquelle il a affaire ?

De surcroît, l'argument racial utilisé par les accusateurs (l'acte de Bailey est raciste, il ne peut pas mettre en scène un zoo humain, puisque c'est un artiste Sud-Africain blanc) crée un court-circuit et soulève d'importantes questions : qui a le droit de parler d'un fait historique controversé ? Qui regarde qui, dans un tel cas ? Qui détient le pouvoir dans cette relation ? Quels effets politiques nos regards produisent-ils dans une telle œuvre d'art ?

Les accusateurs ont finalement souligné le fait que les performeurs n'étaient pas professionnels – ce qui en réalité n'était pas le cas. Est-ce que le fait que les performeurs sont professionnels fait une différence ? Est-ce que le recours à des performeurs professionnels valide d'une quelconque manière la nature artistique d'une telle œuvre, en soulignant par avance le déplacement par rapport à la réalité ?

Dans mon expérience de cette œuvre (à laquelle j'ai assisté à Gwangju, Corée du Sud, en septembre 2015), j'ai été frappée par la force des regards dont je suis devenue soudain l'objet, comme visiteuse ou spectatrice. Regarder un autre être humain et être regardé en retour est en soi une relation puissante. Ce qui était en jeu dans *Exhibit B* était, bien sûr, le dispositif spécifique de l'installation, le cadre historique du « zoo humain » auquel l'artiste se référait, les niveaux de conscience complexes et le sentiment de culpabilité que cela produit chez ceux qui sont invités à participer comme spectateurs, incarnant ainsi le regard colonial des Européens dans le dispositif originel.

L'auteur de l'œuvre semblait très conscient de cela, et il en a donné des preuves. Dans les cartouches de l'exposition, le regard du spectateur était mentionné comme l'un des matériaux de l'œuvre, suggérant que nous complétons l'œuvre par notre présence et que, par conséquent, le projet artistique porte sur le regard, dans les deux sens (celui qu'on pose sur autrui et celui dont on est l'objet). De surcroît, dans une dernière pièce de l'exposition étaient affichées les biographies de chaque performeur – ce qui constituait une reconnaissance de leur statut professionnel – et de courtes citations de certains d'entre eux sur le sens que cette expérience avait dans leur vie et sur les motivations qui les avaient amenés à collaborer avec Brett Bailey sur ce projet.

* * *

La pratique de la reprise est devenue presque une signature dans le cas du metteur en scène suisse alémanique Milo Rau, à partir de *Hate Radio* (2010) qui est probablement son œuvre la plus connue. La pièce a été dédiée à la Radio-Télévision Libre des Mille Collines (RTLM), qui a joué un rôle central dans le génocide Rwandais de 1994 en invitant ses auditeurs à donner des informations sur leurs concitoyens, promouvant ainsi les dénonciations et les meurtres qui ont décimé la minorité Tutsi. La performance traitait un terrible cauchemar comme si c'était une réalité banale et sans histoire : sur scène, on ne voyait pas l'horreur des meurtres, on n'entendait pas les cris des victimes ; on voyait seulement des présentateurs de radio en train de travailler, de jouer de la musique pop, de bavarder avec des auditeurs au téléphone. La performance ne montrait pas comment des citoyens normaux peuvent devenir d'horribles meurtriers, comment la haine peut être déclenchée et alimentée. Mais elle nous faisait sentir l'atmosphère du Rwanda en 1994, parce que ses matériaux provenaient d'une recherche sur plus de 1000 heures de programmes radiophoniques et de plus de 50 interviews, et parce que les performeurs étaient des survivants du génocide.

La politique de la reprise est devenue encore plus complexe dans la pièce suivante de Rau, *Breivik's Statement* (2012), qui reprenait la déclaration faite par Anders B. Breivik, le 17 avril 2012 devant la cour norvégienne où il était accusé des massacres d'Oslo et d'Utoya, l'été précédent. Le texte était joué sur scène, sur un simple podium, par l'actrice Sascha Ö. Soydan qui est aussi une activiste politique. Le geste artistique poussait le public à réfléchir sur l'acte de prononcer un tel discours et en particulier sur : qui parle ? où parle-t-on ? et dans quelles conditions ? Finalement, la performance voulait reconnaître le pouvoir des mots en mettant en scène un discours qui, après avoir été proféré par le terroriste, avait été considéré comme tellement dangereux que la circulation en-dehors de la cour avait été empêchée[5].

Dans ces deux performances, la parole joue un rôle crucial et, dans les deux cas, le théâtre est le contexte capable de créer un cadre qui révèle une réalité sans disparaître lui-même. Comme Mila Rau l'a affirmé dans une interview, le théâtre peut, à la différence des autres médias, « créer un cadre où une chose qui a "été entendue" peut émerger telle quelle : dans sa nature inapprochable, close, telle qu'en elle-même, et donc aussi dans ses contradictions et sa complexité[6] ».

---

5   La cour a interdit la diffusion de l'enregistrement mais autorisé la circulation de la transcription. C'est la performance du protagoniste qui est inadmissible, comme si sa prestation avait une force de contamination spécifique, au-delà de ses mots.
6   Milo Rau dans « The Known Secret. Breivik on Stage », interview par Rolf Bossart (2012), recueilli dans Silvia Bottiroli and Giulia Polenta (dir.), *How to Build a Manifesto for the Future of a Festival. Take the Floor*, Santarcangelo dei Teatri & Maggioli Editore, 2015, p. 14.

Un pouvoir scandaleux est en jeu ici, qui a affaire à la capacité qu'a le théâtre de nous confronter au réel dans toute son ambiguïté éthique et politique. Pourtant, la performance n'a pas toujours eu cet impact sur le public. Quand *Breivik's Statement* a été invité à Santarcangelo en 2015, nous avons proposé à l'artiste de le donner sur la place principale de la ville. Cette invitation découlait du choix de Milo Rau de ne pas jouer l'œuvre dans des théâtres mais dans des lieux où la politique se fait (conseils municipaux, parlements, tribunaux, etc.) et de respecter la nature de procès que la performance préserve : un procès où seul l'accusé (le coupable) est autorisé à parler, et où nous sommes tous invités à écouter en tant que spectateurs, bien qu'un débat public avec les artistes et des invités soit toujours programmé sur la même scène, juste après la performance.

Étant donné le fait que, comme je l'ai mentionné, la circulation de la parole en dehors de la cour était empêchée, le théâtre est-il l'unique espace où nous pouvons vraiment écouter des mots qui sont si dangereux, si puissants et aussi si inacceptables pour la majorité d'entre nous ? Que fait le cadre théâtral à la réalité qu'il met en scène, quand il opère dans la logique de la reprise ? Quelle sorte d'espace ouvre-t-il autour de lui ? Quel est le danger inhérent à cet espace ? Ce danger est-il, en fin de compte, l'espace le plus propice au débat jamais ouvert par aucune forme de reprise théâtrale ?

Pour ce qui est de la présentation à Santarcangelo en particulier, y a-t-il quelque chose de dangereux dans le fait de remettre en scène la totalité de la déclaration de Breivik dans un espace public où n'importe qui peut écouter simplement un bout du discours ou l'écouter sans savoir de quoi il s'agit et sans connaître le contexte ? Si c'est le cas, comment se fait-il que personne n'ait été scandalisé par cette performance, par le corps d'une actrice incarnant un terroriste et proférant publiquement un discours qui développe son point de vue ? Combien dure notre horreur envers les faits historiques les plus brutaux, avant de devenir une simple irritation puis de se transformer en indifférence ? Qu'est-ce que cela nous dit de l'espace public, de l'information et de la vie politique – de la manière dont nous l'habitons et y assumons nos responsabilités, en tant qu'individus et collectivités ? Est-ce que cet événement nous dit quelque chose de notre relation à la souffrance d'autrui ?

Tant *Hate Radio* que *Breivik's Statement* se rapportent à une histoire de souffrance, qui n'est vraisemblablement pas la souffrance de ceux qui assistent à la performance, bien qu'elle soit mêlée à leur vie personnelle et politique, quels que soient les pays occidentaux où les performances sont présentées. Est-ce que l'absence de scandale est liée à cette tendance à l'oubli que les humains ont envers les souffrances des autres, en ce sens que l'indignation horrifiée du début s'estompe avec le temps ? Qu'est-ce que la reprise théâtrale peut faire à cette inexorable dilution de la compassion et de l'empathie ? Comment peut-elle rendre le passé à nouveau présent, mais sur un mode différent ? Et quelles sont les conséquences de cette reprise sur notre façon de vivre ensemble, nous qui sommes des êtres inscrits dans l'histoire ?

Quand le scandale frappe le théâtre

Récemment a éclaté, dans la performance européenne, une série de scandales qui sont d'une nature différente de tous ceux que j'ai analysés jusqu'à présent. En relation avec le mouvement *#metoo*, en 2017 et 2018, plusieurs textes ont lancé un débat très vif dans la communauté internationale du théâtre et de la danse, prenant une importance particulière dans certains pays, surtout en Europe centrale, et dévoilant ainsi une réalité très inconfortable.

Une danseuse et chercheuse belge, Ilse Ghekiere, a ouvert ce débat en novembre 2017, avec un long article intitulé *#Wetoo. What dancers talk about when they talk about sexism*, qui était le résultat d'une recherche commencée quelques mois auparavant avec une bourse du gouvernement flamand, pour enquêter sur le sexisme dans le domaine de la danse en Belgique[7]. Les interprètes et les employé(e)s de troupes et d'institutions théâtrales éminentes ont commencé à parler pour dire publiquement, dans des lettres ouvertes douloureuses et courageuses, à quel point le sexisme et le harcèlement sexuel dominent dans leur environnement de travail, brisant un mur de silence et, en fin de compte, de complicité involontaire qui a protégé certains artistes acclamés (des hommes pour l'essentiel[8]). A la même période, une interview

---

7 L'article a été publié par le magazine *RektoVerso* et peut être lu ici : https://www. rektoverso.be/artikel/wetoo-what-dancers-talk-about-when-they-talk-about-sexism.

8 La dernière lettre publique – et probablement l'une des plus articulées et des plus diffusées – est celle signée par plusieurs anciens employé(e)s et apprenti(e)s de Troubleyn, la célèbre compagnie dirigée par Jan Fabre à Anvers. Le texte de la lettre a été publiée le magazine *RektoVerso*, à la fois en flamand et en anglais, en septembre 2018 (https://www.rektoverso.be/artikel/open-letter-metoo-and-troubleynjan-fabre) et la compagnie a ensuite répondu aux accusations sur la même plateforme (https://www. rektoverso.be/artikel/right-of-reply-troubleyn--jan-fabre), tandis que de nombreux

d'un célèbre metteur en scène de théâtre allemand – blanc, d'un certain âge, hétéro – sur la place des artistes femmes dans le domaine du théâtre a déclenché une lettre ouverte, signée par une jeune curatrice, qui a trouvé un large soutien national et international[9].

Dans tous ces cas, le cadre de la représentation et de la fiction explose, et le théâtre affronte la réalité : il est confronté à la réalité en tant qu'industrie et environnement de travail comme un autre et il est rattrapé par la réalité qui dévoile brutalement les dessous des récits – pour ne pas dire mythologies – sur la création artistiques. Ce n'est pas ce que le théâtre représente comme machine de spectacle, mais plutôt ce qu'il fait comme environnement, qui déclenche le scandale – un scandale qui jette une nouvelle lumière sur la façon dont on pratique l'éthique dans les arts contemporains, au lieu de simplement la prêcher. Il n'est pas surprenant que l'opinion publique n'ait pas du tout réagi là-dessus, alors que des cas similaires dans l'industrie filmique ont, ces dernières années, enflammé les médias pendant des semaines, surtout quand ils impliquaient des acteurs et metteurs en scène très célèbres et touchaient à des secteurs où l'argent coule à flot.

En tant qu'intervenante culturelle dans le domaine de la performance, je ne peux pas ne pas être touchée par ces révélations et par le scandale qu'elles produisent, au sens étymologique d'un objet qui nous fait trébucher, d'un obstacle sur notre chemin, qui interrompt notre marche et perturbe nos modèles de comportement. Nous étions tou(te)s – et nous sommes tou(te)s – conscient(e)s que le domaine théâtral n'échappe pas au sexisme et aux structures patriarcales. Cet article même – où la plupart des artistes auxquels je me réfère sont des hommes – est un symptôme d'une réalité complexe que nous avons besoin de commencer à déconstruire, si nous voulons la

---

danseurs/danseuses et chorégraphes signaient une lettre de soutien à leurs collègues qui avaient osé parler.

9   En août 2018, la curatrice Felizitas Stilleke a répondu dans une lettre ouverte à une interview où, interrogé par la journaliste Christine Dössel, le metteur en scène Frank Castorf parlait de la rareté des femmes metteurs en scène de renom dans les théâtres allemands, manifestant un point of vue très sexiste. La phrase qui a provoqué la lettre ouverte était celle où le metteur en scène, quand la journaliste lui demandait pourquoi il n'ouvrait pas la voie aux femmes metteurs en scène, répondait : « Il y a deux équipes de football : masculine et féminine. Et tout le monde peut voir la différence de qualité. » La journaliste répliquant « Mais vous ne pouvez pas dire ça ouvertement ?! », il rétorqua « Bien sûr, je peux même le dire très fort. Parce que c'est un fait. »

comprendre et tirer un bénéfice de cette compréhension.

Peut-être la notion de scandale fait-elle elle-même partie d'un certain récit sur les artistes téméraires – les génies – qui font des œuvres provocatrices afin de polariser le débat, tout en assurant leur mainmise sur le discours et en s'abstenant de remettre en question leur pratique et leur éthique.

Est-ce que le théâtre interrogerait la réalité différemment si son modèle matériel et symbolique était de nature différente ? Si les œuvres étaient produite dans un groupe de pairs, si le feedback et la critique faisaient partie du processus artistique, si les curateurs, producteurs et programmeurs défendaient leurs propres positions et affrontaient les artistes avec leurs doutes et leurs questions plutôt que de chercher à leur faire plaisir pendant le processus de création, si les institutions artistiques et culturelles étaient conscientes de leur pouvoir et de leurs responsabilités face à la communauté et au public ?

La valeur politique du regard du spectateur

Tout le débat sur ce que peut le théâtre et sur le scandale est actuellement si imbriqué dans le champ de la performance qu'il est tout simplement impossible de négliger le contexte dans lequel nous travaillons, nous pensons et nous en débattons. Néanmoins, il faut essayer d'aller au-delà d'une analyse de quelques cas et, grâce aux arguments soulevés et à ce qu'on a compris du fonctionnement des sphères publiques, il faut essayer de mieux cerner le fonctionnement du théâtre comme appareil de représentation et d'en dégager les implications pour les questions philosophiques et morales d'aujourd'hui.

En 2015, quand nous avons décidé de nous focaliser sur « ce que l'art peut faire » pour cette édition du Festival de Santarcangelo, nous n'avions pas une idée très claire de la façon de rendre la question plus pertinente pour le domaine. Nous l'avions choisie parce qu'elle nous avait été suggérée par une série de scandales et d'épisodes de censure intervenus en Europe les années précédentes. Ils présentaient tous un aspect qui semblait nouveau, à l'époque, et qui questionnait – et questionne encore – la façon dont les sphères publiques sont construites et pratiquées, à l'ère des réseaux sociaux et de l'accessibilité de l'information. Une ère qui allait bientôt se révéler comme une ère de *fake news* où il est impossible (ou du moins de plus en plus difficile) de discerner la vérité du mensonge, la réalité de la fiction.

Vivant dans des démocraties où la liberté de parole est assurée (nous

nous plaisons du moins à le penser), nous autres Européen(ne)s n'avons pas l'habitude de considérer la possibilité qu'une œuvre d'art soit interdite. Mais ces dernières années, la démocratisation permise par les réseaux sociaux et une certaine conception du pouvoir des individus sur la communauté a changé radicalement la façon dont un scandale est produit et dont la censure opère. On est passé du besoin de protéger les valeurs d'une « majorité silencieuse » aux arguments d'un « minorité bruyante ». Ce déplacement semble être la question la plus pertinente soulevée par ces cas, où quelqu'un a fait scandale pour un spectacle auquel il n'a pas assisté, non seulement en revendiquant le droit de ne pas le voir mais en prétendant empêcher quiconque d'y être exposé. Une question de politique de l'identité, pourrait-on dire.

La censure opère ici comme un écran qui empêche de voir et elle est mise en œuvre par des voix individuelles. Un « je » prend la parole, au nom de sa sensibilité, de sa biographie, de son histoire ou de son sens éthique des frontières que l'art ne devrait pas outrepasser. La communication de masse – et les réseaux sociaux en particulier – ont assurément frayé la voie à cette sorte de censure, en fournissant une plateforme à tout individu qui veut se faire entendre et en invitant à des façons rapides et superficielles de partager nouvelles et commentaires. En propageant et multipliant ces avis, les réseaux leur donnent un poids sans commune mesure avec leur validité intrinsèque.

Ce qui est frappant dans tous ces cas, qui ont en commun d'être une épreuve de force, c'est que les accusateurs jugent une œuvre d'art sans l'avoir vue, en revendiquant leur droit de le faire. Pour répondre à ces attaques contre le théâtre comme dispositif de regard, il est nécessaire d'affirmer le droit de regarder et de défendre ce droit comme un principe essentiel de notre relation aux images et des relations entre les images et les mots. Dans ces études de cas, le scandale semble déclenché surtout par les images et leurs interprétations possibles (vraies ou fausses) : quelque chose qui active les sens et l'intellect bien plus vite et plus efficacement que ne font le discours et la pensée rationnelle. Cela pose une question que nous, en tant que penseurs et acteurs dans le domaine, avons le devoir moral d'affronter : sommes-nous en train de créer un écart infranchissable entre notre discours et un public qui semble errer, assez perdu, sur une scène qu'il ne peut plus déchiffrer ?

En outre, dans tous ces cas, ce qui est évident est aussi l'exploitation politique du scandale. La manipulation politique des émotions est un problème trop grave, en Europe, pour détourner notre regard quand ça se produit dans notre champ artistique. Nous ne devons pas oublier que la scène théâtrale est un des très rares endroits qui subsistent où l'on peut créer des fictions où la réalité entre en tension avec le possible. Une activité qui est intrinsèquement politique, puisqu'elle permet de donner forme, collectivement, dans la sphère publique, à d'autres possibilités, élargissant ainsi notre compréhension de ce qui est possible. Le « potentiel de scandale » du théâtre réside aussi – et peut-être d'abord – dans sa dimension politique, qui est liée à l'imagination en tant que pratique radicale permettant d'interroger la réalité, de la mettre en question et finalement de la changer. Tous les exemples de scandale que nous avons survolés dans cet article posent une double question : celle des objectifs du théâtre (et même de l'art en général) quand il recourt à la fiction pour produire des émotions, et celle des conséquences de la conscience, de l'empathie et de la solidarité que le public peut éprouver et partager devant une performance. La réaction politique à un scandale, et son exploitation politique, sont au contraire une façon de manipuler certaines émotions (peur, honte, fierté, indignation, etc.) afin de fabriquer un sentiment de communauté fondé sur les préjugés, les revendications identitaires et le conformisme, plutôt que sur la diversité, les subjectivités multiples et la liberté de parole. C'est un signe politique que nous ne pouvons ignorer ou sous-estimer, surtout en ces temps de populisme de droite et de restriction des droits individuels.

Le théâtre est un endroit où la réalité peut être expérimentée dans toute son opacité, où le spectateur n'est pas contraint à une compréhension univoque ni poussé immédiatement à l'action mais est au contraire invité à se tenir seul, avec d'autres, devant une représentation qui franchit la mince frontière entre la fiction et la réalité et la rend ainsi visible. Le théâtre et l'art en général sont, en ce sens, une forme de contemplation et d'imagination qui est singulière et subjective, tout en étant partagée et publique. Cet espace est un espace politique dont la démocratie a besoin pour pratiquer la pluralité, la confrontation et la négociation : ne pas laisser fermer le théâtre, quels que soient la forme et le prétexte des demandes de censure, est un combat politique que nous devons mener.

Le théâtre est aussi le lieu d'une exposition mutuelle, où l'on regarde et où l'on est regardé, où le sujet et l'objet changent de rôle et où les positions bougent si constamment que les structures hégémoniques qui les régulent s'estompent ou, du moins, sont momentanément suspendues. Si les images et les corps font encore scandale, c'est parce qu'être spectateur est un acte politique. Du coup, c'est notre responsabilité de le pratiquer individuellement et collectivement, et de défendre les lieux où c'est possible, les lieux où le scandale peut encore survenir.

Index des noms

Ne sont pas recensés les noms de personnages fictifs ni de critiques.

Scandales de théâtre
en Orient et en Occident, de la première modernité à nos jours

演劇とスキャンダル　　東洋・西洋、初期近代から現代まで

2021年3月30日　第1版第1刷発行

編　者：フランソワ・ルセルクル
　　　　小　倉　博　孝
発行者：佐　久　間　　　勤
発　行：Sophia University Press
　　　　上　智　大　学　出　版
　　　　〒102-8554　東京都千代田区紀尾井町7-1
　　　　URL：https://www.sophia.ac.jp/

　　　　制作・発売　㈱ぎょうせい

　　　　〒136-8575　東京都江東区新木場1-18-11
　　　　URL：https://gyosei.jp
　　　　フリーコール　0120-953-431

　　　〈検印省略〉

印刷・製本　ぎょうせいデジタル㈱
ISBN978-4-324-10968-7
(5300306-00-000)
［略号：（上智）演劇とスキャンダル］

Sophia University Press

上智大学は、その基本理念の一つとして、
「本学は、その特色を活かして、キリスト教とその文化を
研究する機会を提供する。これと同時に、思想の多様性を
認め、各種の思想の学問的研究を奨励する」と謳っている。

大学は、この学問的成果を学術書として発表する「独自
の場」を保有することが望まれる。どのような学問的成果
を世に発信しうるかは、その大学の学問的水準・評価と深
く関わりを持つ。

上智大学は、(1) 高度な水準にある学術書、(2) キリス
ト教ヒューマニズムに関連する優れた作品、(3) 啓蒙的問
題提起の書、(4) 学問研究への導入となる特色ある教科書
等、個人の研究のみならず、共同の研究成果を刊行するこ
とによって、文化の創造に寄与し、大学の発展とその歴史
に貢献する。